EVELYN NIETH

Industriestruktur und regionale Entwicklung

Schriften zu Regional- und Verkehrsproblemen
in Industrie- und Entwicklungsländern
Herausgegeben von J. Heinz Müller und Theodor Dams

Band 30

Industriestruktur und regionale Entwicklung

Eine theoretische und empirische Untersuchung der Bundesrepublik 1960-1972

Von

Dr. Evelyn Nieth

D U N C K E R & H U M B L O T / B E R L I N

Gedruckt 1980 bei fotokop, wilhelm weihert KG., Darmstadt
Printed in Germany

ISBN 3 428 04773 7

Vorwort der Herausgeber

Die vorliegende Arbeit beschäftigt sich mit einem zentralen Problem der Regionalpolitik, nämlich mit der Frage, inwieweit die sektorale Industriestruktur die wirtschaftliche Entwicklung der Teilregionen der Bundesrepublik Deutschland bestimmt.

Ausgehend von einem theoretischen Modell werden im Wege der abnehmenden Abstraktion verschiedene Hypothesen bezüglich des Zusammenhangs zwischen regionaler Sektorstruktur einerseits und wirtschaftlichem Wachstum und Konjunktur von Teilregionen andererseits abgeleitet. Alle Hypothesen werden umfangreichen empirischen Tests unterworfen. Als wesentliches Ergebnis läßt sich festhalten, daß sowohl die regionale Konzentration im Sekundärbereich als auch der Spezialisierungsgrad der einzelnen Teilregionen im Untersuchungszeitraum tendenziell abgenommen haben. Das regionale Wachstum ist unabhängig vom Diversifikationsgrad, hängt aber mit einem Ausgleich der Sektorstruktur positiv zusammen, während die konjunkturelle Stabilität in einem positiven Zusammenhang zum regionalen Diversifikationsgrad steht, aber eine negative Korrelation mit dem Ausgleich der Sektorstruktur aufweist.

Die Untersuchung ist nicht nur durch ihre Ergebnisse von Bedeutung für die Regionalpolitik, sondern wegen der teilweise bisher wenig erprobten und neuartigen Methoden der Hypothesenprüfung auch für den empirisch ausgerichteten Regionalforscher.

Freiburg, im Juli 1980

Theodor Dams *J. Heinz Müller*

Vorwort der Verfasserin

Die vorliegende Untersuchung verfolgt verschiedene Aspekte des Zusammenhangs zwischen regionaler Sektorstruktur und regionaler Entwicklung. Entsprechend dem Wachstums- und Stabilitätsaspekt, in die sich die regionale Entwicklung zerlegen läßt, wird neben dem Diversifikationsgrad die Wachstums- und Stabilitätsqualität der regionalen Sektorstruktur unterschieden.

Die Hypothesenprüfung legt gleichermaßen Gewicht auf eine theoretische Basis wie auf empirische Prüfung. Die Untersuchung der sektoral-regionalen Entwicklung der BRD im Zeitraum 1960 - 1972 ergab, daß die sektorale Zusammensetzung der Regionen in einer Wachstumsphase mit starkem Strukturwandel selbst so variabel ist, daß sie nicht zur Erklärung der regionalen Entwicklung hinzugezogen werden kann.

Die aus den theoretischen Ausführungen abgeleitete doppelte Dekonzentrationshypothese bzgl. der gesamten regionalen Verteilung und bzgl. der Sektorstruktur der Regionen bestätigte sich.

Die Verfasserin dankt Herrn Professor Dr. J. Heinz Müller für wertvolle Anregungen bei der Anfertigung der vorliegenden Arbeit sowie Herrn Diplom-Volkswirt M. Ruesch für seine Mitarbeit bei den Berechnungen. Ihrem Mann dankt die Autorin für die Anfertigung der Zeichnungen.

Dank gilt auch der Landeszentralbank Baden-Württemberg für ihre Unterstützung bei der Drucklegung.

Viernheim, Juli 1980

Evelyn Nieth

Inhalt

1. Darstellung und Einordnung des Untersuchungsziels

1.1. Themenstellung

Die vorliegende Arbeit befaßt sich mit der theoretischen und empirischen Darstellung der regional-sektoralen Struktur der Industrie und dem Versuch, die Bedeutung dieser Industriestruktur für Wachstum und Stabilität der Regionen zu fassen.

Dabei geht es um zwei prinzipiell verschiedene Aufgaben:

- eine methodische Aufgabe:
  Es muß geklärt werden, wie die regional-sektorale Industriestruktur sinnvoll und möglichst umfassend zu beschreiben ist. Die im Rahmen dieser Arbeit verwendeten Methoden der Informationstheorie leisten einen allgemeinen Beitrag zur empirischen Forschung, da sie sich auch außerhalb der hier behandelten Fragestellung vielseitig anwenden lassen. Ihre Beschreibung und die Interpretation der empirischen Ergebnisse haben also über den inhaltlichen Gehalt hinaus beispielhaften Charakter. Auch in der Erfassung des Einflusses der Industriestruktur auf regionales Wachstum und regionale Stabilität bestehen in Anlehnung an die Shift-Analyse methodische Probleme.

- eine theoretische Aufgabe:
  Mit der Analyse der zeitlichen Entwicklung der regional-sektoralen Industriestruktur wird die Überprüfung von Hypothesen möglich, die in irgendeiner Form die Konzentration oder Dekonzentration in Industrien oder Regionen aufgrund historischer Entwicklungen betreffen. Konzentration und Dekonzentration stellen jedoch nicht per se gute oder schlechte Erscheinungen dar, sondern die sie evtl. begleitenden ökonomischen Umstände, von denen hier die regional bedeutsamen Größen Wachstum und Stabilität betrachtet werden. Hier sind Thesen zu prüfen, die einen Zusammenhang zwischen der regionalen Industriestruktur und dem Wachstum einer Region sehen. Eine solche These liegt der Shift-Analyse - vor allem in der Anwendung als Prognoseinstrument - zugrunde. Außerdem sollen Thesen über den Zusammenhang zwischen Industriestruktur und Stabilität einer Region untersucht werden.

Aus den Ergebnissen sind schließlich politische Folgerungen zu ziehen, die die Möglichkeiten und Erfolge von Eingriffen in die Industriestruktur von Regionen betreffen.

Die Untersuchung beginnt mit einer theoretischen Erklärung der Industriestruktur und ihres Zusammenhangs mit Wachstum und Stabilität von Regionen. Daran schließen sich die Darstellung der verwendeten Methoden und die Ergebnisse an. In der Zusammenfassung wird der Zusammenhang zu theoretischen und politischen Fragestellungen hergestellt.

1.2. Der Untersuchungsgegenstand

1.2.1. Gesamtstruktur und interdependenter Zusammenhang

Die Regionalwissenschaft befaßt sich mit räumlich differenzierten ökonomischen Erscheinungen, d.h. formal gesehen mit der Verteilung ökonomischer Variabler auf den Raum, wobei je nach Zweck der Betrachtung zwei Blickrichtungen möglich sind:

- Betrachtung der Struktur von Regionen, d.h. der quantitativen und qualitativen Zusammensetzung der Variablen in den Regionen und ihres Zusammenwirkens,
- Betrachtung der räumlichen Struktur der Variablen, d.h. der Verteilung der Variablen auf die Regionen und ihres Zusammenwirkens.

Beide Arten des Zusammenwirkens ergeben sich jedoch nicht aufgrund verschiedener Zusammenhänge, sondern sind nur Teilbetrachtungen einer allgemeinen Interdependenz, in der die gesamte Struktur[1] als empirische Momentaufnahme oder theoretische Gleichgewichtslage in Erscheinung tritt. Der Strukturbegriff soll an dieser Stelle etwas beleuchtet werden, bevor der Untersuchungsgegenstand dargestellt wird.

Der regionalwissenschaftliche Begriff der Gesamtstruktur eines Raumes kann mathematisch in einem n-dimensionalen Vektorraum dargestellt werden, dessen Dimensionen durch Variable bestimmt sind, die im regionalwissenschaftlichen Zusammenhang als wesentlich angesehen werden. Eine davon ist die "Region". Die Variablen können auf grundsätzlich verschiedenen Skalen definiert sein, d.h. sie können rein artmäßig (wie z.B. die Region), ordinale oder metrische Merkmale und diskreter oder stetiger Art sein[2]. Der gesamte

---

1) und gleichzeitig auch die Gesamtwerte, deren Struktur betrachtet wird, mit Ausnahme vorgegebener Größen, die aber in verschiedener Weise aufgeteilt werden können, wenn sie nicht - z.B. regional - gebunden sind.

2) Vgl. J. PFANZAGL: Allgemeine Methodenlehre der Statistik, Berlin 1967. Band 1, S. 13ff.

Vektorraum stellt die Menge aller potentiellen Einzelsituationen[3] dar als "Punkte" - genauer: Vektoren - mit bestimmten Werten aller Variablen. Die Einzelsituation in diesem Vektorraum ist als Situation eines Individuums oder einer Gruppe - je nach Definition der Variablen - zu interpretieren. Bei n Variablen $v_1 \dots v_n$ mit einem beschränkten (diskreten) Wertebereich[4] $v_{i1} \dots v_{im_i}$ (i = 1 ... n) ergibt sich die Zahl der potentiellen verschiedenen Einzelsituationen Z als:

$$Z = \prod_{i=1}^{n} m_i$$

Die Gesamtsituation bestimmt sich als System der historisch realisierten oder theoretischen (Modell) Einzelsituationen durch bestimmte Kombinationen der Werte aller Variablen (Vektorschar). Die Anzahl der Einzelsituationen, aus der sich die Gesamtsituation zusammensetzt, ist abhängig vom Disaggregationsniveau der Betrachtung, also von der Anzahl der berücksichtigten Variablen und ihren Wertebereichen[5]. Identische Einzelsituationen mehrerer Individuen können als Häufigkeiten zusammengefaßt werden[6].

Die regionalwissenschaftliche Struktur eines Gesamtraumes[7] definiert sich dann als Häufigkeitsverteilung von Einzelsituationen, die durch die Werte regionalwissenschaftlich wesentlicher Variabler bestimmt sind.

Bei der inhaltlichen Ausfüllung des bisher formal definierten Strukturbegriffs ist davon auszugehen, daß die Feststellung

---

3) Diese Menge ist unendlich, wenn mindestens eine stetige Variable dabei ist.

4) Eine endliche Zahl von Werten entsteht bei stetigen Variablen durch Gruppierung.

5) Die maximale Anzahl der verschiedenen Einzelsituationen ist Z.

6) Je weniger Variablen berücksichtigt werden und je grober sie gemessen werden, umso mehr "identische" Situationen entstehen, und umso mehr werden Gruppen- statt individuelle Situationen betrachtet.

7) Von diesem Strukturbegriff, der in der Statistik allgemein Verwendung findet, ist der speziell ökonometrische Strukturbegriff zu unterscheiden, der sich auf die Parameter eines Gleichungssystems bezieht. Vgl. G. BOMBACH: Zum Strukturbegriff in der Ökonomie, aus: Schriften des Vereins für Sozialpolitik, NF Band 30/I (1964), S. 10, und: D. LÜDEKE: Schätzprobleme in der Ökonometrie, Würzburg 1964, S. 13.

einer Struktur vor dem Hintergrund einer bestimmten theoretischen oder politischen Fragestellung erfolgt. Die gesamttheoretische Fragestellung betrifft die Beziehungen zwischen allen Dimensionen des Gesamtbildes, das definitionsgemäß alle regionalwissenschaftlich wesentlichen Variablen enthält.

In statischer mikroökonomischer Gleichgewichtsbetrachtung kann man die beschriebene Einzelsituation eines Individuums als Ergebnis seines Handelns im interdependenten Zusammenhang ansehen, wobei eine im selben Vektorraum zu definierende n-dimensionale Nutzenfunktion als normativer Maßstab seiner Situation und seines vorhergegangenen Handelns anzulegen ist. Die Gesamtsituation stellt dann eine Gleichgewichtssituation dar, in der alle Einzelsituationen den gegebenen Voraussetzungen und Bedingungen entsprechend optimal sind. Im Rahmen eines solchen hier nicht näher zu beschreibenden Totalmodells bildet das oben definierte Strukturbild Voraussetzungen und Ergebnisse des Modells ab.

Die viel häufigeren Partialmodelle setzen nur einen Teil der Variablen zueinander in Beziehung und betrachten somit einen Ausschnitt der beschriebenen Gesamtsituation. Dabei betrachtet man nur partiell bestimmte Variablen (mit Hilfe der c.p.-Klausel) oder erachtet die anderen Variablen als unwesentlich. In beiden Fällen ist das zugrundegelegte Strukturbild formal eine Projektion der Gesamtstruktur in einen Teilraum des n-dimensionalen Vektorraums[8].

Die Definition einer Struktur für eine politische Fragestellung ist praktisch immer eine partielle. Schon in der Zielsetzung muß sich die politische Fragestellung durch die Probleme

---

8) Man betrachtet bestimmte "Strukturebenen als Schnitte durch ein n-dimensionales System", wie es SCHRÖDER ausdrückt. Er weist auf die Gefahr hin, dabei Interdependenzen zu vergessen. D. SCHRÖDER: Sektorale und regionale Strukturpolitik - Probleme und Lösungsmöglichkeiten, aus: Probleme des Strukturwandels und der Strukturpolitik (Hrsg.: G. BOMBACH, B. GAHLEN und A. E. OTT), Tübingen 1977, S. 503.

des Nutzenvergleichs auf relativ globale Formulierungen beschränken. Ähnliches gilt für die Bestimmung politischer Maßnahmen, deren Auswahl v.a. aus ordnungspolitischen Gründen beschränkt ist. Die politische Fragestellung definiert sich daher immer in einem viel engeren Vektorraum (Projektion der Gesamtstruktur in wenige Dimensionen). Umso wichtiger ist eine theoretische umfassende Sicht, um sinnvolle Maßnahmen zu treffen.

Sowohl in theoretischer als auch in politischer Sicht interpretiert man bestimmte Variablen als exogen (Unabhängige; Maßnahmen), andere als endogen (Abhängige; Ziele)[9] und teilt damit die Variablen des allgemeinen Strukturbildes in zwei Kategorien[10]. Eine solche Einteilung ergibt sich nicht aus der Strukturbetrachtung selbst, sondern erfordert theoretische Überlegungen.

In dynamisierter Betrachtung folgt aus den theoretisch untersuchten Zusammenhängen aufgrund exogener Anstöße eine Änderung des Strukturbildes im Zeitablauf, die durch Vergleich der Strukturen über die zusätzlich eingeführte Zeitdimension (Zeit als diskrete Variable[11], also komparativ statische Betrachtung), aber auch durch Beobachtung des Ablaufs (Zeit als stetige Variable)[12] erfaßt werden kann.

---

9) Bei dieser Zuordnung muß eingeschränkt werden, daß nur ein Teil der unabhängigen Variablen politisch beeinflußbar ist, also Maßnahmen werden kann (vgl. G. FISCHER: Praxisorientierte Theorie der Regionalforschung, Tübingen 1973, S. 66). Andererseits setzen politische Maßnahmen bewußt oder unbewußt oft bei abhängigen Variablen an.

10) Dabei kann man sich nicht auf ökonomische Variablen beschränken, da außerökonomische Variablen nicht nur als Ursachen, sondern auch als Wirkungen wesentlich sind. Vgl. G. FISCHER, a.a.O, S. 63f.

11) Die Zeit als unendliche Größe ist keine eigentliche Strukturvariable. Bei einer historischen Betrachtung kann sie aber als endlich angesehen werden. Dann ist auch eine zeitliche Strukturbetrachtung möglich, z.B. bezogen auf ein Menschenleben.

12) Aus statistischen Erfassungsgründen stellt sich die Zeit in einer empirischen Untersuchung immer als diskrete Variable dar. Darum kann auch mit dynamischen Methoden nur ein Teil der Entwicklungen und Zusammenhänge erfaßt werden.

Als Hilfsmittel für Theorie und Politik müssen Variablen definiert werden, die als Zielgrößen politisches Gewicht haben, und diese anderen Größen zugeordnet werden, denen theoretisch erklärende Funktion, praktisch aber evt. die Funktion politischer Mittel zukommt.

1.2.2. Eingrenzung des Untersuchungsgegenstands

Die hier untersuchte sektoral-regionale Struktur der Industrie und ihre Bedeutung für regionales Wachstum und regionale Stabilität ist nur ein Ausschnitt aus der Gesamtproblematik, wie die allgemeine Strukturbetrachtung zeigt[13].

Eine erste Auswahl besteht in der Beschränkung auf die Industrie, die jedoch angesichts der Bedeutung der industriellen Produktion für moderne Volkswirtschaften keine gravierende Einschränkung darstellt. Die Industrie kann als Leitbereich[14] der wirtschaftlichen Entwicklung angesehen werden, was eine gesonderte Untersuchung ihrer Struktur und Entwicklung rechtfertigt.

Eine zweite Auswahl stellt die Zusammensetzung der Industrie aus ihren Sektoren einerseits, andererseits ihr Wachstum und die Stabilität ihrer Entwicklung, d.h. ihre Schwankungen um den Wachstumstrend in den Mittelpunkt der Untersuchung und abstrahiert damit von allen anderen Variablen, deren Struktur (im obigen Bild) von Bedeutung sein könnte. Eine solche Abstraktion ist in empirischen Untersuchungen aus Materialgründen immer notwendig. Wenn hier Teilaspekte untersucht werden, so soll jedoch die Bedeutung anderer Aspekte nicht geleugnet werden; im Gegenteil ist es wesentlicher Teil dieser Unter-

---

13) Hier ist auch zu beachten, daß mit der Auswahl eines Teils von Elementen aus der Gesamtstruktur ein noch größerer Teil der potentiellen Beziehungen zwischen den Elementen verlorengeht.

14) Die Bedeutung des Anteils der Industriebeschäftigten für das Wachstum des Pro-Kopf-Einkommens wurde z.B. untersucht und bestätigt von G. H. BORTS: An approach to measuring regional growth differentials, aus: Papers and Proceedings, Vol. 4, 1958, S. 207-220.

suchung, nach der Zulässigkeit einer solchen weitverbreiteten Teilbetrachtung zu fragen.

Zur Begründung der vorliegenden Auswahl kann von der Frage ausgegangen werden, welche Lebensbedingungen in einer Region für die dort lebende und arbeitende Bevölkerung von Bedeutung sind. Dies sind im wesentlichen vier Arten von Lebensbedingungen[15]:

- Beschäftigungslage (Arbeitsmöglichkeiten)
- Einkommenslage (Löhne, Gewinne)
- Versorgungslage (Güter und Leistungen incl. Tertiärsektor und Behörden, Schulen, Verkehrsbedingungen, Wohnungen; gemessen in Verfügbarkeit und Preisen)[16]
- Freizeitmöglichkeiten (Klima, Landschaft, Kultur, Sport).

Alle diese Bedingungen einer guten oder schlechten Lebenslage sind eng geknüpft an die Produktion von Gütern und Leistungen in der Region selbst. Eine gute Beschäftigungslage setzt ebenso wie die Erzielung hoher Einkommen in modernen Volkswirtschaften die Existenz konkurrenzfähiger Industriebetriebe voraus. Der Wunsch nach einem angemessenen Arbeitsplatz erfordert darüber hinaus ein entsprechendes Angebot an Arbeitsplätzen, das mit der Industriestruktur der Region in Zusammenhang steht. Die gleichzeitige Existenz verschiedener Betriebe und Industriezweige bietet für die Arbeitskräfte c.p. sowohl mehr Auswahlmöglichkeiten als auch eine bessere Lage auf dem Arbeitsmarkt und damit bessere Einkommensmöglichkeiten.

---

15) Diese decken sich im wesentlichen mit den drei Zielen Lohnwert, Wohnwert und Freizeitwert aus dem "magischen Viereck" der Ziele für Landesplanung und Städtebau. Vgl. H. JÜRGENSEN: Lohnwert, Wohnwert, Freizeitwert. Optimierungsparameter einer produktivitätsorientierten Regionalpolitik. Hamburg 1966 (Schriftenreihe der GEWOS e.V.), S. 11. Das vierte Ziel der gesamtwirtschaftlichen Produktivität ist aus der Sicht der Region höchstens von indirekter Bedeutung und tritt u.U. in Konkurrenz zu den anderen Zielen (wie auch diese untereinander).

16) Es kann davon ausgegangen werden, daß die Versorgungslage auch am Produktionsort wichtig ist, da dieser häufig mit dem Konsumort zusammenfällt. Vgl. A. PREDÖHL: Das Standortproblem in der Wirtschaftstheorie, in: Weltwirtschaftliches Archiv, Bd. 21 (1925), S. 298.

Eine direkte Abhängigkeit der Versorgungslage von der Zusammensetzung der Industrie besteht darin, daß die Nähe der Produktionsstätten c.p. niedrigere Preise ermöglicht. Darüber hinaus erlaubt eine ausgedehnte Industrie zusammen mit hoher Bevölkerungsdichte und hohen Einkommen eine breite Versorgung.

Freizeitmöglichkeiten sind, soweit sie über die natürlichen Möglichkeiten der Landschaft hinausgehen, abhängig von der finanziellen Kraft einer Region (Einkommen, Steuereinnahmen, aber auch von der Bevölkerungsdichte), also von der weitgehend von der Industrie geprägten Wirtschaftskraft der Region. Hier muß jedoch angemerkt werden, daß der Freizeitwert einer Region durch eine ausgedehnte Industrie auch beeinträchtigt wird[17].

Gute Lebensbedingungen und ihre Entwicklung in einer Region hängen somit eng mit einer guten Lage der Industrie und ihrem Wachstum in der Region zusammen. Neben dem Wachstum als langfristiger Durchschnittsgröße kommt der Stetigkeit und Reibungslosigkeit der Entwicklung große Bedeutung zu[18]. Vor allem für die Beschäftigungs- und Einkommenslage des einzelnen, aber auch für den gesamten wirtschaftlichen Ablauf - und damit auch für Versorgungslage und Freizeitmöglichkeiten - ist eine Entwicklung ohne große Ausschläge nach unten und oben von Vorteil. Die Abweichungen vom Wachstumspfad werden hier mit dem Begriff Stabilität der Entwicklung belegt.

Die Zusammensetzung der Industrie kann, wie erwähnt, direkte Auswirkungen auf Beschäftigung, Einkommen und Versorgung haben, die untersuchenswert wären. Die vorliegende Analyse beschränkt sich jedoch auf die globalere Frage, ob die industrielle Zusammensetzung für die regionale Entwicklung,

---

17) und zwar durch Beeinträchtigung der Naherholungsgebiete und Zeitverluste bei langen Verkehrswegen und dichtem Verkehr. Vgl. J. H. MÜLLER: Ballung, Handwörterbuch der Wirtschaftswissenschaften, Bd. 1, Tübingen 1977, S. 460.

18) Hier wird die aus dem dynamischen Strukturbild ersichtliche Gesamtentwicklung einer Region statistisch in zwei Komponenten zerlegt.

also Wachstum und Stabilität Bedeutung hat. Diese Fragestellung hat eine triviale Seite insofern, als die Entwicklung der gesamten Industrie in einer Region immer der Summe der Entwicklungen ihrer Teile (Sektoren) entspricht. Zwischen den Teilen bestehen jedoch vielfältige Beziehungen, auch über die anderen Variablen des oben beschriebenen allgemeinen Strukturbildes - worüber im nächsten Kapitel einiges zu sagen ist -, so daß die Teile durch ihnen selbst oder den Beziehungen zwischen ihnen anhaftende Eigenschaften in der regional vorliegenden Konstellation die regionale Gesamtentwicklung (natürlich über ihre eigene regionale Entwicklung) bestimmen.

Da die angesprochene Konstellation nicht über die Zeit konstant bleibt, sondern selbst eine Änderung erfährt, beginnt die Untersuchung mit einer ausführlichen Durchleuchtung der regional-sektoralen Industriestruktur und ihrer zeitlichen Änderungen. Sodann wird die Frage nach einem Zusammenhang zwischen Struktur und Wachstum bzw. Stabilität in zwei Teilfragen gestellt:

1. Hat die Ausgewogenheit bzw. Einseitigkeit der Sektorstruktur einer Region Bedeutung für regionales Wachstum und regionale Stabilität?
2. Hat die Sektorstruktur über die gesamträumlichen
   a) Wachstumschancen bzw.
   b) Schwankungen

   Bedeutung für
   a) regionales Wachstum?
   b) regionale Stabilität?

Die Teilfrage 2a) ist im Rahmen der Shift-Analyse-Diskussion[19] immer wieder gestellt worden. Sie wird hier einerseits der Vollständigkeit der Gesamtfrage halber gestellt, andererseits kann die Diskussion um diese Frage nicht als abgeschlossen angesehen werden, so daß sowohl theoretisch als auch methodisch hier Ergänzungen möglich und nötig erscheinen.

---

19) z.B. von H. GERFIN: Gesamtwirtschaftliches Wachstum und regionale Entwicklung, aus: Kyklos, Band 17, 1964, S. 565-593.

Diese Fragestellungen als Auswahl aus den möglichen Problemen der empirischen regionalen Wachstumsforschung sollen im folgenden Kapitel in den gesamten theoretischen Zusammenhang gestellt werden, wobei sich die hier von vornherein kritisch angemerkte Einseitigkeit bestätigen wird[20].

Eine weitere Auswahl, nämlich Raum und Zeit der Betrachtung, gibt den Ergebnissen eine historische Dimension, die weitere Erschwernisse mit sich bringt. Die besonderen Gegebenheiten, die den empirischen Feststellungen zugrundeliegen, erlauben im Grunde keine praktische Anwendung, sowieso nicht in anderen geographischen Räumen, aber auch nur bedingt im gleichen Raum zu einer anderen Zeit. Tatsächlich ist streng genommen weder die Verifikation - das ist wohl unumstritten[21] - noch die Falsifikation möglich. Durch die einseitigen Annahmen der meisten Theorien und die meist noch darüber hinausgehenden notwendigen Vereinfachungen einer empirischen Untersuchung kann das empirische Ergebnis nicht als - mathematisch ausreichendes - Gegenbeispiel gewertet werden. Eine falsifizierbare Theorie, die in der Geschichte ohne Gegenbeispiel bleibt, wird es wohl in den Sozialwissenschaften nie geben. Aus diesem Grund ist streng genommen weder im konkreten Einzelfall die Anwendung einer sich empirisch als passend erwiesenen Hypothese möglich, noch die Anwendbarkeit einer empirisch falsifizierten Hypothese von der Hand zu weisen. Da jedoch ohne die Empirie zwar gedanklich (nach menschlicher Logik) exakte Theorien, aber keine exakten Aussagen über unsere Welt möglich sind, muß ein von allen Seiten angreifbarer Mittelweg gesucht werden.

---

20) Das allein bedeutet noch nicht, daß eine empirische Vorgehensweise abzulehnen ist. Soweit sie praktische Hilfsmittel, etwa zur Prognose sucht, kann sie nicht wie die Theorie allumfassend und in jeder Situation exakt sein, sondern muß nach gangbaren Kompromissen suchen.

21) Vgl. H. K. SCHNEIDER: Methoden und Methodenfragen der Volkswirtschaftstheorie. Kompendium der Volkswirtschaftslehre, Göttingen 1967, Bd. 1, S. 5: "Die Bestätigung einer Theorie durch die Beobachtung sichert ihr ... nur ... ein Nicht-Widerlegt zu, während jede im Geltungsbereich der betreffenden Theorie festgestellte Nichtübereinstimmung mit den Fakten als endgültiges Verdikt über sie angesehen werden muß."

2. Theoretische Grundzüge

2.1. Überblick

Kern und Ziel der theoretischen Betrachtung ist die Frage nach einem Zusammenhang zwischen regionaler Entwicklung und regionaler Sektorstruktur. Dabei ist die regionale Sektorstruktur keine feste Größe, sondern selbst einer Entwicklung unterworfen. Sektorale und regionale Entwicklung sind Ergebnisse desselben Prozesses, der aus sektoralen und regionalen Faktoren hervorgeht. Die bestehenden Theorien vereinfachen diesen Tatbestand häufig, indem sie den Prozeß mehr aus regionaler oder sektoraler Sicht darstellen.

Da sich die regionale Entwicklung als Summe der sektoralen Entwicklungen in den Regionen darstellt, soll hier versucht werden, ausgehend von den Bestimmungsgründen der sektoralen Verteilung im Raum zu einer Aussage über die sektorale Struktur und Entwicklung in den Regionen zu kommen. Auf diese Weise kann die regionale Entwicklung theoretisch zur sektoralen Struktur in Beziehung gesetzt werden.

2.2. Bestimmungsgründe der regionalen Verteilung einer Produktion

2.2.1. Produktionsentscheidung und Gleichgewichtsstandortstruktur

Zur Begründung der regionalen Verteilung und Entwicklung der Sektoren ist es sinnvoll, auf die Produktionsentscheidung eines einzelnen Betriebes zurückzugehen. Diese Entscheidung betrifft neben dem "Was?" und "Wieviel?" auch das "Wo?". Diese drei Fragen sind nicht unabhängig voneinander, sondern gemeinsam auf den Gewinn ausgerichtet, indem sie über Kosten und Erträge entscheiden. Sie unterscheiden sich jedoch darin, daß sie in verschiedenen Zeitfristen zur Disposition stehen. In der traditionellen Produktionstheorie geht es vorwiegend um das "Wieviel?". Diese kurzfristige Teilentscheidung wird den alternativen Kosten und Erträgen gemäß getroffen[1], wobei die Marktform eine Rolle spielt. Auf das Ergebnis wirken jedoch auch die wegen hoher Abschreibungs- und Mobilitätskosten nur langfristig zur Disposition stehenden Entscheidungen über das "Wo?" und "Was?" ein.

Die in der Theorie behandelte Standortentscheidung geht i.a. von einem bestimmten Produkt aus, wofür die Verteilung der Produktionsstätten und ihres Produktionsumfangs bestimmt wird. Im Zeitablauf ergeben sich Unterschiede in der regionalen Entwicklung eines bestimmten Produkts durch unterschiedliche Änderungen des Produktionsumfangs in vorhandenen Betrieben und/oder Verlagerung und/oder Neugründung bzw. Auflösung von Betrieben. Durch die dabei entstehenden hohen Wanderungskosten der Betriebe kann praktisch nie eine Gleichgewichts-Standortstruktur erreicht werden, d.h. man reagiert auf kurze Sicht mehr durch den Produktionsumfang als durch Verlagerungen. Es ist jedoch davon auszugehen, daß durch marktmäßige Kräfte, also durch

---

1) Zur Darstellung dieser Entscheidung im einzelnen vgl. J. H. MÜLLER: Produktionstheorie. Kompendium der Volkswirtschaftslehre, Bd. 1, Göttingen 1967, S. 75-119, insbesondere S. 105, 109 und 114.

Auswirkung der Konkurrenz auf die Gewinne[2] die Entwicklung sich immer auf dem Weg zum Gleichgewicht befindet. Somit hat die Gleichgewichtsbetrachtung auch für die Wirklichkeit Relevanz.

2.2.2. Standortstruktur eines Produkts unter einfachen Annahmen

2.2.2.1. Modell der Marktgebiete

Für den hier gewählten Ansatzpunkt - Sektorentwicklung als Grundlage der Regionsentwicklung - ist es sinnvoll, von der von Lösch begründeten Lehre von den Wirtschaftsgebieten auszugehen[3]. Als Mittelweg zwischen der von A. Weber entwickelten einzelwirtschaftlichen Standortlehre[4], die keine Wechselwirkungen erfassen kann[5], und einem allgemeinen Gleichgewichtsansatz[6], der nur formale Aussagen erlaubt, ermöglicht die Theorie der Wirtschaftsgebiete Aussagen über tatsächliche, also historische Strukturen und ihre Ursachen.

An den Anfang sei ein einfaches Modell gestellt, dessen Voraussetzungen alle räumlichen Unterschiede verleugnen[7]:

1. Überall sind ausreichende Produktionsfaktoren vorhanden.

---

2) Standortfehlentscheidungen werden i.a. im Konkurrenzprozeß revidiert. V.a. kleinere Unternehmen überleben eine Fehlentscheidung nicht. Große Unternehmen treffen eine Standortentscheidung fundierter, können aber eine falsche Entscheidung eher überleben. Vgl. dazu: E. M. HOOVER: An introduction to regional economics. New York 1971, S. 60ff. Für Standorte, die aufgrund geänderter Voraussetzungen schlechter geworden sind, gelten dieselben Überlegungen.

3) A. LÖSCH: Die räumliche Ordnung der Wirtschaft. Stuttgart 1962, S.70-154 Vgl. auch die Darstellung bei S. VALVANIS: Lösch on location. The American Economic Review 1955, Bd. XLV, S. 637-644.

4) A. WEBER: Über den Standort der Industrien. 1. Teil: Reine Theorie des Standorts. Tübingen 1922.

5) Vgl. A. PREDÖHL: Das Standortproblem in der Wirtschaftstheorie, a.a.O., S. 317ff.

6) Ebenda, S. 314. Zur Darstellung vgl. A. LÖSCH, a.a.O., S. 62ff und Vorwort und M. L. GREENHUT: Microeconomics and the space economy. Chicago 1963, S. 270ff.

7) Mit PREDÖHL gesprochen wäre das die Einführung der geometrischen Fläche, der die Einführung der geographischen Fläche (als Darstellung der örtlichen Kostenvor- und nachteile) folgt. Vgl. A. PREDÖHL: Von der Standortlehre zur Raumwirtschaftslehre. Jahrbücher für Sozialwissenschaft, Bd. 2, 1951, S. 99.

2. Die Nachfrage eines (homogenen) Gutes verteilt sich gleichmäßig auf den Raum mit identischen Nachfragekurven (stetig oder diskret in gleich großen Ansiedlungen[8]).
3. Die Transportkosten sind direkt proportional der Gütermenge und der Luftlinienentfernung.
4. Es existieren keine sonstigen (z.B. politischen) räumlichen Unterschiede.
5. Eine Ausdehnung der Produktion erfolgt unter linearen oder überlinearen Ertragszuwächsen (die langfristige, d.h. alternative Kostenfunktion hat konstante oder abnehmende Stückkosten[9]).

Ausgehend von einer gegebenen individuellen Nachfragekurve, die sich mit steigender Entfernung des Nachfragers vom Produktionsbetrieb in Richtung der Preisachse um die jeweiligen Transportkosten pro Stück nach unten verschiebt[10], ergibt sich die Nachfragekurve, an der sich der Betrieb in seiner Produktionsentscheidung orientiert, als Summe der individuellen Nachfragekurven. Unter den gegebenen Voraussetzungen ist diese Nachfragekurve - abgesehen von den Grenzräumen des Gesamtgebiets - für alle Punkte des Gesamtgebiets alternativ, d.h. solange noch keine Standortentscheidung gefallen ist, identisch. Der Nachfrage an irgendeinem Punkt steht die

---

8) Vgl. A. LÖSCH: a.a.O., S. 74ff.
Aus der stetigen oder diskreten Nachfrage ergeben sich für die später gezogenen Schlüsse nur unwesentliche Unterschiede.

9) Die Eigenschaften der Produktionsfunktion übertragen sich aufgrund der Voraussetzung 1 (keine fixen Produktionsfaktoren) auf die Kostenfunktion, die sich aus der jeweiligen Minimalkostenkombination für jede Produktmenge ergibt. Das setzt jedoch gegebene Faktorpreise voraus, die aufgrund fehlender Knappheit (Voraussetzung 1) nicht bestimmt sind. Da die Situation an allen Punkten gleich ist, können die Mengenrelationen der Produktionsfaktoren im Gesamtraum als Faktorpreisrelation dienen. Die Kostenkurve bestimmt sich dann durch isokline Faktorvariation. Vgl. J. H. MÜLLER: Produktionstheorie, a.a.O., S. 82.

10) Vgl. A. LÖSCH, a.a.O., S. 71ff. Dabei ist die Verschiebung unabhängig davon, ob der Nachfrager oder der Anbieter die Transportkosten trägt. Im ersten Fall ist der vom Anbieter erzielte Preis einheitlich, im zweiten Fall muß der für die Nachfrager einheitliche Preis jeweils in den vom Anbieter erzielten Preis umgerechnet werden, da sich die Produktionsentscheidung nur an diesem orientiert (vgl. A. LÖSCH, a.a.O. S. 111).

Kostenkurve gegenüber, die laut Voraussetzungen ebenfalls an allen Punkten gleich ist. Als Schnittpunkt von Nachfrage- und Durchschnittskostenkurve[11] ergibt sich in M (vgl. Abb. 1) die maximal produzierbare Menge $\bar{x}$, der Preis ab Werk $\bar{p}$ und die maximale Entfernung $\bar{e}$[12], deren Nachfrage gerade noch berücksichtigt werden kann. Diese Entfernung stellt den Radius[13] des maximalen Marktgebiets dar, das trotz sinkender Grenz- und Durchschnittskosten wegen der Transportkosten beschränkt ist. Das maximal belieferbare Gebiet ist umso größer, je niedriger die Durchschnittskosten und/oder je höher die Nachfrage im Bereich des Schnittpunkts, d.h.

- je höher und elastischer die individuelle Nachfragekurve, je größer die Zahl der Nachfrager (Nachfragedichte), je niedriger der Transportkostensatz und/oder
- je niedriger die Preise für die Produktionsfaktoren, je höher die Produktivitäten und ihre Steigerung bei Produktionsausdehnung sind.

Es ist nun zu fragen, wieviele Betriebe wo wieviel eines bestimmten Gutes produzieren (optimale Standortstruktur[14]). Im Wettbewerb um die Nachfrager wird das gesamte Gebiet beliefert, wobei jedem Anbieter unter den gegebenen Voraussetzungen im

---

11) bei LÖSCH Planungskurve π (a.a.O., S. 67).
Die langfristige Durchschnittskostenkurve stellt die Einhüllende dar, definiert als "Kostenfunktion für alternative Betriebsgrößen als Umhüllende der Kostenfunktionen aller geplanten und planbaren Betriebsgrößen" (E. GUTENBERG: Grundlagen der Betriebswirtschaftslehre, Berlin, Göttingen, Heidelberg 1965. Bd. 1, S. 400ff). Das bedeutet für jede Produktionsmenge minimale Stückkosten. Diese Definition stellt den Zusammenhang zwischen langfristiger und kurzfristiger Kostenfunktion her.

12) unter der Annahme, daß die Stückkosten weniger sinken als die Nachfrage- bzw. Durchschnittserlöskurve.

13) bei LÖSCH größte Versendungsweite (a.a.O., S. 68).

14) Die optimale Standortstruktur definiert F. ALDINGER (Modelle zur Bestimmung der optimalen Marktgebiete und Standorte von Verarbeitungsbetrieben. Agrarwirtschaft, Sonderheft 63, Hannover 1975, S. 57): "Optimale Zahl und Verteilung der Betriebe ist bei dezentraler, am maximalen Gewinn orientierter Entscheidung dann gegeben, wenn an keinem der möglichen Standorte ein neuer Betrieb mit Gewinn errichtet werden kann und wenn keiner der bereits bestehenden Betriebe langfristig mit Verlust produziert."

Abb. 1: Maximal belieferbares Gebiet[15)]

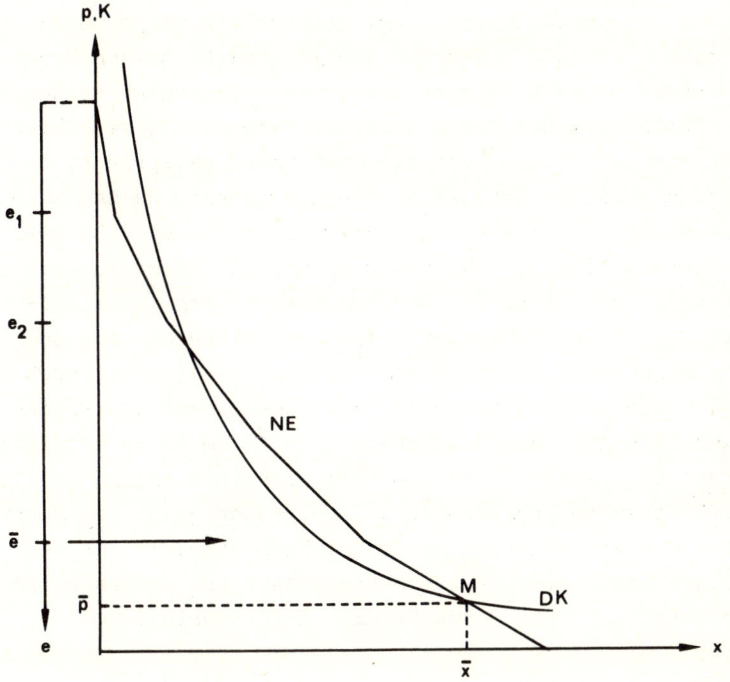

x = Produktionsmenge

p = Preis ab Werk

K = Kosten

DK = Durchschnittskosten

NE = lokale Nachfragekurve

e = Entfernung vom Werk

$\bar{x}$ = maximale Produktionsmenge

$\bar{p}$ = Preis der maximalen Produktionsmenge

$\bar{e}$ = maximal belieferbare Entfernung

---

15) Die Nachfragekurve wird hier im Gegensatz zu LÖSCH nach rechts gekrümmt dargestellt, um - ausgehend von linearen individuellen Nachfragekurven - der Tatsache gerecht zu werden, daß mit steigender Entfernung mehr Nachfrager in der betreffenden Entfernung vorhanden sind.

Ergebnis ein gleicher Teil des Gesamtgebiets zufällt[16]. Wie Lösch gezeigt hat, haben diese Teile die Form von Sechsecken und entsprechend der Kostenentwicklung und Transportkostensatzhöhe eine Größe, bei der sowohl die Nachfrage je Flächeneinheit als auch die Zahl der möglichen selbständigen Existenzen maximal sind[17]. Während Kostenentwicklung und Transportkostensatz eines Betriebes als gegeben angesehen werden können, bekommt die Nachfragekurve des Betriebes einen Knick nach unten an der Stelle, die der Entfernung entspricht, in der aufgrund gleicher Ortspreise die Marktgrenze zu den Nachbarbetrieben liegt. Im Gleichgewicht beliefert jeder Betrieb ein Marktgebiet bis zur Entfernung e_g mit der Menge x_g zum Werkspreis p_g (vgl. Abb. 2). Der Wettbewerb, der zu dem modellhaften Ergebnis führt, ist preistheoretisch als monopolistische Konkurrenz anzusprechen[18]. Dem Lösch'schen Ergebnis liegt ein einheitlicher fob-Preis zugrunde. Wegen des Preisspielraums innerhalb des Marktgebiets (bis zum Knick der Nachfragekurve) ist jedoch räumliche Preisdiskriminierung möglich. Sie ergibt einen höheren Profit und vergrößert auch das Marktgebiet[19]. Die Verursachung der räumlichen Streuung der Betriebe durch Nachfrage, Transportkostensatz und Kosten bleibt durch preistheoretische Betrachtungen jedoch prinzipiell unberührt.

---

16) HOTELLINGS These von einer Konzentrationstendenz der Standorte gilt nur für eine völlig starre Nachfrage und auch da nur für zwei Anbieter. Bei mehr Anbietern (CHAMBERLIN) und elastischer Nachfrage (SMITHIES), also im Normalfall, tritt eine räumliche Streuung der Standorte ein.
H. HOTELLING: Stability in competition. Economic Journal XXXIX (1929), S. 41-57; E. CHAMBERLIN: The theory of monopolistic competition. Harvard Economic Studies. Vol. XXXVIII. Cambridge 1933, S. 195; A. F. SMITHIES: Optimum location in spatial competition. Journal of Political Economy XLIX (1941), S. 423-439.

17) Vgl. A. LÖSCH, a.a.O., S. 74ff.

18) K. BRANDT: Preistheorie, München 1960, S. 151ff.

19) M. L. GREENHUT: Plant location in theory and in practise. The University of North Carolina Press 1956, S. 43.

Abb. 2: Gleichgewichtslage eines Betriebes[20)]

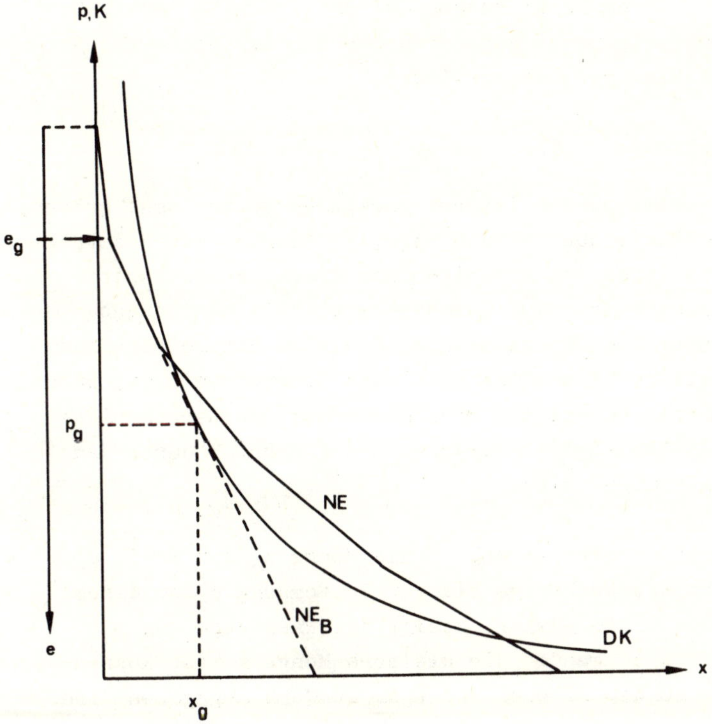

NE_B = betriebliche Nachfragekurve im Gleichgewicht

x_g = Gleichgewichtsmenge

p_g = Gleichgewichtspreis

e_g = belieferte Entfernung im Gleichgewicht

20) Ein zusätzlicher Knick ergibt sich (hier nicht dargestellt) durch die Sechseckform des Marktgebiets im Vergleich zur Kreisform (A. LÖSCH, a.a.O., S. 68f). Bei diskontinuierlicher Besiedlung ist die Tangentenlösung Zufall. I.a. entstehen dann Gewinne (ebenda, S. 82f).

2.2.2.2. Einfluß von Nachfrage, Transportkostensatz und Kosten

Es ist nun zu prüfen, wie sich alternative Nachfrage- und Kostenkurven, deren Auswirkungen auf das maximale Marktgebiet oben festgestellt wurde, auf die Größe der im Wettbewerb entstehenden Marktgebiete auswirken.

a) Nachfragekurve:

Das maximale Marktgebiet ist bei gegebenen Kosten umso größer, je höher die individuelle Nachfrage, je dichter die Nachfrage im Raum verteilt und je niedriger der Transportkostensatz sind. Die Auswirkungen auf das Marktgebiet im Wettbewerb sind umgekehrt. Dies folgt daraus, daß eine höhere Nachfrage zwar eine weitere Versendung durch den Betrieb erlaubt, aber auch eine Einschränkung der Produktion und des Marktgebiets zu höheren Kosten möglich wird, wozu der Betrieb durch den Wettbewerb gezwungen wird.

Ein Betrieb produziert in Abb. 3 die Menge x_o zum Preis p_o und beliefert die Nachfrage bis zur Entfernung e_o zu einem auf Null reduzierten Gewinn. Steigt die Nachfrage von NE_o auf NE_1[21], so genügt die kleinere Menge x_1 zur Kostendeckung, die zu dem höheren Preis p_1 ab Werk abgegeben wird. Das Marktgebiet wird auf den Radius e_1 verkleinert[22].

b) Kostenkurve:

Das maximale Marktgebiet war bei gegebener Nachfrage umso größer, je höher die Produktivität und je niedriger die Preise

---

21) wobei die Form der Verschiebung der Nachfragekurve - mehr parallel oder mehr als Drehung - von der Ursache abhängt (individuelle Nachfrageerhöhung, dichtere Nachfrageverteilung im Raum oder Transportkostensatz-Senkung).

22) Dabei muß berücksichtigt werden, daß sich mit einer Verschiebung der Nachfragekurve auch der Ursprung der Entfernungsachse verschiebt. Der Vergleich der e-Werte wird dadurch erschwert. Verschiebt sich die Nachfragekurve parallel oder wird sie elastischer - z.B. im Fall einer Transportkostensatzsenkung -, so gilt die getroffene Aussage uneingeschränkt. Führt die Nachfragesteigerung auch zu unelastischerem Verlauf, so kann sich im Extremfall das Marktgebiet auch vergrößern.

Abb. 3: Marktgebiet bei alternativer Nachfrage

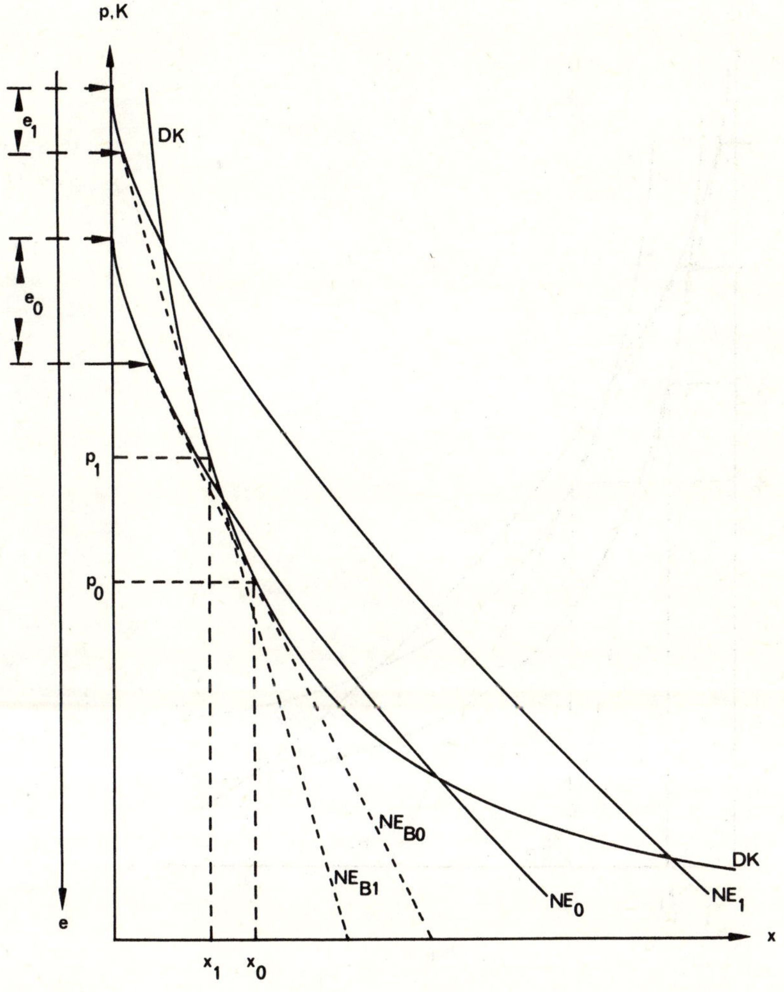

Abb. 4: Marktgebiet bei alternativen Kosten

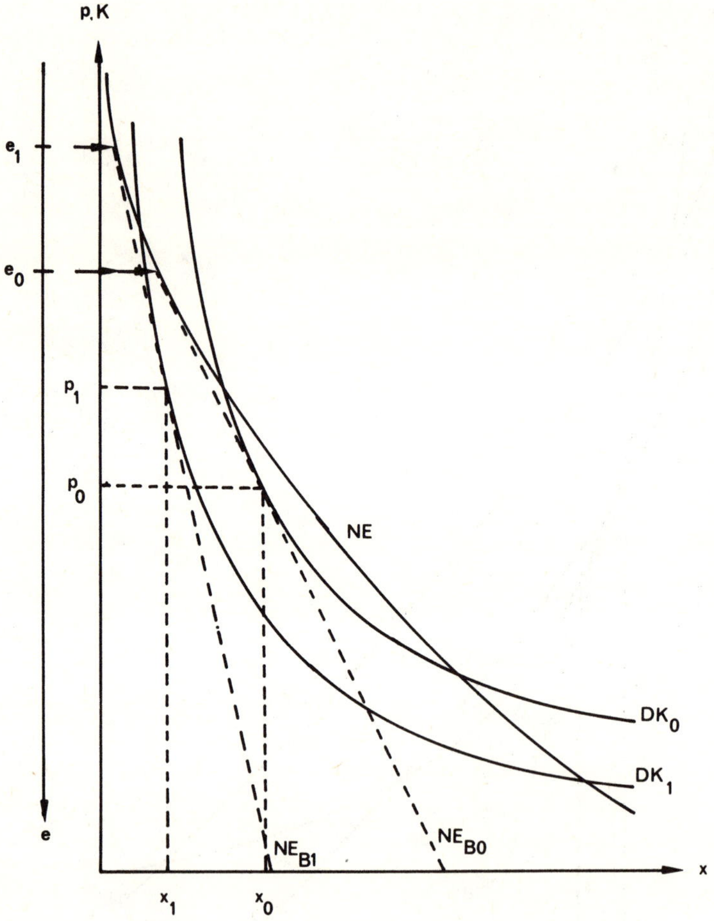

der Produktionsfaktoren. Niedrigere Durchschnittskosten ermöglichen also eine weitere Versendungsweite, bieten jedoch auch die Möglichkeit einer Produktionseinschränkung, ohne daß ein Verlust entsteht. Das Marktgebiet im Wettbewerb ist also bei geringeren Durchschnittskosten kleiner. Sinken in Abb. 4 die Durchschnittskosten von DK_0 auf DK_1[23], so kann die kleinere Menge x_1 zum Preis p_1 bei Kostendeckung produziert werden. Das Marktgebiet wird auf den Radius e_1 eingeschränkt.

Die Aussagen des dargestellten Modells beruhen auf der Annahme völliger räumlicher Gleichförmigkeit. Im nächsten Kapitel ist zu prüfen, wie sich die räumliche Verteilung einer Produktion unter raumdifferenzierenden Voraussetzungen bestimmt.

2.2.3. Standortstruktur eines Produkts unter raumdifferenzierenden Annahmen

2.2.3.1. Überblick[24]

Die Annahme völliger räumlicher Gleichförmigkeit wird nun aufgehoben. Das bedeutet im einzelnen:

1. Die Produktionsfaktorenausstattung weist räumliche Unterschiede auf.
2. Die Nachfrage nach dem Produkt weist räumliche Unterschiede auf.
3. Durch das bestehende Verkehrsnetz gibt es räumliche Unterschiede der Transportmöglichkeiten.
4. Es bestehen sonstige incl. politische Unterschiede.
5. Grenzgebiete nehmen eine besondere Stellung ein.
6. Neben homogenen Gütern existieren heterogene Güter (d.h. Güter mit sehr hoher Substituierbarkeit[25]).

---

23) Bei der Verschiebung wirken immer Faktorpreise und Produktionsfunktion zusammen, da die jeweiligen Kosten einer bestimmten Produktionsmenge sich aus der Minimalkostenkombination ergeben. Eine reine Parallelverschiebung ist unwahrscheinlich. Vgl. J. H. MÜLLER: Produktionstheorie, a.a.O., S. 88.

24) Dieses Kapitel stellt trotz der theoretischen Erweiterung noch eine Partialanalyse dar. Im Kapitel 2.3. werden dann die interdependenten Wirkungen betrachtet. Damit wird den Ansprüchen genügt, die z.B. v. BÖVENTER an eine Weiterentwicklung der Theorie von LÖSCH stellt (E. v. BÖVENTER: Raumwirtschaftstheorie, in: Handwörterbuch der Sozialwissenschaften, Bd. 8, S. 704-728).

25) Vgl. K. BRANDT, a.a.O., S. 149.

Die Annahmen 1-5 stellen inhaltlich räumliche Unterschiede dar, die jedoch im Hinblick auf die Produktion des betreffenden Produkts dargestellt und gewichtet werden. Die Annahme 6 ist eine Alternativannahme, die im beschriebenen Modell als Homogenitätsannahme getroffen wird. Der Fall heterogener Güter wird im folgenden behandelt.

Die Annahme einer Produktionsfunktion mit zunehmender oder im Grenzfall konstanter Produktivität des Faktoreneinsatzes kann beibehalten werden. Sie weist als Ausdruck des bestehenden technischen Horizonts keine räumlichen Unterschiede auf[26]. Räumliche Kostenunterschiede beruhen auf Unterschieden der räumlichen Verfügbarkeit von Produktionsfaktoren einer definierten Qualität und ihren räumlichen Preisunterschieden. Diese Unterschiede sind in Annahme 1 erfaßt.

Die modifizierten Annahmen finden ihren Niederschlag in den dargestellten Kosten- und Nachfragefunktionen. Ihre Auswirkungen auf die im Modell getroffenen Aussagen sollen im folgenden geprüft werden.

2.2.3.2. Räumliche Unterschiede der Produktionsfaktorenausstattung[27]

2.2.3.2.1. Materialien

Die Bedeutung lokalisierter im Gegensatz zu ubiquitären Materialien wurde von A. Weber eingehend analysiert[28]. Lokalisierte Materialien, die Rohstoffe oder Produkte einer früheren

---

26) abgesehen von den Problemen der Praktizierbarkeit eines Verfahrens aufgrund des Patentschutzes, wodurch jedoch einzelne Regionen nur zufällig betroffen sind.

27) Die vorliegende Erklärung der räumlichen Verteilung einer Produktion soll Grundlage einer allgemeinen Erklärung der regional-sektoralen Verteilung sein und nicht der betrieblichen Standortbestimmung dienen. Zur Darstellung einer umfassenden Systematik der Standortsfaktoren vgl. z.B. CHR. BEHRENS: Allgemeine Standortbestimmungslehre, Opladen 1971, S. 47-82.

28) Vgl. A. WEBER, a.a.O., S. 49-74.

Verarbeitungsstufe sein können, sind ein Ausdruck für die räumlichen Unterschiede in der Materialienausstattung. Die Auswirkung auf die Standortstruktur einer Produktion ist durch die Tatsache begründet, daß durch den Transport des lokalisierten Materials zum Produktionsort und des Fertigprodukts zum Konsumenten oder Weiterverarbeiter Transportkosten entstehen. Der so gesehene Einfluß der Transportkosten, der im Ergebnis jedoch vom Transportkostenniveau unabhängig ist[29)], stellt, wie gezeigt wurde, nur einen Aspekt der Standortbeeinflussung durch die Transportkosten dar.

Geht man, wie A. Weber in seiner Analyse, zunächst von einem Materiallager und einem Konsumort aus, in dem sich die für den Betrieb in Frage kommende Nachfrage konzentriert, so ist es für den Betrieb kostenmäßig unwesentlich, ob er am Materiallager oder am Konsumort produziert oder irgendwo dazwischen, sofern es sich bei dem Material um ein sog. Reingewichtsmaterial handelt, das vollständig in das Produkt eingeht[30)]. Sobald jedoch bei der Produktion ein Gewichtsverlust entsteht, ist der Ort des Materiallagers der kostengünstigere Standort. Beim Einsatz mehrerer Materialien, die teils ubiquitär sind, teils Reingewichts-, teils Gewichtsverlustmaterialien darstellen, und dem Absatz an beliebig vielen Orten ergibt sich der günstigste Standort innerhalb einer Standortsfigur, die durch ein Polygon dargestellt wird, indem man die Material- bzw. Konsumorte darstellenden Ecken mit den Gewichten versieht, mit denen sie dem Transport zum oder vom Produktionsstandort Widerstand leisten. Wo sich diese Kräfte ausgleichen, liegt der optimale Standort.

---

29) Vgl. A. WEBER, a.a.O., S. 71. Die Marktgebiete eines Produkts grenzt WEBER bei der reinen Transportorientierung nach der Größe der Konsumorte, der Ergiebigkeit der Materiallager und der Lage von Konsumorten und Materiallager zueinander ab (a.a.O., S. 66ff). Das Transportkostenniveau spielt erst eine Rolle, wenn andere Orientierungsgründe hinzukommen (A. WEBER, a.a.O., S. 71).

30) Ebenda, S. 53 und 62.

Bei einer gestreuten Nachfrage und sonst identischer Kostenentwicklung ist das gesamte Standortbild der Branche dadurch gekennzeichnet, daß die Standorte sich einerseits an den vorhandenen Materiallagern entsprechend den dort wirksamen Gewichtsrelationen orientieren[31], andererseits die Zahl der entstehenden Betriebe - als Maximum - von den Gesamtkosten und der Nachfragedichte insgesamt bestimmt wird. Es ist also möglich, daß nicht alle Materiallager genutzt werden. Ein Materiallager in einer Region ist also Voraussetzung, aber bei entsprechend allgemein niedriger Nachfragedichte und/oder hohen Kosten keine Gewähr dafür, daß eine bestimmte Branche, die diese Materialien benötigt, sich in der Region niederlassen kann.

Es bleibt festzuhalten, daß bei Verwendung lokalisierter Gewichtsverlustmaterialien die Zahl der Marktgebiete durch die Materiallager nach oben begrenzt ist, aber innerhalb dieser Begrenzung durch Nachfragedichte und Kostenfunktion bestimmt bleibt. Lage und Größe der Betriebe sind nicht mehr gleichmäßig.

2.2.3.2.2. Boden

Betrachtet man räumliche Unterschiede in der Ausstattung mit Boden, so ist damit einerseits die Qualität des Bodens gemeint, wobei man in die Definition des Bodens verschiedene geographische Eigenheiten einschließen kann wie Topologie, Bodenbeschaffenheit, Klima, Wasserversorgung etc. Ebenso kann man in die Kosten des Bodens verschiedene Folgekosten einrechnen, die eine gegebene Nutzung erfordert, wie etwa räumlich verschiedene Baukosten für Gebäude oder Kosten der Wasserver- und -entsorgung. Was andererseits quantitative Unterschiede der Bodenausstattung betrifft, so ist es für die Standortentscheidung einer bestimmten Branche bei gegebener Standortstruktur der

---

31) da ein Betrieb an einem entfernten Ort wegen der im Vergleich zu den Produkttransportkosten höheren Materialtransportkosten von dem an seinem Materiallager produzierenden Betrieb an jedem Punkt im Raum unterboten werden kann.

übrigen Branchen entscheidend, wie der noch ungenutzte Boden räumlich verteilt ist.

Der Bodenbedarf eines industriellen Betriebs ist vergleichsweise gering und stellt auch wenig qualitative Anforderungen an den Boden selbst - etwa im Vergleich zu einer bestimmten landwirtschaftlichen Produktion. Bei sonst identischen Kosten werden jedoch räumliche Grundrentenunterschiede zur Einflußgröße für die Standortentscheidung, die dann auch tatsächlich Bedeutung bekommt, wenn die Rentenunterschiede sehr groß sind, wie das zwischen Stadt und Land der Fall ist[32].

Dies führt zu einer Ablenkung der Standorte von den im vorigen Kapitel durch Kosten und Nachfragedichte bestimmten Standorten, wenn diese an Orten hoher Grundrenten liegen, in Richtung des billigeren Bodens. Auch eine Ablenkung von den durch Materiallager bestimmten Standorten ist möglich, wenn die zusätzlich entstehenden Transportkosten für die Gewichtsverlustmaterialien durch billigere Grundrenten kompensiert werden können. Hier spielt auch die Höhe der Transportkosten eine Rolle. Durch einen niedrigeren Transportkostensatz wird, da er leichter kompensiert werden kann, nicht nur eine Ablenkung, sondern auch eine Streuung der Standorte ermöglicht.

2.2.3.2.3. Arbeit

Die räumlichen Unterschiede des Produktionsfaktors Arbeit äußern sich in Lohn-, Quantitäts- und Qualitätsunterschieden. Arbeit in ausreichender Menge ist ebenso wie die Verfügbarkeit des Bodens eine Grundvoraussetzung für die Produktion an einem bestimmten Ort. Räumliche Unterschiede in der Qualität der Arbeitskraft und/oder ihrem Preis bedeuten, daß sich die Lohnkosten für die insgesamt benötigte Arbeit unterscheiden.

32) v. THÜNEN leitet das Rentengefälle zwischen Stadt und Umland aus Produktionskosten und Entfernung vom Markt der verschiedenen Produktionen der Landwirtschaft ab. In Wirklichkeit liegt jeder Standortentscheidung ein ganzes Rentengebirge zugrunde. Vgl. J. H. v. THÜNEN: Der isolierte Staat in Beziehung auf Landwirtschaft und Nationalökonomie. Jena 1930 und E. M. HOOVER, a.a.O., S. 109f.

Solche Unterschiede, die auch bei ausreichender Mobilität bestehen, weil auf die Angebotsentscheidung der Arbeitskraft verschiedene Faktoren einwirken, wovon die Höhe des Nominaleinkommens nur einer ist[33], bewirken - wie die Grundrentenunterschiede - eine Abweichung von der abgeleiteten Standortstruktur, wobei die Standorte in Richtung der günstigen Arbeitsmärkte gezogen werden. Sind die Standorte von lokalisierten Materiallagern abhängig, so werden sie abgelenkt, wenn der nächstgelegene Arbeitsmarkt eine Arbeitskostenersparnis bietet, die über den zusätzlichen Transportkosten liegt.

Diese Ableitung erfolgt unter der Voraussetzung, daß die Verteilung der Arbeit für eine Branche vorgegeben ist. In Zeiten der Unterbeschäftigung und langfristig gesehen[34] ist es jedoch möglich, daß auch aus der Sicht einer Branche eine Wanderung der Arbeit zu den Materiallagern erfolgt. Wegen der laufenden Ersparnis an Transportkosten kann es für die Unternehmer vorteilhaft sein, durch einen Zuschuß zu den Transferkosten der Arbeitskraft aktiv Einfluß auf die räumliche Verteilung der Arbeit zu nehmen.

2.2.3.2.4. Kostenunterschiede und Marktgebiete

Die dargelegten räumlichen Unterschiede in der Ausstattung mit Produktionsfaktoren bewirken, daß die Kosten räumlich verschieden sind[35], oder eine Produktion sogar nur an bestimmten Orten möglich ist. Bei räumlichen Kostenunterschieden sind die Marktgebiete nicht mehr gleich groß. Ein Betrieb an einem Ort mit

---

33) Vgl. E. M. HOOVER, a.a.O., S. 167-170.

34) v.a. durch Berufsanfänger.

35) Die Produktionsfunktion bleibt für alle Orte identisch, jedoch ändern sich die Faktorpreise und damit sowohl Einsatzrelation als auch Produktionsniveau entsprechend dem Prinzip der Minimalkostenkombination, das von CASSEL als Substitutionsprinzip formuliert wurde und von PREDÖHL auch als Grundgesetz für die Standorttheorie erkannt wurde. Vgl. G. CASSEL: Theoretische Sozialökonomie, Leipzig 1932, S. 97. A. PREDÖHL: Das Standortsproblem in der Wirtschaftstheorie, a.a.O., S. 304. PREDÖHL bezieht die verschiedene räumliche Qualität der Produktionsfaktoren in den Begriff der Technik mit ein. Ebenda, S. 308f.

höheren Kosten wird in seinem Lieferradius eingeschränkt[36], weil ein Betrieb an einem Ort mit niedrigeren Kosten ihn jenseits der Hälfte der Entfernung zwischen beiden Betrieben trotz seiner höheren Transportkosten unterbieten kann. Durch die höhere Produktion kann er außerdem die Stückkostensenkung zusätzlich nutzen[37] und damit Produktion und Marktgebiet noch erweitern, bis er in seiner Ausdehnung durch die Transportkosten oder durch steigende Stückkosten bei Verknappung bestimmter Produktionsfaktoren gestoppt wird. Eingeschränkt wird er außerdem durch die Ansiedlung weiterer Betriebe in der nahen Umgebung, wenn die Produktionskosten niedrig genug sind, daß sie weiteren Betrieben eine Existenz ermöglichen[38].

Sobald räumliche Unterschiede auftreten, wird es nötig, das Marktgebiet eines Betriebes begrifflich von dem einer Branche zu trennen. Da die Themenstellung räumliche Branchenkonzentrationen und nicht betriebliche Konzentrationen zum Gegenstand hat, soll hier unter dem Marktgebiet einer Branche das zusammengefaßte Gebiet räumlich konzentrierter Betriebe verstanden werden. Die gesamte Standortstruktur einer Branche besteht dann aus größeren und kleineren Gebieten, wobei die Gebiete umso größer sind, je niedriger - bei gleichmäßig im Raum verteilter Nachfrage - die Kosten ihrer Produktionsorte sind[39]. Je stärker also bestimmte Orte durch bestimmte branchennotwendige Voraussetzungen begünstigt sind, umso mehr konzentriert sich die Produktion der Branche auf diese Orte.

36) Vgl. M. L. GREENHUT: Plant location in theory and in practise, a.a.O., S. 27: "Freight or production cost disadvantages narrow the market area of a firm".

37) Gemeint sind die langfristigen Kosten, d.h. bei variabler Betriebsgröße.

38) Dann können die Gewinne zwischen Orten unterschiedlicher Kosten ausgeglichen werden. Gewinnunterschiede bleiben bei diskontinuierlichen räumlichen Kostenunterschieden bestehen.

39) Vgl. auch Fr. A. FETTER: The economic law of market areas. Quarterly Journal of Economics, Bd. 38, 1924, S. 520-529. Er weist darauf hin, daß ein allgemein höherer Frachtsatz den Produzenten mit höheren Kosten ein größeres Marktgebiet ermöglicht, da dadurch die Kostenunterschiede relativ vermindert sind (Ebenda, S. 527).

Eine feste Bindung der Produktion an bestimmte Orte - etwa Materiallager - kann dadurch aufgehoben werden, daß sich die Kostenunterschiede für die verschiedenen Produktionsfaktoren überlagern und Kostenkompensationen eintreten. Die Wanderung der Arbeit ging dabei historisch gesehen mit dem Aufbau der Industrie in Richtung der Materiallager[40], wodurch eine doppelte Bindung der Standorte entstand. Mit zunehmender Industrialisierung wird jedoch der Boden zum knappen und damit teuren Faktor bei gleichzeitiger Abnahme der Transportkosten, wodurch eine gegenläufige Bewegung eintritt.

2.2.3.3. Räumliche Unterschiede der Nachfragedichte

Die Nachfrage nach einem bestimmten Produkt kann räumlich mehr oder weniger gestreut sein. Ein Produkt des täglichen Verbrauchs hat z.B. eine räumlich gestreutere Nachfrage als ein spezielles Produkt, das in einer weiterverarbeitenden Produktion eingesetzt wird. Sind keine räumlichen Kostenunterschiede vorhanden, so hat ein Betrieb, der an einem Ort dichterer Nachfrage produziert, einen doppelten Vorteil gegenüber einem Ort weniger dichter Nachfrage. Da er vergleichsweise größere Mengen seines Produkts an nahe als an fernere Käufer absetzt, ist er pro Stück weniger mit Transportkosten belastet und deshalb auch in größerer Entfernung noch konkurrenzfähig. Hinzu kommt, daß er durch die geringere Transportkostenbelastung in der Lage ist, eine größere Menge zu produzieren und die Kosteneinsparung der Massenproduktion zu nutzen. Er hat also sowohl eine größere Produktionsmenge als auch ein flächenmäßig größeres Marktgebiet. Ist die Nachfrage dicht genug, so muß er diese mit anderen Betrieben teilen. Damit schränkt sich sein Marktgebiet sowohl räumlich als auch produktionsmäßig ein. Unabhängig von der Anzahl der Betriebe an Orten dichter Nachfrage[41] kann das Produkt in einem größeren Radius

40) Vgl. H. RITSCHL: Reine und historische Dynamik des Standorts der Erzeugungszweige. Schmollers Jahrbuch, 51. Jg. 1927, 2. Halbbd. S. 27 (839): "Mit wachsendem Anteil des konstanten Kapitals werden Verschiebungen im Gefolge der Änderung der Arbeitsgrundlage immer seltener werden."

41) Eine größere Anzahl bedeutet einen möglichen Gewinnausgleich zwischen Orten verschiedener Nachfragedichte. Vgl. E. CHAMBERLIN (a.a.O., S. 197), der diesen Gedanken für den Handel formuliert.

abgesetzt werden, so daß das Marktgebiet der Branche größer ist als an Orten niedrigerer Nachfragedichte.

Je stärker die Nachfrage eines Produkts an bestimmten Orten konzentriert ist, umso stärker ist somit auch die Konzentration der Standorte der Produktion an diesen Orten.

2.2.3.4. Das Verkehrsnetz

Der Transport von Gütern vollzieht sich nicht auf einer überall gleichen Ebene, sondern auf bestimmten Verkehrswegen, die in ihrer Art und Dichte von den natürlichen Gegebenheiten und den Investitionen in den Aufbau eines Verkehrsnetzes abhängen. Räumliche Unterschiede im Verkehrsnetz bedeuten auch räumliche Transportkostensatz-Unterschiede. Ein Standort abseits des Verkehrsnetzes - genauer der Stationen des Verkehrsnetzes - hätte so hohe Transportkosten, daß er praktisch nicht in Frage kommt. Der Transportkostensatz hängt ab von der Art des benutzten Verkehrsmittels und der Preispolitik der Verkehrsträger, die wiederum mit verschiedenen Faktoren, etwa Entfernung, Art des Gutes, Saison etc. variieren kann[42].

Die Auswirkung der räumlichen Unterschiede in Dichte und Zusammensetzung der Verkehrswege auf die Standortstruktur besteht in einer Abweichung der Standorte von den geometrisch ableitbaren zu den Verkehrswegen hin und einer Verzerrung der Form der Marktgebiete derart, daß die Luftlinienentfernung des Modells nun in die entlang der Verkehrswege gemessenen Transportkosten transformiert wird. Orte, die mit den gleichen Transportkosten erreichbar sind, haben dieselbe "ökonomische Entfernung". Die tatsächlichen Entfernungen können dabei je nach Umwegen und Preisen der verschiedenen Transportmittel sehr unterschiedlich sein. Gemessen in der ökonomischen Entfernung bilden sich die Marktgebiete jedoch genauso wie vorab beschrieben. Real gesehen bedeutet das, daß die Marktgebiete in Räumen mit einem günstigen Verkehrsnetz -

42) Vgl. E. M. HOOVER, a.a.O., S. 39-44.

über eine höhere Nachfragedichte infolge niedrigerer Transportkosten - größer sind; und daß sie eine Ausdehnung in Richtung der billigeren Transportwege erfahren[43].

2.2.3.5. Sonstige räumliche Unterschiede

Außer den genannten räumlichen Unterschieden gibt es weitere standortwirksame Besonderheiten, die sich auf die räumlichen Unterschiede von Kosten und Erträgen auswirken. Hier sind v.a. Aktivitäten des Staates zu nennen, der in direkter oder indirekter Weise über seine Steuer-, Subventions- und Ausgabenpolitik Einfluß auf die regionalen Kosten und Erträge nimmt[44]. Soweit er nachteilige Bedingungen einer Region ausgleichen will, muß er Einfluß auf die zu hohen Kosten oder die zu niedrige Nachfrage nehmen. In diesem Rahmen sind auch Maßnahmen für Regionen zu sehen, die aufgrund ihrer besonderen Lage im Nachteil sind. Dies sind Grenzregionen an Staatsgrenzen, die eine wirtschaftliche Barriere darstellen, wo Marktgebiete durchschnitten werden (Zonenrandgebiete), oder gar Inselregionen (West-Berlin)[45]. Es hängt vom Umfang und von der Dauerhaftigkeit der staatlichen Förderung ab, ob eine solche Politik auf längere Sicht eine Ansiedlung von Betrieben bewirkt. Die Förderung muß dauerhaft mindestens so groß sein wie der Gewinnachteil gegenüber einem anderen Standort, der ohne die Förderung gewählt worden wäre.

Ein weiterer wichtiger Faktor für die Entscheidung über einen Standort stellt neben der dort bestehenden Kosten- und Nachfragesituation die Einschätzung des Risikos der Entscheidung

43) Ein anderer Grenzverlauf ergibt sich auch bei bestimmten Transportkostensatz-Bildungen (z.B. basing points). Vgl. dazu M. L. GREENHUT: Plant location in theory and in practise, a.a.O., S. 29.

44) Dies geschieht, ob der Staat das will oder nicht. Vgl. dazu H. GIERSCH: Das ökonomische Grundproblem der Regionalpolitik, in: Gestaltungsprobleme der Weltwirtschaft. Festschrift für A. PREDÖHL, Jahrbuch für Sozialwissenschaften, Göttingen 14, 1963/3, S. 391.

45) Ob Staatsgrenzen auch wirtschaftliche Barrieren darstellen, hängt von der Wirtschaftspolitik im In- und Ausland ab.

dar. Es handelt sich hier um ein Prognoseproblem für den Entscheidungsträger, das außer produktspeziellen Überlegungen auch einige allgemeine regional spezifische Erscheinungen berücksichtigt. Hier sind beispielsweise Arbeitswilligkeit bzw. Streikfreudigkeit der Arbeitenden aufgrund der regionalen Mentalität[46] oder potentielle politische Auflagen etwa zum Umweltschutz in Agglomerationsregionen zu nennen.

2.2.3.6. Heterogene Güter

Das an den Anfang gestellte Modell, in dem aus dem Fehlen aller räumlichen Unterschiede die Marktgebiete als Funktion von Kosten, Nachfrage und Transportkostensatz abgeleitet wurden, galt unter der Voraussetzung eines homogenen Gutes. Viele Güter sind aber ihrem Wesen nach nicht homogen. Ein solches Gut dient zwar in seiner unterschiedlichen Beschaffenheit dem gleichen Bedürfnis, unterscheidet sich aber in seiner Beschaffenheit, wobei oft keine Qualitätsrangfolge aufgestellt werden kann, sondern individuelle Geschmacksunterschiede oder spezielle Ansprüche vorhanden sind. Solche Produkte stellen Alternativen dar und werden deshalb gemeinsam angeboten, um dem Käufer eine Auswahl zu ermöglichen[47]. Ein so entstehender gemeinsamer Markt bringt jedem Vorteil, wenn er als Ganzes soviele Käufer anzieht, daß für den einzelnen Produzenten mehr Nachfrage abfällt, als wenn er "auf Distanz" zu seinen Konkurrenten geht. Wie nahe er mit seinem Betrieb an einen Absatzort herangeht, hängt von den räumlichen Kostenunterschieden incl. Transport[48] und der Nähe und Dichte anderer Absatzmöglichkeiten ab. Je größer Anzahl und Größe der Marktzentren, umso mehr Betriebe werden sich daran ausrichten.

---

46) Dies hängt u.a. auch mit dem Grad der gewerkschaftlichen Organisation zusammen, für die V. FUCHS in den USA einen Zusammenhang zur Standortentscheidung festgestellt hat. Vgl. V. R. FUCHS: Statistical explanations of the relative shift of manufacturing among regions of the United States, aus: Regional analysis and development, ed. by J. BLUNDEN, CH. BROOK, G. EDGE, A. HAY, London 1973, S. 159-174, speziell S. 162 und 167.

47) Vgl. E. M. HOOVER, a.a.O., S. 76f.

48) Hohe Kosten in der Nähe von Agglomerationsorten sind v.a. durch hohe Bodenpreise bedingt.

Die Orientierung des Standortmusters an Kostenunterschieden und Nachfragedichte bleibt erhalten. Im Unterschied zu homogenen Gütern, wo man von einer gegebenen Nachfragestruktur ausgehen konnte, wird diese hier jedoch durch das gemeinsame Handeln der Betriebe erst geschaffen[49].

2.2.4. Konzentrations-und Dekonzentrationskräfte

In dem einfachen Modell, das an den Anfang gestellt wurde, werden Voraussetzungen postuliert, die zu einer vollständig gleichmäßigen Verteilung der Produktion eines Gutes führen in dem Sinn, daß alle Marktgebiete gleich groß, alle Betriebe gleich weit von den Nachbarbetrieben entfernt sind. Auch unter diesen Voraussetzungen kommt es jedoch zur mehr oder weniger starken Konzentration der Produktion. Die Marktgebiete sind unter Konkurrenzbedingungen umso größer, die Konzentration also umso stärker, je geringer die Gesamtnachfrage, je höher der Transportkostensatz und/oder je höher das Niveau der langfristigen Produktionskostenkurve sind e.v.v., vorausgesetzt, Nachfragedichte, Kostenentwicklung und Transportkostensatz seien überall gleich. Diese Aussagen haben Bedeutung, wenn in der zeitlichen Entwicklung Niveauänderungen eintreten, d.h. wenn Nachfrage, Kosten oder Transportkostensatz für das Produkt allgemein steigen oder sinken.

Strukturänderungen als Änderungen in der räumlichen Verteilung der standortstrukturbestimmenden Faktoren finden ihren Ausdruck in den Aussagen über die Standortstruktur unter raumdifferenzierenden Annahmen. Wie dort ausgeführt, führen Änderungen in der Nachfrage-, Kosten- und Verkehrsstruktur zu gleichgerichteten Änderungen in der Standortstruktur, d.h. eine Verstärkung der Unterschiede verstärkt auch die räumliche Standortkonzentration e.v.v.

---

49) genau genommen durch die Kaufentscheidungen des Handels.

Konzentration und Dekonzentration der Standorte sind also durch das Niveau und die räumliche Struktur von Kosten und Nachfrage bestimmt.

2.3. Die regionale Verteilung der verschiedenen Produktionen

2.3.1. Interdependenz der Standortstrukturen

Die Frage der Standortstruktur kann nicht partiell für ein bestimmtes Produkt gelöst werden, da zwischen den Strukturen der verschiedenen Produkte Zusammenhänge bestehen. Jede Ansiedlung eines Betriebes an einem bestimmten Ort ändert die dort und in der Umgebung bestehenden Gegebenheiten nicht nur für weitere Standortentscheidungen für das in dem Betrieb produzierte Gut, sondern in direkter oder indirekter Weise auch für alle anderen Güter. Diese Zusammenhänge sollen hier kurz dargestellt werden, bevor der Versuch unternommen wird, die Branchenstruktur von Regionen zu bestimmen.

2.3.2. Horizontale und vertikale Zusammenhänge

Hier sind zunächst horizontale Zusammenhänge zwischen den Gütern festzustellen. Für heterogene Güter wurde bereits gezeigt, daß sie durch eine gemeinsame Nachfragekonzentration voneinander angezogen werden. Nachfrager, die Orte mit einer besonderen Auswahl an Gütern aufsuchen, unternehmen eine mehr oder weniger lange Fahrt und teilen die Fahrt- und Zeitkosten auf den Kauf verschiedener Produkte auf, indem sie einen Großeinkauf machen. Deshalb ziehen Einkaufszentren auch die Standorte verschiedener Güter an, die weder durch Substitutions-, noch Komplementärbeziehungen miteinander verbunden sind[1]. Das bedeutet für viele Produkte eine stärkere Nachfragekonzentration gegenüber der tatsächlichen räumlichen Verteilung der Nachfrager und damit auch eine Tendenz zur Konzentration der Standorte.

Auch vertikale Beziehungen können zu einer räumlichen Konzentration führen, wenn eine günstige Kosten-Nachfragebeziehung am gleichen Ort durch geringe Transportkosten und günstige In-

1) Für den Käufer bedeutet das Zeitersparnis und die Möglichkeit des Produktvergleichs. E. CHAMBERLIN, a.a.O., S. 196.

formationsbedingungen erreicht wird. Hohe Transportfixkosten (Be- und Entladen) und moderne Kommunikationsmethoden[2] wirken dem entgegen. Sogar eine räumliche Betriebstrennung eines Unternehmens kann sinnvoll sein, z.B. wenn die Urproduktion rohstoffintensiv, die Weiterverarbeitung arbeitsintensiv ist[3].

Eine starke Konzentrationstendenz ergibt sich erst aus der häufig vorliegenden Kombination der vertikalen und horizontalen Beziehungen [4]. Die Produktion eines Gutes benötigt verschiedene Inputs in unterschiedlicher Menge, die eingekauft oder auch selbst produziert werden können. Die Inputlieferanten können jedoch nur dann günstig anbieten, wenn sie einen bestimmten Produktionsumfang erreichen (interne Effekte). Da andererseits günstige Inputpreise nachgelagerte Produktionen anlocken, besteht eine gegenseitige Attraktion. Je größer die Konzentration nachgelagerter Betriebe am Ort ist, die ähnliche Inputs benötigen, aber verschiedene Produkte herstellen - wodurch keine Konkurrenznachteile entstehen -, umso günstiger und vielfältiger kann das Angebot an spezialisierten Inputs sein, weil sie eine ausreichende Nachfrage finden. Dies gilt auch für Dienstleistungen aller Art, Reparaturen, Banken, Behörden etc.[5] (externe Effekte).

Agglomerationen sind also Orte, an denen niedrige Kosten durch Ausnutzung der Massenproduktion[6], kurze Transportwege und hohe Nachfragedichte zu einem allgemein vorteilhaften Standort für vertikal und horizontal, direkt und indirekt verbundene Produktionen zusammenwirken. Diese Effekte sind be-

---

2) Dadurch entsteht eine Abschwächung der sog. Fühlungsvorteile. Vgl. H. RITSCHL, a.a.O., S. 43.
3) Vgl. A. WEBER, a.a.O., S. 165ff.
4) Zu diesen Zusammenhängen vgl. auch E. M. HOOVER, a.a.O., S. 77f.
5) Ebenda, S. 85.
6) Dazu ist v.a. auch eine gute Ausnutzung von öffentlichen Infrastrukturinvestitionen zu rechnen, die zu einer zusätzlichen Steigerung der Gesamtproduktivität in der Ballung führen kann. Vgl. J. H. MÜLLER: Wirtschaftliche Grundprobleme der Raumordnungspolitik, Berlin 1969, S. 38ff.

grifflich als large scale, localization und urbanization economies[7] erfaßt und beruhen auf der Vermeidung von Kommunikationskosten (Attraktionstheorie), definiert als alle Kosten, die aus der räumlichen Entfernung aller für Produktionsprozeß und Verkauf benötigten Inputs i.w.S. resultieren[8]. Diesen positiven Agglomerationseffekten stehen negative Effekte (diseconomies) gegenüber[9], die durch die Konkurrenz um Produktionsfaktoren und damit ihre Verteuerung (v.a. des Bodens), zusätzliche Kosten der Enge (z.B. aufwendige Bauweise von Gebäuden und Straßen) und Belastung der Umwelt entstehen und eine Begrenzung der Ballung bewirken können[10].

2.3.3. Gemeinsame Orientierung

Neben den horizontalen und vertikalen Beziehungen der beschriebenen Art, die durch eine bestimmte Ansiedlungskombination aus der Ausnutzung der Technik und der Ballung der Nachfrage Vorteile ziehen, bestehen Beziehungen zwischen den Standortstrukturen der verschiedenen Güter über die Nutzung der primären Produktionsfaktoren und die Nachfrage. Orte mit einem großen Angebot an bestimmten Produktionsfaktoren oder einem großen Nachfragepotential durch hohe Bevölkerungsdichte sind günstige Standorte verschiedener Produktionen, die zufällig vorwiegend an demselben Standortfaktor orientiert sind[11]. Eine gemeinsame Orientierung an einem bestimmten

7) J. H. MÜLLER: Wirtschaftliche Grundprobleme der Raumordnungspolitik, Berlin 1969, S. 23 und W. ISARD: Location and space economy, Cambridge, Mass. 1962, S. 172-199.

8) A. VAN WICKEREN: Interindustry relations: Some attraction models, Rotterdam University Press 1973, S. 3f.

9) Vgl. R. ABT: Agglomerationseffekte in der schweizerischen Industrie, Diss. Zürich, o.J. Er definiert Agglomerationseffekte als die positiven (verbilligenden) und negativen (verteuernden) Einflüsse auf die Umweltbedingungen (Produktionsbedingungen), welche im Umstand der räumlichen Nähe zwischen verschiedenen Wirtschaftssubjekten begründet liegen (S. 12).

10) Auf das Problem der optimalen Agglomerationsgröße soll hier nicht eingegangen werden. Hier spielen politische Entscheidungen über die Infrastruktur als fixen Faktor in der privatwirtschaftlichen Produktionsfunktion eine wesentliche Rolle (J. H. MÜLLER: Ballung a.a.O., S. 459) sowie Maßnahmen zur Internalisierung sozialer Kosten.

11) Vgl. K. CHR. BEHRENS, a.a.O., S. 82ff.

Rohstoff, der als Gewichtsverlustmaterial in die Produktion eingeht, bindet verschiedene Produktionen an dieselben Standorte, so daß eine Ballung an den Rohstofflagern entsteht. Große Arbeitsmärkte ziehen verschiedene Produktionen an, für die Arbeitskräfte in erheblichem Umfang benötigt werden[12]. Orte niedriger Transportkosten an verkehrsgünstigen Orten sind Ballungszentren für Produkte mit hohen Transportkosten im Vergleich zum Wert der Ware.

Ballungen an solchen Orten - Weber nennt sie zufällig im Gegensatz zur reinen oder technischen Agglomeration[13] - sind die Folge dort vorhandener Produktionsfaktoren und bieten an sich keine Vorteile, weil sie keine zusätzliche Nachfrage schaffen. Sie ergeben sich, weil für verschiedene Produktionen die Kosten dort niedrig sind. Die verschiedenen Betriebe treten in Konkurrenz um den gemeinsamen Produktionsfaktor, bis er so teuer geworden ist, daß ein zusätzlicher Betrieb an einem anderen Ort zu den gleichen Kosten produzieren kann. Auf die Kosten am Ort wirken sich jedoch auch die anderen benötigten Produktionsfaktoren aus, um die ebenfalls konkurriert wird. Beides begrenzt die Agglomerationsgröße. Auch eine Ballung aufgrund eines hohen Nachfragepotentials ist limitiert durch die Konkurrenz um das Einkommen der Bevölkerung und einen zusätzlichen konkurrenzbedingten Preisdämpfungseffekt.

Ob es bei zufälliger gemeinsamer Orientierung tatsächlich zu gemeinsamen Produktionszentren kommt, hängt von der Zahl der Faktormärkte und den Nachfragedichten ab. Steht einer hohen Auswahl an Faktormärkten eine niedrige Nachfragedichte oder ein zwischen den Produkten abweichendes räumliches Nachfrageprofil gegenüber, so werden sich die Standorte der verschiedenen Produkte ausweichen, um den Konkurrenzeffekt zu vermeiden[14].

---

12) Dabei wirken Arbeitsmärkte stärker alternativ als Rohstofforte, wo schon eine räumliche Annäherung der Standorte kostensenkend wirkt. Vgl. J. H. MÜLLER: Ballung a.a.O., S. 456.

13) A. WEBER, a.a.O., S. 131f.

14) Vgl. E. M. HOOVER, a.a.O., S. 62.

2.3.4. Standortstruktur der Produkte: Bestimmungsgründe und historische Tendenzen im betrachteten Zeitraum 1960-1972

Aus den vorangegangenen Überlegungen lassen sich die Bestimmungsgründe der Standortstruktur der Produkte zusammenfassen:

- Niveau von Nachfrage, Kosten und Transportkostensatz
- räumliche Struktur von Nachfrage, Kosten und Transportkostensatz
- Agglomerationskraft der Nachfragesteigerung und Kostensenkung durch Massenproduktion.

Der Niveaueffekt bedeutet, daß bei einer höheren Nachfrage und bei niedrigeren Kosten insgesamt mehr Betriebe existieren können. Der Struktureffekt ergibt sich daraus, daß ein Betrieb an einem Ort mit niedrigeren Kosten oder einer höheren Nachfrage in weiterer Entfernung von seinem Standort konkurrenzfähig bleibt. Während der Niveaueffekt ein gleichmaschiges Netz von Marktgrenzen bewirkt, das beliebig über das Gesamtgebiet gelegt wird, in seiner Lage also nicht festgelegt ist, führt der Struktureffekt nicht nur zu unterschiedlichen Maschengrößen, sondern legt das Netz auch in seiner Lage fest. In diesem Effekt ist, vergleicht man die Netze verschiedener Produkte, auch die zufällige Agglomeration enthalten. Die reine Agglomeration bewirkt für sich gesehen eine Zusammenballung der Maschenzentren für verschiedene Produkte und eine Vergrößerung der Maschen durch verstärkte Kosten- und Nachfragedifferenzierung zwischen Ballung und Umgebung, außerdem eine Festlegung der Lage der Netze zueinander, ohne jedoch die Gesamtlage des Netzgefüges zu bestimmen. Durch die räumliche Struktur von Nachfrage und Kosten wird aber auch diese Gesamtlage in Anlehnung an die zufällige Agglomerationsstruktur festgelegt.

Hier wird die Interdependenz aller Güter-Standortstrukturen sichtbar, die sich nur im Gesamtzusammenhang erklären lassen. Auch die Verteilung der Bevölkerung und des Arbeitsangebots, die bisher als gegeben betrachtet wurden, sind letztlich über die Wanderungen hervorrufenden räumlichen Preis- und Einkommensdifferenzen Teilergebnisse des Gesamtzusammenhangs. Es würde jedoch zu weit führen, hier die gesamte regionalwissenschaftliche Theorie auszubreiten[15]. Statt dessen sollen aus den dargestellten Zusammenhängen einige Tendenzaussagen abgeleitet werden[16].

A. Nachfragesteigerung und Kostensenkung

Steigt in einer wachsenden Wirtschaft die Nachfrage für die meisten Produkte, so ist c.p. für jedes dieser Produkte eine Marktverkleinerung möglich, es können mehr Agglomerationen entstehen, bei Wettbewerb wird es also zu einer Dekonzentration kommen. Eine Beibehaltung der räumlichen Struktur durch Ausdehnung der Produktion in den gegebenen Standorten erfolgt nur bei starken räumlichen Kostendifferenzen, etwa bei starker Rohstoffabhängigkeit. Eine allgemeine Kostensenkung, etwa durch eine allgemeine Importverbilligung bei steigendem Welthandel bewirkt ebenfalls c.p. eine Dekonzentration.

B. Verbesserung der Technik

Ein Verfahrensfortschritt, wodurch das Wirtschaftswachstum in den bzgl. der Bevölkerungsentwicklung stagnierenden Industriestaaten hauptsächlich entsteht, ist mit einer Kostensenkung, meist in der Massenproduktion, verbunden. Diese erlaubt v.a. an Niedrigkostenorten eine Ausdehnung des Marktgebiets und verstärkt außerdem die Agglomerationsvorteile und führt so zu größeren Ballungen.

C. Transportkostensatz-Senkung

Die Auswirkung der mit allgemein verbesserten Transportsystemen verbundenen Senkung des Transportkostensatzes ist umstrit-

---

15) Dazu schreibt PREDÖHL, daß inhaltliche Ergänzungen einer exakten Theorie nur unter Verzicht auf deren Vollständigkeit möglich sind. A. PREDÖHL: Das Standortsproblem in der Wirtschaftstheorie a.a.O., S. 314f.

16) Ebenda, S. 312: "Da Standorte ein Teil des wirtschaftlichen Funktionalzusammenhangs sind, müssen sie grundsätzlich auf jede Änderung einer Größe im System reagieren."

ten[17]. Als reiner Niveaueffekt ermöglicht sie eine Verkleinerung oder Vergrößerung der Marktgebiete, wovon im Wettbewerb eine dekonzentrierende Wirkung ausgeht. Auf der Kostenseite bewirkt die Verbilligung des Transports von Gewichtsverlustmaterialien einen Ausgleich der räumlichen Kostendifferenzen, was ebenfalls eine dekonzentrierende Wirkung hat. Andererseits können sich die verbleibenden Kosten- und Nachfragedifferenzen stärker zugunsten der Tiefkosten- und Hochnachfrageorte auswirken[18]. Agglomerationen gewinnen einen weiteren Aktionsradius im Wettbewerb. Bei den entgegengesetzten Wirkungen einer Transportverbilligung kommt die Dekonzentrationstendenz umso mehr zum Tragen, je geringer die räumlichen Differenzen von Nachfrage und Kosten und die Agglomerationstendenzen durch die Vorteile der Massenproduktion sind. Je stärker andererseits die Industrie räumlich schon konzentriert ist, umso eher wird die Konzentration durch eine Transportkostensatz-Senkung verstärkt.

D. Räumliche Strukturänderung

Eine Änderung der räumlichen Struktur von Nachfrage, Kosten und Transportkosten bewirkt eine Änderung der Standortstruktur, die produktspezifisch entsprechend der Orientierung an bestimmten Standortfaktoren[19] reagiert. Dabei werden i.a.

---

17) Ausgehend von (z.T. implizit) verschiedenen Voraussetzungen kommen z.B. die beiden folgenden Aussagen zustande: "The greater the transfer costs, the greater the degree of locational dispersion ..." (H. W. RICHARDSON: Regional economics, London 1969, S. 42) und: "Transportkosten wirken ihrem Wesen nach agglomerativ." (D. SCHRÖDER: Strukturwandel, Standortwahl und regionales Wachstum. Bestimmungsgründe der regionalen Wachstumsunterschiede der Beschäftigten und Bevölkerung in der BRD 1950-1980, Prognos Studien 1968, S. 49).

18) Vgl. auch H. RITSCHL, a.a.O., S. 37 (849): "Hatten die hohen Frachtkosten die Unterschiede in der Gunst der Erzeugungsbedingungen bisher überdeckt, so lassen die sinkenden Transportkosten sie hervortreten." Aus diesem Grund konkurrieren vorher getrennte lokale Märkte miteinander. Vgl. auch W. EUCKEN: Technik, Konzentration und Ordnung der Wirtschaft, in: Wettbewerbstheorie. Neue Wissenschaftliche Bibliothek, Bd. 77, S. 132.

19) Die Bedeutung der für die Standortwahl relevanten Standortfaktoren ist nicht nur branchenabhängig, sondern auch historisch abhängig von den Produktionsbedingungen und dem jeweiligen Beschäftigungsniveau einer Volkswirtschaft. Vgl. H. BREDE: Bestimmungsfaktoren industrieller Standorte. Ifo-Institut für Wirtschaftsforschung. Berlin, München 1971, S. 19.

räumliche Konzentration und Dekonzentration nebeneinander stattfinden. Für eine allgemeine Tendenzaussage soll hier nur von einigen hervorstechenden historischen Änderungen ausgegangen werden.

Ein vergleichsweise hohes Bevölkerungswachstum in einem Teilraum z.B. als Folge einer stärkeren Ausrichtung der Wohnsitzwahl am Freizeitwert der Region in einer Wohlstandsgesellschaft[20) schafft eine relativ hohe Nachfrage- und Arbeitsangebotssteigerung und damit eine Verbesserung als Standort. Investitionen im Transportwesen haben meist auch eine Ausdehnung des Transportnetzes zur Folge. Diese hat entlang der Verkehrslinien eine dekonzentrierende Wirkung[21). Dies gilt v.a. für die flächenwirksame Ausdehnung des Straßennetzes. Nimmt durch eine allgemeine Transportkostensenkung oder die Substitution durch leichter transportierbare Rohstoffe (z.B. andere Energieformen) die Bedeutung der Materiallager ab[22), so bewirkt dies einen räumlichen Kostenausgleich und damit eine Streuung der Standorte. Die genannten Änderungen in der Wohnsitzwahl und in den Verkehrsbedingungen sowie die abnehmende Standortbindung der Betriebe wirken alle auf eine Dekonzentration der Standorte hin.

E. Entstehung von Agglomerationsnachteilen

Eine durch die Agglomeration bewirkte Kostenerhöhung in Dal

---

20) Vgl. M. CHISHOLM: Tendencies in agricultural spezialization and regional concentration of industry, in: Locational Analysis for Manufacturing, Mass. 1969, S. 361 und 364.

21) Vgl. dazu: F. VOIGT: Die gestaltende Kraft der Verkehrsmittel in wirtschaftlichen Wachstumsprozessen. Bielefeld 1959.

22) Zur abnehmenden Bedeutung der Rohstoffe vgl. auch M. CHISHOLM, a.a.O., S. 362f. Eine Annäherung der regionalen Energieversorgung hat z.B. den Einfluß der Energieimpulse auf die Standortwahl vermindert, wie eine Studie von LINDENLAUB ergibt. (J. LINDENLAUB: Energieimpulse und regionale Wachstumsdifferenzierung. Schriftenreihe des Energiewirtschaftlichen Instituts Köln, München 1968, S. 290). Der Studie liegt der Zeitraum 1950-62 zugrunde.

lungsgebieten[23] durch Bodenverknappung, Lohnkostenerhöhung infolge schlechterer Umweltbedingungen, Zeitverluste durch überfüllte Verkehrswege und zusätzliche Kosten durch staatliche Auflagen kann den Agglomerationsvorteilen eine Grenze setzen und zu einer Begrenzung der Agglomerationsgröße führen, die zusammen mit der Entstehung neuer Agglomerationen, etwa durch eine allgemeine Nachfragesteigerung eine regionale Dekonzentration bewirkt. Hinzu kommt, daß die durch eine Agglomeration zu vermeidenden "Kommunikationskosten" durch neue Technologien (z.B. Fernschreiber) sinken.

Die getroffenen Tendenzaussagen sind nur eine Auswahl von Thesen, die mit Hilfe der vorher dargestellten theoretischen Zusammenhänge formuliert werden können. Diese Auswahl erfolgte jedoch mit Blick auf den empirisch betrachteten Zeitraum der 60er Jahre in der BRD, der grob gekennzeichnet werden kann durch ein allgemeines Wirtschaftswachstum ohne starke Schwankungen mit einem meist angespannten Arbeitsmarkt, verbunden mit technischem Fortschritt, einem Ausbau des Verkehrsnetzes, einer abnehmenden Standortabhängigkeit von Rohstoffen und einem umweltbewußteren Handeln bei der Wohnsitz- und Arbeitsplatzwahl[24] sowie bei staatlichen Maßnahmen[25]. Alle

23) Aufgrund einer Befragung nach der unternehmerischen Standortentscheidung im Zeitraum 1955-64 stellt BREDE die überwiegende Bedeutung von Arbeit und Boden als historische Engpaßfaktoren fest, die zu einer Dekonzentrationstendenz führen. H. BREDE, a.a.O., S. 118.
Auch eine Untersuchung von CHRISTOFFEL, der eine Befragung nach den wichtigsten Standortfaktoren durchführte, zeigt für die Schweiz (die im Entwicklungsstand der BRD ähnelt), daß Landerwerb und Arbeitskräftebeschaffung in den übrigen Gebieten wichtiger sind als in Ballungsgebieten. In den Ballungsgebieten wurden nur Fühlungsvorteile öfter genannt als in anderen Gebieten. M. CHRISTOFFEL: Die industrielle Ballung in der Schweiz. Diss. St. Gallen 1967, S. 121.

24) Vgl. H. JÜRGENSEN, a.a.O. Während in der ersten Phase der Industrialisierung der Lohnwert für die Wanderung der Arbeitskraft entscheidend war, tritt mit fortschreitender Loslösung der Industrie von einer Standortbindung und steigendem Einkommen der Bevölkerung die Suche nach einer besseren Umweltsituation des Wohnorts in den Vordergrund. Dies gilt v.a. bei hohem Wohlstand und Überbeschäftigung (G. FISCHER, a.a.O., S. 64 und D. SCHRÖDER: Der Mensch: Objekt oder Subjekt der Standortwahl? in: Polis und Regio, von der Stadt- zur Regionalplanung. Tübingen 1967, S. 52).

25) Durch die Einführung historischer Gegebenheiten in die Analyse wird das theoretische Feld allgemeingültiger Aussagen verlassen. Zur Problematik vgl. J. H. MÜLLER: Die ökonomische Theorie zwischen logischem Formalismus und empirischer Aussage, aus: Systeme und Methoden in den Wirtschafts- und Sozialwissenschaften. Tübingen 1964, S. 304.

diese Kennzeichen mit Ausnahme des technischen Fortschritts wirken, wie die obigen Aussagen zeigen, auf eine räumliche Dekonzentration der Industrie hin. Für einzelne Branchen kann trotzdem der Konzentrationseffekt überwiegen, wenn sie stagnieren oder schrumpfen, eine hohe Rohstoffabhängigkeit behalten oder hohen technischen Fortschritt aufweisen.

Gelegentlich wird die Frage aufgeworfen, ob bei einem relativ großen regional-sektoral gebundenen Kapitalstock überhaupt ein Strukturwandel in wesentlichem Umfang zustandekommt. Das Kapital als regionaler Produktionsfaktor blieb in den bisherigen Ausführungen unerwähnt. Ausgehend von einem gegebenen technischen Wissen ergab es sich als Teilergebnis des Standortmusters in der Gleichgewichtsbetrachtung. Bei geänderten Bedingungen, die zu einem anderen Standortmuster führen, muß eine interregionale Umverteilung der Produktionsausrüstung stattfinden. Diese begegnet kurzfristig zwar Mobilitätswiderständen[26], findet aber langfristig umso leichter statt, je mehr eine allgemeine Kapitalausweitung erfolgt[27] und je schneller der Kapitalstock abgeschrieben wird. Dies trifft in einer Phase allgemeinen Wachstums und technischen Fortschritts zu, die durch hohe Neuinvestitionen und schnelle Ersatz- (meist als Rationalisierungs-)Investitionen[28] gekennzeichnet ist. Im betrachteten Zeitraum kann man also von einer hohen interregionalen Mobilität des Kapitals ausgehen. Hinzu kommt, daß eine interregionale Umschichtung des Kapitals für eine bestimmte Produktion auch auf indirekte Weise stattfindet, indem

26) Vgl. H. SIEBERT: Regional economic growth: Theory and policy. Scranton, Pennsylvania 1969, S. 66 und L. MIKSCH: Zur Theorie des räumlichen Gleichgewichts, in: Zeitschrift des Instituts für Weltwirtschaft, Bd. 66, 1951, Heft 1, S. 21.
MIKSCH betrachtet die räumliche Verteilung der produzierten Produktionsmittel als volkswirtschaftliches Datum, das Verzögerung und Hemmnis auf dem Weg zur optimalen räumlichen Verteilung darstellt.

27) Vgl. E. M. HOOVER: The location of economic activity. New York 1963, S. 146 und H. SIEBERT: Regional economic growth, a.a.O., S. 66.

28) M. LOHMANN: Einführung in die Betriebswirtschaftslehre. Tübingen 1964, S. 171.

intraregional die Kapitalverwendung zwischen den Produktionen substituiert wird. Bei flexibler Kapitalausstattung ist eine interregionale Strukturverschiebung also auch ohne interregionale Kapitalbewegungen möglich[29].

Ob und in welchem Ausmaß in den einzelnen Branchen eine Konzentration oder Dekonzentration im Raum stattgefunden hat, wird im empirischen Teil ermittelt[30].

---

29) Vgl. auch W. EUCKEN, a.a.O. Fixe Kosten bedeutet nicht fixierte Produktion (S. 136).

30) Der in der Untersuchung betrachtete Zeitraum ist zu kurz, um die langfristig angelegte These BRÖSSES zu prüfen, daß von einem bestimmten Punkt der Industrialisierung an sich die Tendenz von Konzentration zu Dekonzentration umkehrt. Da sich mittelfristig Konzentrations- und Dekonzentrationsphasen abwechseln, kann diese Untersuchung von der empirischen Anlage her nur auf eine mittelfristige Dekonzentrationsphase abgestellt sein. Vgl. U. BRÖSSE: Eine Hypothese über räumliche Konzentrations- und Dekonzentrationsprozesse, in: Informationen 21. Jg. (1971), S. 621 und Ders.: Ziele in der Regionalpolitik und in der Raumordnungspolitik. Zielforschung und Probleme der Realisierung von Zielen. Berlin 1972. S. 108.

2.4. Sektorstruktur und Wachstum von Regionen

2.4.1. Das Problem der Regionsabgrenzung

Um den Zusammenhang zwischen Sektorstruktur und Wachstum von Regionen darzustellen, muß zunächst die Sektorstruktur einer Region untersucht werden. Diese ergibt sich formal sehr einfach aus den vorangegangenen Ausführungen, indem man die Blickrichtung umkehrt. Statt der regionalen Verteilung verschiedener Sektoren betrachtet man nun die sektorale Verteilung in verschiedenen Regionen. An dieser Stelle taucht das Problem der regionalen Abgrenzung auf. Konnte man bisher die Sektoren beliebig auf eine Gesamtfläche verteilen[1], so muß man nun mehr oder weniger sinnvolle Regionsgrenzen ziehen.

Prinzipiell richtet sich die theoretische Definition einer Region nach dem Ziel der Betrachtung. I.a. unterscheidet man zwischen der homogenen und funktionalen Region, wobei sich die funktionale Region durch überwiegend intraregionalen Austausch auszeichnet[2]. Dieser funktionalen Abgrenzung entspricht das Konzept der zentralen Orte[3], deren Einzugsbereiche für verschiedene Regionsgrößen - auf verschiedenen Ebenen der zentralen Orte bzw. für verschieden große Marktgebiete - definierbar sind[4]. In einer industrialisierten Welt - wie der BRD im betrachteten Zeitraum - spielt der Begriff der homogenen Region, die durch Einheitlichkeit und hohen interregionalen Handel gekennzeichnet ist, keine wesentliche Rolle. Meist wird auch in der Literatur der funktionalen Region die Hauptrolle eingeräumt[5]. Als dritten Regionstyp nennt Boudeville die Planregion[6] als politische Verwaltungsregion.

1) Man kann sagen, die regionale Abgrenzung war bisher produktspezifisches Ergebnis der gesamten Standortstruktur.

2) J. R. BOUDEVILLE: Les espaces économiques. Presse Universitaire de France, Paris 1961, S. 11.

3) Vgl. O. BOUSTEDT und H. RANZ: Regionale Struktur- und Wirtschaftsforschung. Bremen-Horn 1957, S. 39. E. M. HOOVER (in: An introduction to regional economics, a.a.O., S. 124) vergleicht die funktionale Region mit einer biologischen Zelle.

4) J. R. BOUDEVILLE, a.a.O., S. 12.

5) z.B. bei H. JÜRGENSEN: Regionalpolitik im Ballungsraum. Das Beispiel der Hamburger Wirtschaftsregion. In: Wirtschaftsdienst, 44. Jg. (1964), S. 323.

6) J. R. BOUDEVILLE, a.a.O., S. 8.

Diese hat eine eigene Bedeutung, wenn besondere politische oder bevölkerungsmäßige Züge eine gewisse Trennung der Region bedingen. Ansonsten kommt in der rein theoretischen Betrachtung diesem Regionstyp kaum Bedeutung zu. Bei empirischen Untersuchungen ist man jedoch meist auf die Benutzung solcher Verwaltungsregionen angewiesen, hat man nicht die Mittel und Möglichkeiten einer eigenen Erhebung.

Untersucht man den Zusammenhang zwischen regionaler Struktur und regionaler Entwicklung, so ist die homogene Region im Prinzip ebenso interessant wie die funktionale Region. In der Praxis ist durch die Überlagerung von hierarchischer Struktur und Spezialisierung im Gesamtraum keine Abgrenzung möglich, die reine Regionstypen entstehen läßt[7]. Ergibt sich somit aus dem einfachen Lösch-Modell eine klare Regionsabgrenzung, so wäre diese doch nicht nur praktisch unrealistisch, sondern auch theoretisch zu einseitig, um der angeschnittenen Frage gerecht zu werden. Hinzu kommt, daß selbst eine eindeutige hierarchische Struktur der Marktgebiete einer zeitlichen Verschiebung unterworfen wäre, die auch eine dynamische Regionsabgrenzung erfordern würde.

Deshalb wird im folgenden nicht von einer typischen - durch ihre Struktur definierten - Region ausgegangen (womit im übrigen bereits ein Teil der Fragestellung herausdefiniert wäre), sondern von alternativen Strukturen in einem regionalsektoralen Gesamtgefüge.

---

7) Damit wird selbst bei einer eigenen Erhebung bzw. Aufbereitung die Regionsabgrenzung selbst zum Problem. Vgl. dazu auch R. LANDWEHR: Die methodischen Grundlagen der Regionalanalyse. Beiträge zum Siedlungs- und Wohnungswesen und zur Raumplanung Bd. 21. Münster 1975, S. 38: "In jedem beliebigen Raumteil überschneiden sich die Wirkungsfelder von Ereignissen und Objekten, so daß es für Teilräume keine von der Realität vorgegebenen Grenzen gibt." Ähnlich sehen es auch Perroux und Predöhl, die den Begriff der Region folgerichtig durch den Begriff "wirtschaftliche Gravitationsfelder" ("champs de forces") ersetzen. Vgl. F. PERROUX: Les espaces économiques. Economie appliquée - Archives de l'ISEA, Paris 1950, S. 231 und A. PREDÖHL: Außenwirtschaft. Göttingen 1971, S. 72f.

2.4.2. Regionale Sektorstruktur und ihre Entwicklung

2.4.2.1. Bestimmungsgründe der regionalen Sektorstruktur

Betrachtet man ein Teilgebiet eines Gesamtraums, so hat dieses eine bestimmte sektorale Industriestruktur, die sich aus dem Netzgefüge der gesamten regionalen Struktur der verschiedenen Industriesektoren durch Größe, Form und Lage des Ausschnitts ergibt.

Geht man zunächst von der Abwesenheit räumlicher Differenzierung von Kosten und Nachfrage aus und betrachtet damit zunächst den Niveaueffekt auf die Regionsstruktur, so bildet sich die gesamte regional-sektorale Industriestruktur aufgrund von Nachfrage- und Kostenniveau und durch die agglomerative Wirkung von externen Kostenersparnissen und geschaffener Nachfragekonzentrierung. Der Gesamtraum ist dann von einem Grundnetzgefüge der Produktion homogener Güter überzogen, deren Maschengrößen unterschiedlich und deren Lage zueinander zunächst unabhängig ist[8]. Externe Agglomerationsvorteile durch die beschriebenen vertikal-horizontalen Bindungen, unterstützt durch den der Industrie komplementären und selbst hierarchischen tertiären Sektor, bewirken eine Konzentration der Produktionen nicht nur heterogener Ausführungen eines Gutes, sondern auch verschiedener Güter und damit die Bildung von Städten verschiedener Größe[9]. Im Zentrum werden alle Güter produziert, in zentralen Orten niedrigerer Ordnung fallen sukzessiv die Produkte mit größeren Marktgebieten weg, bis auf der untersten Ebene der Produktionsorte nur noch das oder die Produkte mit den kleinsten Marktgebieten produziert werden.

---

8) Vgl. E. M. HOOVER, a.a.O., S. 127.

9) Die Hierarchie der Orte wurde von CHRISTALLER analysiert und dargestellt. Vgl. W. CHRISTALLER: Die zentralen Orte in Süddeutschland, eine ökonomisch-geographische Untersuchung über die Gesetzmäßigkeit der Verbreitung und Entwicklung der Siedlungen mit städtischen Funktionen. Darmstadt 1968.
Die Theorie der zentralen Orte hebt auf Dienstleistungsangebote ab, kann aber mit dem gleichen Argument (interne Ersparnisse) auf die Produktion überhaupt ausgedehnt werden. Vgl. F. BUTTLER, K. GERLACH und P. LIEPMANN: Grundlagen der Regionalökonomie, Hamburg 1977, S. 96.

Schneidet man aus dieser Struktur regionale Gebilde aus, so umfaßt deren Sektorstruktur umso mehr Produkte, je größere Agglomerationen (Städte) durch den Ausschnitt erfaßt werden. Je ähnlicher der Ausschnitt dem Gesamtraum in der Mischung aus Stadt und Land, umso ähnlicher ist die regionale Sektorstruktur der Struktur des Gesamtraumes. Je mehr der Ausschnitt eine Extremregion erfaßt, also Großstadt oder ländlichen Raum, umso abweichender sind die Sektorstrukturen. Diese Abweichungen haben nichts mit Spezialisierung aus regionalen Vorteilen zu tun, sondern sind Folge der unterschiedlichen Marktgebiete verschiedener Produkte. In diesem Sinn ist die Sektorstruktur einer Region abhängig von ihrer zufälligen Größe, Form und Lage im Gesamtgebiet.

Im Ergebnis ist hier bereits die Voraussetzung räumlicher Gleichverteilung von Kosten und Nachfrage aufgehoben, ihre potentielle Gültigkeit im Sinne einer gleichen Eignung aller geographischen Orte als Zentren bleibt jedoch erhalten. Sie bewirkt ein jeweils produktspezifisch völlig gleichmäßiges, konzentrisches Netzgefüge, dessen Gesamtlage unbestimmt bleibt.

Die räumliche Differenzierung der standortbestimmenden Faktoren, v.a. der Nachfrage und der Kosten, bewirkt eine Verzerrung dieses einheitlichen Bildes. Die regionale Verteilung einer bestimmten Produktion richtet sich an dichter Nachfrage und an niedrigen Kosten aus, woraus entsprechend der vorwiegenden Standortorientierung eine Konzentration der Produktion mit relativ großen Marktgebieten resultiert. Regional unterschiedliche Kosten wirken sich auf verschiedene Produktionen sehr unterschiedlich aus, je nachdem welche Kostenkomponente von überwiegendem Anteil für die betreffende Produktion ist[10].

10) Dieser Abschnitt wird allgemein gehalten, da dieses Problem nur branchenweise in Einzeluntersuchungen gelöst werden kann. Es handelt sich hier um das betriebswirtschaftliche Problem der Standortorientierung, d.h. um die Frage nach den dominierenden Standortfaktoren. Eine Darstellung davon findet sich bei K. CHR. BEHRENS, a.a.O., S. 82ff.

Rohstofflager, die Produktion von Vorprodukten, Importgüter, Arbeitsmärkte, Bodenpreise sowie politische Vergünstigungen oder Auflagen ziehen verschiedene Produkte an verschiedene Orte. Rohstofflager und Vorprodukte legen den Produktionsort bei Gewichtsverlustproduktion weitgehend fest. Die Verwendung von Importgütern zieht die Produktion i.a. an verkehrsgünstige Lagen an internationalen Wasserstraßen. Niedrige Bodenpreise und günstige politische Bedingungen werden meist in ländlichen Gegenden angetroffen. Wo geeignete Arbeitskräfte zu finden sind, ist abhängig von den Ansprüchen an ihre Leistung. Spezielle Fähigkeiten können regional durch traditionelle Berufswahl vorhanden sein. Kreatives Potential findet sich vorwiegend in den Städten[11]. Sind die Ansprüche an die Arbeit mehr quantitativer als qualitativer Art, so sind bei allgemeiner Unterbeschäftigung in den Städten, bei allgemeiner Überbeschäftigung und noch Überbesetzungen in der Landwirtschaft in ländlichen Gegenden eher Arbeitskräfte zu finden.

Soweit die Standortwahl von Produktionen unabhängig von allgemeinen Agglomerationsvorteilen an bestimmten Kostenfaktoren orientiert ist, ist es sinnvoll, daß sich nicht nur Betriebe des gleichen Produkts, sondern auch verschiedener Produkte - wenn möglich - an verschiedenen Orten niederlassen, weil die Konkurrenz um die anderen Produktionsfaktoren an den betreffenden günstigen Orten die Produktionen verteuert. Dann entsteht zwischen den Regionen eine Arbeitsteilung, die sich entsprechend den komparativen Kostenvorteilen bildet[12]. Im Gegensatz zur Theorie des internationalen Handels, aus der dieser Begriff stammt, muß man jedoch interregional von einer höheren Mobilität der Produktionsfaktoren, v.a. der Arbeit, ausgehen, die zu den Orten günstiger Produktionsbedingungen wandert, also an große Verkehrslinien und Rohstofforte. Kommen weitere Agglomerationsfaktoren hinzu, so wird aus der

---

11) E. M. HOOVER: An introduction to regional economics, a.a.O., S. 149.
12) Vgl. B. OHLIN: Interregional and international trade. Harvard Economic Studies Vol XXXIX, Cambridge, Mass. 1967, S. 31ff.

Spezialisierung eine allgemeine Konzentration an bestimmten Orten. Geht man davon aus, daß Agglomerationen sich z.B. an verkehrsgünstigen Orten gebildet haben, so ist dort sowohl eine hohe Endnachfrage als auch eine hohe Nachfrage nach Zwischenprodukten vorhanden. Die durch den Niveaueffekt bestimmten Städte verfestigen ihre Lage unter diesem Aspekt. Auch eine hohe ausländische Nachfrage macht diese Orte zu bevorzugten Standorten, begünstigt jedoch Randlagen, wie etwa Hafenstädte. Aufgrund des Auseinanderfallens verschiedener natürlicher Rohstofflager, der natürlichen Verkehrswege und eigenen regionalen Bestimmungsfaktoren von Nachfrage und Arbeitsangebot ergibt sich jedoch neben der Konzentration in Agglomerationsräumen auch eine regionale Spezialisierung. Diese besteht an Orten mit bestimmten Rohstofflagern und in Gegenden besonderer Attraktion für die Wohnsitzwahl. Auch besonders verkehrsgünstige Orte, etwa Hafenstädte, können spezialisiert sein, weil die Umschlagseinrichtungen selbst, Läger, Handelsunternehmen und besonders transportorientierte Betriebe, etwa mit einem hohen Bedarf an Gewichtsverlust-Importgütern, den vorhandenen Boden voll ausnutzen.

Diese Überlegungen zeigen, daß die Sektorstruktur einer Region bestimmt ist durch:
- Lage und Größe der Region im Gesamtraum und
- das spezielle Angebot der Region an Nachfrage, Produktionsfaktoren, Verkehrswegen u.a. standortbestimmenden Faktoren für die verschiedenen Sektoren im Vergleich zu anderen Regionen.

Diese beiden Arten von Bestimmungsfaktoren entsprechen der obigen Unterscheidung von Niveau- und Strukturkomponente, wobei die Niveaukomponente allein im Rahmen der Hierarchie der zentralen Orte eine sehr unterschiedliche Sektorstruktur der Regionen erzeugen kann, wenn die Marktgebiete für die verschiedenen Produkte sehr unterschiedlich sind. An dieser Stelle ist eine grundsätzliche Anmerkung notwendig, um kein falsches Bild entstehen zu lassen. Tatsächlich sind die beiden genannten Komponenten nur gedankliche Hilfsmittel für die Erfassung der regionalen Sektorstruktur und ihrer Entwicklung.

Sie sind weder letzte Ursachen noch unabhängig voneinander wirksam. Beide Komponenten enthalten exogene und endogene Elemente im Sinne einer Gesamttheorie[13]. Der Sinn der Unterscheidung der beiden Komponenten im Rahmen des dargelegten Argumentationsversuchs ist darin zu sehen, daß sie den sektoralen und regionalen Aspekt der Gesamtverteilung zum Ausdruck bringt. Die Niveaukomponente steht für die sektoralen (aus der Sicht der Region exogenen[14]), die Strukturkomponente für die regionalen Bestimmungsgründe der Gesamtverteilung der Industrie. Durch diese Begriffsbestimmung wird hier versucht, stellvertretend für die vielen regionalen und sektoralen Bestimmungsgründe und ihr Zusammenwirken beiden Aspekten gleichrangig Rechnung zu tragen.

Zusammenfassend läßt sich über die sektorale Struktur von Regionen aussagen:

- Zentren mit einer vielseitigen Sektorstruktur sind Regionen mit zentraler erschlossener Lage, also guten Verkehrswegen verbunden mit einer guten Ausstattung an Produktionsfaktoren und einer hohen Nachfragedichte. Die Zahl und Größe der großen Zentren ist abhängig von der gesamten Nachfragedichte, dem Kostenniveau und den Vorteilen der Massenproduktion. Sie entstehen in ausreichender Entfernung voneinander, die von der Niveaukomponente her durch die Sektoren mit den größten Marktgebieten bestimmt ist. Von der Strukturkomponente her ergeben sich jedoch verschiedene Entfernungen, im Extrem dicht beieinander liegende Zentren, wenn die vorteilhaften Produktionsbedingungen - z.B. eine Ebene mit vielen Rohstoffvorkommen - räumlich konzentriert sind. Eine Region kann also Zentrum sein, wenn sie ihre relativ günstigen regionalen (v.a. im Vergleich zu den Nachbarregionen) Produktionsbedingungen durch eine ausreichende Entfernung zu den anderen Zentren im Wettbewerb ausnutzen kann. Die regionalen Nachfragebedingungen sind dabei mehr

13) wie sie etwa PREDÖHL im Auge hat (A. PREDÖHL: Von der Standortslehre zur Raumwirtschaftslehre, a.a.O., S. 99).
14) Vgl. G. FISCHER, a.a.O., S. 66f.

potentieller Art, da sie zu einem Großteil erst im Zentrum selbst entstehen.

- Zwischen den großen Zentren bilden sich nach dem gleichen Prinzip Unterzentren mit Produktionen mittlerer und kleiner Marktgebiete.
- Der restliche Raum beherbergt nur Sektoren mit kleinen Marktgebieten, die weder besondere Standortanforderungen stellen, noch Vorteile aus den Agglomerationen ziehen. Diese Regionen sind ländliche Gebiete und haben eine einseitige Sektorstruktur.
- Eine Sonderstellung nehmen spezialisierte Regionen ein, die aufgrund einer einseitigen Produktionsfaktorenausstattung bei Knappheit an anderen Produktionsfaktoren durch mangelnde Anziehungskraft (z.B. rauhe unwegsame Gebiete) oder begrenzte Nutzungsmöglichkeiten des günstigen Faktors (Bodenknappheit oder begrenztes Rohstoffangebot) eine entwickelte Industrie, aber einseitige Sektorstruktur aufweisen. In der Realität liegt immer eine Mischung aus Zentralitätsgrad und Spezialisierungsgrad vor.

2.4.2.2. Tendenzen der regionalen Sektorstruktur: Hypothesen

Im Zeitablauf geht mit einer Veränderung in den exogenen Variablen des gesamten Wirtschaftsgeschehens eine Änderung der regionalen und sektoralen Komponenten einher, die auf das gesamte Strukturbild der Industrie Einfluß nehmen. Um eine konkrete Hypothese aufzustellen, die sich anhand des empirischen Materials prüfen läßt, muß man von den wesentlichen Kennzeichen des Untersuchungszeitraums (hier 1960-72) ausgehen. Dieser war in der BRD durch folgende Faktoren und Entwicklungen geprägt:

1. allgemeines Produktionswachstum[15)]

15) Das BSP in jeweiligen Preisen stieg durchschnittlich um 8% pro Jahr, das BSP zu konstanten Preisen (Basis 1962) um rund 5%. Quelle: Statistisches Jahrbuch 1976, S. 516, Tab. 262. Berechnung aufgrund einer linearen Trendschätzung.

2. angespannte Arbeitsmarktlage[16)] und Bodenverknappung in Agglomerationsgebieten
3. zunehmendes Umweltbewußtsein bei Privaten und Staat
4. Ausbau des Verkehrsnetzes
5. abnehmende Abhängigkeit von Rohstofflagern
6. fortschreitende technische Entwicklung.

Daraus ergeben sich aufgrund der festgestellten Zusammenhänge folgende Konsequenzen:

zu 1: Ein allgemeines Wachstum, also ein mehr oder weniger starkes Wachstum der meisten Sektoren bewirkt über eine gestiegene Nachfrage oder gesunkene Kosten eine Verkleinerung der Marktgebiete, also einen Ausgleich in der Ortehierarchie. Kleinere Orte wachsen durch den Zuzug neuer Sektoren und ziehen von den größeren Zentren einen Teil der Produktion dieser Sektoren ab. Im Wachstum können sich v.a. Sektoren des gehobenen Verbrauchs und der Anlageindustrie ausdehnen[17)], die vorher weniger verbreitet waren, während Güter des Grundbedarfs ein geringeres Wachstum haben. Es entsteht also sowohl durch allgemeines Sektorwachstum als auch durch Angleichung der Marktgebietsgrößen eine Tendenz zum Ausgleich der Sektorstrukturen. Diese Tendenz bleibt auch bestehen, wenn man Agglomerationsbildungen berücksichtigt. Eine höhere Nachfragedichte und geringere Kosten ermöglichen die Bildung von mehr Agglomerationen[18)], die durch ausreichend hohe Produktion von spezialisierten Gütern vorteilhaft ist.

---

16) Die Arbeitslosenquote (Arbeitslose pro Erwerbsperson) lag im Durchschnitt bei 0,8%. Dabei betrug sie in 10 Jahren unter 1% und in je einem Jahr 1,0%, 1,2% und 1,7% (1967). Im Durchschnitt waren dreimal soviele offene Stellen gemeldet wie Arbeitslose. Nur in einem Jahr war kein Überschuß an offenen Stellen vorhanden (1967). Quelle: Statistisches Jahrbuch 1968, S. 131 und 1973, S. 142.

17) Als grundlegende Kennzeichen für den übergreifenden Zeitraum 1951-75 stellt auch Oppenländer fest, daß das Wachstum durch Produktivitätsfortschritt, also Erhöhung des Kapitalkoeffizienten getragen wurde, wobei Strukturverschiebungen im privaten Verbrauch zugunsten von Gütern mit hoher Einkommenselastizität stattfanden. K. H. OPPENLÄNDER: Der Strukturwandel in der BRD, aus: Probleme des Strukturwandels und der Strukturpolitik. Tübingen 1977, S. 97.

18) Vgl. D. SCHRÖDER: Strukturwandel, Standortwahl und regionales Wachstum, a.a.O., S. 50: "Mit dem Wachstum von Wirtschaft und Bevölkerung nimmt auch die Zahl der Agglomerationen zu."

zu 2 und 3: In der Situation eines angespannten Arbeitsmarktes, also bei einem Nachfrageüberhang kann der Arbeitende aufgrund seiner Auswahlmöglichkeiten in gewissem Maß seinen eigenen Standortwünschen folgen, woraus sich eine stärkere Arbeitskräfteknappheit in großen Agglomerationen ergibt. Außerdem sind außerhalb der Ballungsräume Reserven in der landwirtschaftlichen Bevölkerung zu finden, die wegen ihres Grundbesitzes immobil und risikoscheu ist. Dadurch findet die Industrie in ländlichen Regionen ein gemischtes Arbeitsangebot, das bestimmte arbeitsintensive Sektoren anzieht. Diese Tendenz wird verstärkt durch starke Unterschiede in der Grundrente zwischen dem knappen Boden in Ballungsräumen und den ausreichenden Bodenflächen in ländlichen Regionen. Hinzu kommen Kostensteigerungen in Ballungsgebieten durch staatliche Umweltschutzauflagen. Aus diesen räumlichen Kostenverschiebungen ergibt sich eine Tendenz zum Sektorstrukturausgleich zwischen Agglomerationen und ländlichen Räumen.

zu 4: Der Ausbau des Verkehrsnetzes wirkt als Niveau- und als Struktureffekt auf die regionale Sektorstruktur ein. Eine allgemeine Verbilligung des Transportkostensatzes im Vergleich zu anderen Kosten wirkt auf eine Verkleinerung der Marktgebiete und damit auf eine Ausbreitung der Sektoren und einen Ausgleich der regionalen Strukturen hin. Der Ausbau in der Fläche (Straßenbau) vermindert die Transportkostenunterschiede zwischen verschiedenen Orten und macht Orte mit ausreichender Produktionsfaktorenausstattung - v.a. auch billigem Boden - gegenüber den großen Verkehrsknotenpunkten mit knapperen Faktoren konkurrenzfähig. Auch aus diesem Grund entsteht eine Tendenz zum Ausgleich der Sektorstrukturen zwischen Agglomerations- und ländlichen Regionen, die durch politische Maßnahmen zur Förderung ländlicher Räume und Begrenzung von Ballungen unterstützt wird.

zu 5: Abnehmende Abhängigkeit von Rohstofflagern, die durch allgemeine Transportkostensenkung, Substitution von Rohstoffen und die Entwicklung neuer Transportsysteme entsteht, mindert die Kostenunterschiede zwischen Regionen für bestimmte

Sektoren, die vorher durch Transportkostenorientierung im Weberschen Sinn an bestimmte Standorte gebunden waren. Bei diesen Sektoren kommt der Niveaueffekt stärker zum Tragen, der zur verstreuteren Ansiedlung führt. Steht ein solcher Sektor nicht im Zusammenhang zu einem System agglomerationsbildender Sektoren, so wird in seiner bisherigen Spezialisierungsregion eine Entleerung stattfinden, wenn nicht durch die frei werdenden Produktionsfaktoren andere Sektoren angezogen werden können. In anderen Regionen, in denen sich der betreffende Sektor ausbreitet, findet ein Ausgleich der Sektorstrukturen statt. Ist der Sektor auch nach verminderter Rohstoffbindung an Agglomerationsvorteilen orientiert, so wird er sich auch verstreuen, wenn es mehr Agglomerationsgebiete gibt als vorher Rohstofforte, was i.d.R. anzunehmen ist. Allgemein hängt die Entwicklung der räumlichen Verteilung eines solchen Sektors immer davon ab, welcher Standortfaktor als nächstwichtiger an die Stelle der Rohstoffe tritt. Da ein Gewichtsverlustmaterial für die industrielle Produktion i.a. der immobilste Faktor ist, der meist nur an wenigen Orten verfügbar ist, kann man i.d.R. davon ausgehen, daß bei jeder Orientierung an einem anderen Standortfaktor eine verstreutere Produktion möglich ist, soweit die Niveaukomponente dies zuläßt. Die Regionen werden dann tendenziell weniger spezialisiert sein.

zu 6: Der technische Fortschritt tritt als Produkt- und Verfahrensfortschritt in Erscheinung. Verfahrensfortschritt als Kostensenkung bei Massenproduktion wirkt auf Konzentration in Niedrigkostenregionen und Agglomerationsbildung hin. Da Kostenunterschiede immer bestehen bleiben und auch niedrigere Transportkosten diese Tendenz unterstützen, können sich Verfahren der Massenproduktion durchsetzen. Zunehmende Kostennachteile in Agglomerationen, eventuelle Kompensationen zwischen Kosten- und Nachfrageprofil und konjunkturelle Schwankungen (hohe Fixkostenbelastung) wirken beschränkend. Für einzelne Sektoren kann der Effekt jedoch durchschlagen und zu einer stärkeren regionalen Konzentration führen.

Steigende Einkommen in einer allgemeinen Wachstumsphase lassen Märkte für neue Produkte entstehen (Produktfortschritt). Diese

Märkte sind zu Beginn meist klein, die Nachfrage gering, die Kosten hoch. Die Produktion konzentriert sich also an wenigen Orten[19]. Die einseitigere regionale Verteilung der einzelnen neuen Güter wird durch mögliche räumlich-kompensatorische Überlagerungen i.a. nicht nur in einzelnen Regionen zu einer breiteren Sektorpalette führen. Einem daraus resultierenden relativen Spezialisierungseffekt in der regionalen Sektorstruktur steht der räumliche Streuungseffekt einer weit größeren Zahl von Gütern gegenüber, woraus per saldo der Ausgleich der Sektorstrukturen zwischen den Regionen überwiegt.

Alle Kennzeichen des betrachteten Zeitraums außer dem technischen Fortschritt wirken auf einen Strukturausgleich zwischen den Regionen hin. Der Agglomerationsprozeß in wenigen großen Zentren wird gestoppt oder sogar umgekehrt. Die dargestellten Tendenzen gelten nur unter den gegebenen Bedingungen. Sie können sich unter anderen Voraussetzungen, v.a. bei einem wirtschaftlichen Rückschlag, umkehren.

2.4.3. Regionales Wachstum und Sektorstruktur

2.4.3.1. Bestimmungsgründe des regionalen Wachstums im Gesamtzusammenhang

Regionale Wachstumstheorien gehen davon aus, daß regionales Wachstum nur bei einem Zuwachs an Produktionsfaktoren in der Region oder einem Wachstum ihrer Produktivität durch technischen Fortschritt und bei einer Zunahme an in der Region wirksamer Nachfrage möglich ist. Das Wachstum in einem Modell einer geschlossenen Region[20] ist bestimmt durch das von Technik und regionaler Faktorkapazität abhängige Wachstumspotential und die Zunahme der regionalen Nachfrage, wobei die kleinere Wachstumsgröße begrenzend wirkt. In einer offenen Region kommen als Bestimmungsfaktoren Faktor- und Gütermobilität hinzu[21]. Das Wachstum einer Region wird dann erweitert durch ihre

19) vor allem in den Großstädten. Vgl. E. M. HOOVER: An introduction to regional economics, a.a.O. 148ff.
20) Vgl. H. SIEBERT: Regionales Wachstum und interregionale Mobilität. Tübingen 1970, S. 28ff.
21) Ebenda, S. 32ff.

Attraktion für Produktionsfaktoren und die Möglichkeit, ihre Erzeugnisse in andere Regionen zu liefern. Entsprechend wirken die Attraktion anderer Regionen für Produktionsfaktoren der Region und die Konkurrenz anderer Regionen um die eigene regionale Nachfrage wachstumsmindernd für die Region.

In welcher Weise die interregionalen Handelsbeziehungen bestimmt sind, zeigt die dargelegte Theorie, die aus Nachfragedichte und Produktionsfaktorenverteilung, Verkehrswegen und politischem Handeln die Marktabgrenzung für die verschiedenen Produkte ableitet. Die teils exogenen, teils endogenen Änderungen dieser Faktoren in ihrem Niveau und ihrer regionalen Struktur führen zu einer Änderung des gesamten Marktnetzes, die das regionale Wachstum bestimmt. In der Region selbst äußert sich das als Änderung an Produktionsfaktorenausstattung und Nachfrage. Eine isolierte Betrachtung einer Region kann jedoch zu keinen Aussagen über ihr Wachstum führen[22]. Vielmehr ist die Lage der Region in der gesamten Kosten-, Nachfrage- und Verkehrsstruktur ausschlaggebend.

Wie die dargestellten Zusammenhänge zeigen, ist eine gleichmäßige Entwicklung in allen Regionen i.d.R. nicht zu erwarten, sowohl was die gesamte regionale Industrie als auch was die Sektorstruktur angeht[23]. Änderungen der Grundursachen des gesamten wirtschaftlichen Geschehens führen sowohl zu einer Neuknüpfung des gesamten Maschennetzes mit Verschiebungen der Maschengrößen und Maschenlagen als auch zu einer Änderung der Lage einer geographisch festgelegten Region im hierarchischen Gefüge, da sich die dichten Stellen des gesamten Marktnetzes

22) Auch FISCHER stellt fest, daß wegen der mannigfachen räumlichen Verflechtungen keine regionale Entwicklungsautonomie bestehen kann. Die entscheidenden Entwicklungsimpulse sind überregionaler Art. Vgl. G. FISCHER, a.a.O., S. 68. Das bedeutet nicht, daß die regionalen Entwicklungen ähnlich sein müssen.

23) Vgl. J. NIEHANS: Strukturwandlungen als Wachstumsprobleme, aus: Schriften des Vereins für Sozialpolitik NF Bd. 30/I (1964), wo in allgemein gehaltener Darstellung Strukturwandlungen aller Art z.B. auch zwischen Regionen und zwischen Wirtschaftszweigen (S. 19) als unvermeidlich dargestellt werden (S. 20ff), wofür Niehans v.a. Ungleichheit in der Zunahme der Produktnachfrage (S. 25), in der Vermehrung des Faktorangebots, in der Zunahme der Faktornachfrage durch nicht homogene Produktionsfunktionen und im technischen Fortschritt (nicht Hicks-neutral) verantwortlich macht.

verschieben. Diese bildhafte und globale Darstellung soll im folgenden präzisiert und auf die historische Situation ausgerichtet werden.

2.4.3.2. Tendenzen der Entwicklung der regionalen Industrie und ihrer Zusammensetzung: Hypothesen

Das Wachstum einer Region ist abhängig davon, welche Entwicklungsmöglichkeiten die Sektoren aufgrund ihrer Bestimmungsfaktoren in der Region haben. Expandierende Sektoren können sich in mehr Regionen ausbreiten. Dies ist verbunden mit neuen Betrieben in vorher unbesetzten Regionen, Vergrößerung von bisher kleinen Betrieben und evt. einer Einschränkung der Produktion in vorher stark besetzten Regionen wegen der räumlich näheren Konkurrenz durch neue und erweiterte Betriebe. Nur in Sonderfällen sehr einseitiger Standortorientierung oder fehlendem Wettbewerb bei noch nicht erreichter optimaler Betriebsgröße (sonst Filialenbildung) vollzieht sich die Entwicklung proportional der gegebenen räumlichen Verteilung der Produktion. Eine Übertragung der sektoralen Gesamtentwicklung in die Regionen ist also theoretisch nicht vertretbar. Sie ist weder von der Niveaukomponente her möglich, noch von der Strukturkomponente her denkbar, da sich die Produktionsfaktorenausstattung in der von einer gegebenen Sektorstruktur und dem Wachstum der Sektoren her erforderlichen Zusammensetzung entwickeln müßte. Weder eine solche Entwicklung der Produktionsfaktorenausstattung noch eine gleichbleibende Lage der Region in der Hierarchie ist in einem dynamischen Prozeß denkbar.

1. Bildung neuer Zentren

Nicht die Regionen haben langfristig die besten Wachstumsmöglichkeiten, die Wachstumssektoren beherbergen, sondern die Regionen, die aufgrund veränderter Bedingungen in eine günstigere Lage im gesamten Marktnetzgefüge geraten und von der Ausstattung her die Möglichkeit haben, diese Lage auszunutzen. Dies sind Regionen, die zwischen größeren Zentren in ausreichendem Abstand zu diesen liegen, günstige oder entwickelbare

Verkehrswege aufweisen und freie Produktionsfaktoren haben oder diese anziehen können[24]. In diesen Regionen können sich bei allgemeinem Wachstum neue, i.d.R. kleinere, Zentren bilden[25], die durch niedrige Bodenpreise, verfügbare Arbeitskräfte und evt. politische initiative Hilfen auch einen Teil der Produktion aus den größeren Zentren abziehen können. Diese Entwicklung wird unterstützt durch den Wunsch der Menschen, die Ballungsräume zu verlassen, wodurch neben der regionalen Arbeitskraft auch regionale Nachfrage entsteht, und das Verhalten politischer Instanzen[26]. Eine solche Region weist durch ihre Anziehungskraft für verschiedene Sektoren zusammen mit sich bildenden Agglomerationsvorteilen ein hohes Wachstum und einen starken Sektorstrukturausgleich auf.

2. Entwicklung alter Zentren

Die vorher im Wachstumsprozeß oder durch Ballung um Rohstofflager oder an Verkehrsknotenpunkten gebildeten Zentren befinden sich in verschiedenen Stadien der Nutzung ihrer Vorteile. Verfügbarer Boden, Ausbaumöglichkeiten des Verkehrsnetzes und Um-

24) Diese Faktoren faßt FISCHER in die Begriffe der historischen Ausgangssituation und ihre Anpassungsfähigkeit an geänderte exogene Bestimmungsfaktoren (G. FISCHER, a.a.O., S. 74 und 77). Die Vorstellung des Wachstums in neuen Zentren ergibt sich auch durch die Wachstumspunkte oder -pole als regionale wirtschaftliche Kraftzentren bei A. O. HIRSCHMAN: Die Strategie der wirtschaftlichen Entwicklung. Stuttgart 1967, S. 172.

25) Vgl. G. MÜLLER: Tendenzen regionaler Industrieentwicklung, in: Raumforschung und Raumordnung 1967 (25. Jg.), S. 111-118. Diese Untersuchung zeigt, daß bis 1958 die Betriebe v.a. in die Randgebiete der Ballungen wandern. Danach sind Verlagerungen und Neuansiedlungen von Betrieben in ländlichen Räumen festzustellen. 1964/65 sind z.B. 75% der verlagerten und neuen Betriebe (mit 73% der Beschäftigten) in ländliche Gebiete gegangen. Dies deutet darauf hin, daß zu Anfang der 60er Jahre eine gewisse Begrenzung der Ballungen erreicht war und ein Ausbreitungseffekt einsetzte. Eine Studie von Debertin und Bradford deutet in die gleiche Richtung. Sie fanden heraus, daß 1960-70 in Indiana mittelgroße Städte das beste Wachstum hatten. D. L. DEBERTIN und G. L. BRADFORD: Conceptualizing and quantifying factors influencing growth and development of rural economies. The Annuals of Regional Science, March 1976, S. 29-40, besonders S. 39. In der BRD expandierten kleinere Stadtregionen im verarbeitenden Gewerbe. Dies stellt Beutel für den Zeitraum 1939-69 fest. J. BEUTEL: Konzentrations- und Verstädterungstendenzen in der BRD. Meisenheim 1976, S. 188.

26) Einen solchen Prozeß der Entwicklung von Kristallisationskernen versucht auch die deutsche Förderpolitik durch Förderung zentraler Orte in Gang zu setzen. Vgl. J. H. MÜLLER: Regionale Strukturpolitik in der Bundesrepublik. Göttingen 1973, S. 4.

weltbelastung wirken auf die Entscheidungen der Arbeitskräfte und der politischen Instanzen ein und beschränken die Agglomerationen je nach Größe des Zentrums und Zusammensetzung der Industrie. Je größer das Zentrum bereits im Vergleich zu seinen Boden- und Verkehrskapazitäten ist und/oder je umweltbelastender die Industriezusammensetzung ist, umso stärker sind die Kräfte, die das Wachstum des Zentrums zugunsten der sich neu bildenden Zentren einschränken.

Davon sind v.a. Sektoren betroffen, die auf die alten horizontalen und vertikalen Bindungen der Zentren am wenigsten angewiesen sind oder die von steigenden Boden- und Lohnkosten oder staatlichen Auflagen am stärksten betroffen sind, also boden-, arbeitsintensive Betriebe und Umweltverschmutzer. Die Einschränkung durch Konkurrenz aus neuen Zentren trifft v.a. auch stark wachsende Sektoren. Die im Vergleich zu neuen Zentren geringeren Wachstumschancen der großen alten Zentren[27) - nicht davon betroffen sind alte Zentren, die noch nicht an die Grenzen ihrer Ausdehnbarkeit und Belastbarkeit gestoßen sind - sind somit verbunden mit einer "Verdünnung" der Sektorstruktur.

3. Entwicklung ländlicher Regionen

Dazwischen liegen Regionen, die nicht die Möglichkeit haben, zu Zentren zu werden, da sie nahe an großen Zentren oder in der Nachbarschaft von Regionen liegen, die aufgrund von bestimmten Lage- und Kostenvorteilen bessere Voraussetzungen haben, zu neuen Zentren zwischen den bestehenden zu werden. Aus diesen Regionen müssen evt. Produktivkräfte, v.a. Arbeitskräfte, in die neuen Zentren wandern. Dann ist in ihnen ein unterdurchschnittliches Wachstum oder sogar ein Rückgang zu erwarten. Sie können jedoch Produktionen von Gütern an sich ziehen, die sich aufgrund ihres allgemeinen Wachstums räumlich ausbreiten und der Konkurrenz ebenso ausweichen wie den Orten höherer

---

27) Perroux sieht in seiner Theorie der Wachstumspole die Agglomerationen in verschiedenen Stadien: "Le pôle était un foyer de prosperité et de croissance, il devient un centre de stagnation." Aus: F. PERROUX: L'économie du XXe siècle, Paris 1964, S. 153.

Kosten, also von Gütern, die in keiner besonderen horizontalen oder vertikalen Beziehung zu anderen Produktionen stehen. Dadurch kann eine solche Region am allgemeinen Wachstum teilhaben, i.d.R. wird sie aber unterdurchschnittlich wachsen, und ihre Sektorstruktur gleicht sich nur teilweise aus.

4. Entwicklung von spezialisierten Regionen

Eine Region kann eine einseitige Struktur haben, da sie eine entsprechende Lage in der Marktnetzhierarchie hat. Diese Struktureinseitigkeit ist durch industrielle Unterentwicklung bedingt[28]. Unter einer spezialisierten Region i.e.S. wird hier eine Region verstanden, deren Industrie durch ihre besonderen Bedingungen, also aufgrund der Strukturkomponente einseitig strukturiert ist. Eine solche Region ist durch eine relativ hohe Güterverflechtung mit anderen Regionen gekennzeichnet[29].

Die Spezialisierung einer Region durch räumliche Konzentration eines Sektors (oder einiger Sektoren) in ihr ist, wie gezeigt wurde, durch eine für den Sektor günstige Kostenlage und/oder Nachfragedichte der Region bewirkt, die es ihm erlaubt, die Vorteile der Massenproduktion durch Konkurrenzvorteile vor den Nachbarbetrieben zu nutzen und diese räumlich wegzudrängen. Wächst der Sektor nun insgesamt, so geht davon tendenziell ein räumlich zerstreuender Niveaueffekt aus. Für die tatsächliche Verteilung des Gesamtwachstums ist es entscheidend, wie sich die Konkurrenzvorteile verschieben. Für die spezialisierte Region kommt es darauf an, wie sich das Nachfragewachstum verteilt, ob der technische Fortschritt zusätzliche Kostenvorteile durch Produktionsausweitung möglich macht, die der Sektor in der Region durch seinen Ausgangs-

---

28) Sie kann eine blühende Landwirtschaft haben und braucht also nicht unterentwickelt im Sinn eines geringen Pro-Kopf-Einkommens zu sein. Vgl. auch D. C. NORTH: Location theory and regional economic growth. Aus: Regional analysis and development, ed. by J. BLUNDEN et. al. London 1973, S. 80.

29) im Vergleich zu andern gleich großen Regionen, da die Außenhandelsverbundenheit allgemein von der Größe der Region abhängt. Vgl. dazu die graphische Darstellung bei H. SIEBERT: Regionales Wachstum und interregionale Mobilität, a.a.O., S. 35.

vorteil zu seinen Gunsten nutzen kann, ob die Kostenvorteile der Region für den Sektor erhalten bleiben oder evt. ein Verfahrensfortschritt das Einsetzen anderer Inputs ermöglicht, das andere Regionen begünstigt oder vorhandene regionale Vorteile aufhebt. Aus diesen Änderungen kann eine starke Konkurrenz für den regionalen Sektor entstehen. Selbst wenn er seine Vorteile aus der Massenproduktion und die günstige Lage in der Region, etwa bei Rohstoffabhängigkeit behält, kann er die Produktionsausweitung nicht realisieren, wenn keine Reserven an anderen Produktionsfaktoren in der Region verfügbar sind. Z.B. können knappe Arbeitskräfte die Lohnkosten (z.B. durch Überstundenentgelte) so steigern, daß der Kostenvorteil eingeschränkt wird und die Konkurrenz eine Chance bekommt, am allgemein wachsenden Sektormarkt höhere Anteile zu erobern.

Geht man von den postulierten allgemeinen wirtschaftlichen Bedingungen des betrachteten Zeitraums aus, so muß man aus allen Punkten mit Ausnahme des technischen Fortschritts folgern, daß es in einer spezialisierten Region i.a. nicht möglich sein dürfte, den spezialisierten Sektor entsprechend seinem Gesamtwachstum auszudehnen. Weist der Sektor insgesamt ein durchschnittliches Wachstum auf, so muß die Region, um ein durchschnittliches Wachstum zu erreichen, andere Sektoren aufnehmen bzw. bei unterrepräsentierten Sektoren ein überdurchschnittliches Wachstum aufweisen. Voraussetzung dafür ist, daß sie eine entsprechende Lage in der Marktnetzhierarchie einnimmt und über freie Produktivkräfte verfügt. Die Entwicklung ist dann mit einem Sektorausgleich verbunden. Hat die spezialisierte Region einen schrumpfenden Sektor als Hauptsektor ihrer einseitigen Sektorstruktur, so kann dieser den Konzentrationseffekt der Niveaukomponente bei regionalem Kostenvorteil und evt. technischem Fortschritt zu einem Sektorwachstum in der Region nutzen. In diesem Fall wird die Sektorstruktur einseitiger. Das Wachstum kann überdurchschnittlich sein. Selbst wenn der Sektor auch regional schrumpft, muß die Industrie in der Region nicht schrumpfen, wenn die frei werdenden Produktivkräfte in anderen Sektoren eingesetzt werden können.

Über das Wachstum einer spezialisierten Region läßt sich aufgrund dieser Überlegungen sagen, daß der überwiegende Anteil eines Wachstumssektors keine Gewähr für ein regionales Wachstum ist. Die allgemeine Lage der Regionen und ihre tatsächlichen und potentiellen Produktivkräfte sind unter den gegebenen Bedingungen für das Wachstum entscheidender als ihre sektorale Zusammensetzung. Über die Entwicklung der Sektorstruktur der spezialisierten Region entscheiden die für die Entwicklung der räumlichen Verteilung ihrer Hauptsektoren verantwortlichen Faktoren. I.a. werden jedoch die Abnahme der sektoralen Abhängigkeit von regionalen Faktoren, allgemeines Wachstum und der Ausbau des Verkehrsnetzes zu einem Sektorausgleich führen.

5. Zusammenfassung

Eine Region wächst durch:

- Wachstum ihrer Hauptsektoren, auch wenn diese insgesamt nicht wachsen, durch deren besonders günstige Lage in der Region,
- Wachstum bisher unterrepräsentierter Sektoren, wenn sich diese durch Gesamtwachstum ausbreiten, auch wenn diese keine besonderen regionalen Kostenvorteile vorfinden,
- Wachstum der vorhandenen Sektoren im gleichen Maß (Grenzfall).

Regionales Wachstum setzt also weder eine ausgeglichene noch eine einseitige Industriestruktur voraus, aber auch nicht unbedingt die regionale Anwesenheit von expansiven Sektoren. Entscheidend für das Wachstum ist die Entwicklung der regionalen Produktionsfaktorenausstattung und die Lage der Region im Gesamtmarktnetz. Welche Sektoren dabei in der Region zu Entwicklungsträgern werden, hängt von der speziellen Zusammensetzung der Produktionsfaktorenentwicklung und der speziellen Lage der Region im Marktnetz bzgl. der verschiedenen Sektoren ab. Eine Spezialisierung der Region kann dabei auf- oder abgebaut werden. Wachstum und Strukturwandel gehören also zusammen. Darum erscheint es wenig sinnvoll, zumal für einen längeren Zeitraum, eine gegebene Sektorstruktur zur Grundlage einer Wachstumsvorhersage zu machen.

Folgende Hypothesen werden empirisch geprüft:

1. Es besteht kein Zusammenhang zwischen regionalem Wachstum und der Ausgewogenheit oder Einseitigkeit der regionalen Sektorstruktur.
2. Es besteht kein Zusammenhang zwischen regionalem Wachstum und der Anwesenheit von Wachstumssektoren in der Sektorstruktur.
3. Regionales Wachstum ist mit einem Ausgleich der Sektorstruktur verbunden.

2.4.3.3. Stellungnahme zur Exportbasis-Theorie und zum Shift-Analyse-Ansatz

Die Diskussion des Zusammenhangs zwischen Sektorstruktur und regionalem Wachstum wäre unvollständig ohne die Erwähnung der beiden gebräuchlichsten Ansätze zur Erklärung dieses Zusammenhangs.

1. Exportbasis-Theorie

Die Exportbasistheorie erklärt das regionale Wachstum durch die expansiven Anstöße, die vom Export eines regional spezialisierten Wirtschaftszweiges ausgehen. Eine Nachfragesteigerung außerhalb der Region nach den regionalen Exportgütern führt in der Region zu einer Produktionssteigerung der Exportgüter und löst zusätzlich eine heimische Nachfragesteigerung nach regionalen Produkten für den heimischen Verbrauch aus[30]. Das regionale Wachstum entsteht somit durch Wachstum in den regionalen Exportgüterindustrien und einen Multiplikatorprozeß, der das Wachstum in die Heimgüterindustrien überträgt[31].

---

30) Diese Unterscheidung deckt sich weder mit der Trennung von Produzierendem Gewerbe und Dienstleistungen noch mit der Unterscheidung verschieden großer Marktgebiete. Vgl. dazu J. H. MÜLLER: Methoden zur regionalen Analyse und Prognose. Taschenbücher zur Raumplanung, Bd. 1, Hannover 1973, S. 128f.

31) Einen historischen Überblick vermittelt R. B. ANDREWS: Mechanics of the urban economic base: Historical development of the base concept, in: Land Economics, Bd. 29 (1953), S. 161-167.

Die Exportbasistheorie vereinfacht den komplexen Vorgang des regionalen Wachstums zu einem monokausalen Mechanismus[32], der nur dann eine ausreichende Erklärung des regionalen Wachstums liefert, wenn die Region über besondere Wettbewerbsvorteile in der Exportproduktion verfügt, die ihr eine Behauptung ihrer Vormachtstellung auf dem Gesamtmarkt ermöglichen[33], und wenn freie Produktionsfaktoren durch Unterbeschäftigung in der näheren oder ferneren Umgebung angelockt werden können. Diese Wachstumssituation, die North für die USA dargestellt hat[34], liegt im betrachteten Zeitraum für die BRD nicht annähernd vor.

- Die Nachfragezunahme aus einer Exportsteigerung erfolgt unter dynamischen Aspekten nicht in einer konstanten Konsumquote für heimische Güter und Dienste. Ein Teil der Nachfrage versickert wachstumsdämpfend in Konsumimporten[35], ein Teil wird für Investitionsimporte verwendet, wodurch das regionale Wachstum unterstützt wird[36]. Das Verhältnis beider Nachfragearten ist aber nicht zeitlich konstant. Dabei spielt eine Rolle, daß regionale Exportindustrien in zunehmendem Maße durch hohe Kapitalintensität gekennzeichnet sind, wenn sie auf technischen Fortschritt gegründet sind - was heute schon größeres Gewicht haben dürfte als regionale Standortvorteile. Die Multiplikatorwirkung aus dem zusätzlichen Einkommen der Arbeitskraft schwächt sich damit laufend ab. Eine Verschiebung der Importnachfrage entsteht auch dadurch, daß mit steigendem Einkommen der Anteil der Nachfrage nach Gütern mit

---

32) Vgl. A. FISCHER: Die Struktur von Wirtschaftsräumen, aus: Ein Beitrag zur Anwendung statistischer Methoden in der Regionalforschung. Wiesbaden 1969, S. 109.

33) Dies gilt auch für die regional produzierten Vorprodukte des Exportgutes, die in den Exportverkauf mit eingehen. Vgl. CH. L. LEVEN: Measuring the economic base. Papers and Proceedings, Vol. 2, 1956, S. 254.

34) Vgl. D. C. NORTH, a.a.O.

35) wobei bei kleinen Regionen der Anteil der Importnachfrage groß, die Rückwirkung aber gering ist u.v.v. Vgl. dazu: M. TIEBOUT: Exports and regional economic growth, in: The Journal of Political Economy 64, 1956, S. 162.

36) Vgl. H. SIEBERT: Regional economic growth, a.a.O., S. 97.

größeren Marktgebieten (meist heterogenen Gütern) steigt. Auch dadurch wird die regionale Multiplikatorwirkung abgeschwächt. Eine zeitliche Konstanz des lokalen Multiplikators ist somit nicht zu erwarten[37]. Eine zusätzliche Änderung tritt ein, da bei starker Nachfragesteigerung aus einem regionalen Import durch Ansiedlung neuer Sektoren eine heimische Nachfrage werden kann[38].

- Angebotsfaktoren, deren Knappheit als Bestimmungsfaktoren im Wachstum wichtig ist, finden in der Exportbasistheorie keine Berücksichtigung[39]. Sie setzt regionale Unterbeschäftigung[40] oder eine ausreichende Sogwirkung auf die Produktionsfaktoren in anderen Regionen, also eine entsprechende Faktorwanderung voraus. Dies geschieht nur, wenn die Kosten der Heimgüterindustrie nicht zu hoch sind im Vergleich zu anderen Regionen unter Berücksichtigung der Transportkosten[41].

Eine aus dem kreislauftheoretischen Ansatz argumentierende Kritik kommt zu dem Ergebnis, daß neben der mangelhaften Erklärung der Entwicklung der regionalen Exportproduktion selbst dem Multiplikatorprozeß sowohl von der Nachfrageentwicklung her als auch von der Kostenentwicklung her zu wenig Beachtung geschenkt wird. In der für eine Erklärung notwendigen Kausalität scheint der Ansatz von oberflächlicher Art. Dazu soll die Stellung der Exporte in der dargelegten Theorie etwas näher beleuchtet werden.

---

37) Auch Hildebrand und Mace erwarten aus verschiedenen Gründen keine langfristige Konstanz des Multiplikators. G. HILDEBRAND und A. MACE JR: The employment multiplier in an expanding industrial market: Los Angeles County 1940-47, Reviews of Economics and Statistics XXXII, No. 3 (August 1950), S. 242.

38) Vgl. H. W. RICHARDSON, a.a.O., S. 337.
Die Rolle induzierter Investitionen stellen Hartman und Seckler anhand eines kreislauftheoretischen Modells heraus. Vgl. L. M. HARTMAN und D. SECKLER: Toward the application of dynamic growth theory of regions, in: Regional economics. Theory and practise. New York, London 1970.

39) Vgl. B. CHINITZ: Contrasts in agglomeration, aus:Locational analysis for manufacturing. Mass. 1969, S. 314ff.

40) H. W. RICHARDSON, a.a.O., S. 339.

41) M. TIEBOUT: Exports and regional economic growth, a.a.O., S. 163f.

Zunächst kann man feststellen, daß interregionale Exporte umso stärker auftreten, je kleiner die Regionen und je größer die sektoralen Marktgebiete sind. Regionen, die Produktionen mit großen Marktgebieten beherbergen, haben hohe Exporte. Dies sind entwickelte Regionen mit zentraler Lage und einer allgemein gut entwickelten Industrie oder Regionen mit speziellen Produktionsbedingungen für bestimmte Produkte.

a) Der erste Fall ist heute als Ballungsraum anzusprechen, der in der Vergangenheit so gewachsen ist, wie es in der Exportbasistheorie beschrieben wird. Letzte Ursachen waren aber nicht die regionalen Exporte, sondern die günstigen Bedingungen wie Rohstoffvorkommen, Schiffahrtsstraßen, verbunden mit den sich bildenden Vorteilen der Ballung[42]. Mit abnehmender Bedeutung der Rohstoffbasis sind die Produktionen teils ungebundener (footloose), teils umorientiert, die großen Agglomerationen verlieren für einige Produktionen an Anziehungskraft, Ballungsnachteile führen zu höheren Kosten, so daß teils die Zuwanderung aufhört, teils sogar eine Abwanderung von Produktionsfaktoren und Produktionen stattfindet. Die Exportbasis dieser Region kann unter diesen Umständen kein Wachstum mehr bewirken, sondern die steigenden Kosten und sonstigen Nachteile führen zu einer Wachstumsbeschränkung.

b) Die spezialisierte Exportregion hat im Vergleich zur Ballungsregion entweder speziellere Bedingungen, oder sie steht auf einer anderen Stufe im Wachstumsprozeß. Im ersten Fall wächst sie nur dann weiter, wenn die Nachfrage nach dem Exportgut steigt und gleichzeitig der regionale Kostenvorteil erhalten bleibt. Eine Multiplikatorwirkung entsteht nur in kleinem Umfang, da die speziellen Bedingungen die zusätzliche Nachfrage hauptsächlich in Importe lenken. Im zweiten Fall hat die industrielle Besiedlung einer Region gerade erst begonnen, die durch günstige Bedingungen und eine verbesserte Lage durch den allgemeinen Wachstumsprozeß zu einem neuen potentiellen Zentrum geworden ist. Sie hat ihr künftiges Wachstum aber

42) Dies äußert sich zwar in Exporten, aber eine andere Region hätte diese Exporte nicht tätigen können. Somit erscheint der Export nicht als Ursache, sondern als Folge des regionalen Wachstums. Die allgemeine Nachfrage nach regionalen Exportgütern ist zwar Voraussetzung für die Entwicklung der Region, aber nicht die Ursache für den Entwicklungsvorteil vor anderen Regionen.

nicht der schon angesiedelten Industrie zu verdanken - obwohl an dieser die nächsten unternehmerischen Entscheidungen orientiert sein mögen -, sondern ihrer Lage und ihren regionalen Grundbedingungen[43].

Die Exportlage einer Region zu einem bestimmten Zeitpunkt hat Wirkungen in unmittelbarer Zukunft, einmal auf die Beschäftigungslage der in der Region vorhandenen Produktionsfaktoren, zum andern durch die kurzfristige Immobilität des Kapitals, die die Wettbewerbsreaktionen verzögert. Auf längere Sicht verändert jedoch der gesamte komplexe Wachstumsvorgang[44] die regionale Lage unabhängig von einer ursprünglichen Exportlage, entsprechend den diese Lage verursachenden Größen und ihren zeitlichen Änderungen[45]. Die Exportbasistheorie kann somit nicht als regionale Wachstumstheorie angesehen werden. Zu diesem Urteil gelangt auch Richardson: "It (the export base theory of growth) can hardly claim validity as a general theory of regional growth ... (It) ... ignores that internal growth impulses may be vital factors in regional growth."[46]

2. Shift-Analyse

Die Shift-Analyse stellt sich nicht als Wachstumstheorie dar[47], sondern als statistisches Verfahren, das die Wirkung der sektoralen Gesamtentwicklung auf das regionale Wachstum entsprechend der regionalen Sektorstruktur statistisch isoliert (Strukturkomponente) und die Abweichungen des so ermittelten Wachstums vom tatsächlichen Wachstum als Restgröße den regio-

---

43) wie etwa freier Boden, ausbaufähige Verkehrswege, Freizeitwert, öffentliche Investitionen etc.

44) Vgl. M. TIEBOUT: Rejoinder. The Journal of Political Economy, 64 (1956), S. 169.

45) Dabei ist die regionale Spezialisierung von Vorteil für den Gesamtraum, da Kostenvorteile genutzt werden, die auf regionalen Unterschieden in der Faktorausstattung beruhen. Die Spezialisierung einer bestimmten Region ist jedoch nicht Ursache ihres Wachstums, sondern Ergebnis des Gesamtprozesses.

46) H. W. RICHARDSON, a.a.O., S. 338.

47) Vgl. R. EMMERSON, R. RAMANATHAN und W. RAMM: On the analysis of regional growth patterns, in: Journal of Regional Science. Vol. 15, No. 1, 1975, S. 17-28, die schreiben: "Die Methode basiert auf keinem expliziten theoretischen Modell."

nalen Standorteinflüssen zuschreibt (Standortkomponente)[48]. Diese Methode faßt in der Standortkomponente alle Strukturänderungen zusammen, die sich daraus ergeben, daß sich die Entwicklung eines Sektors nicht prozentual gleich auf die bestehende regionale Verteilung auswirkt. Damit trennt sie eine sehr spezielle Wirkung von der Summe aller Gesamtstrukturänderungen ab, die auf einen längeren Zeitraum die weit größere Wirkung erwarten lassen[49].

Soweit man die Shift-Analyse lediglich als ex-post-Instrument zur Darstellung des prozentualen Anteils der regionalen Sektorstruktur an der regionalen Entwicklung und evt. als Charakterisierungsmerkmal von Regionen benützt, ist nichts dagegen einzuwenden. Sie mag auch vorsichtige Folgerungen für einen kürzeren Prognosezeitraum erlauben. Als Patentrezept einer regionalen Prognose kann sie jedenfalls nicht angesehen werden. Wenn Gerfin sie als Grundlage von Infrastrukturinvestitionen mit einem Planungszeitraum von 15-20 Jahren verwenden will[50], so ist diese Methode sicher überstrapaziert. Der Strukturfaktor erklärt nach einer Untersuchung von Bergschmidt[51] die regionale Abweichung vom Gesamtwachstum zu 50%, dies gilt jedoch auf Länderebene, also für relativ große Regionen, deren Struktur durch innerregionalen Ausgleich keinen so starken Änderungen unterworfen ist und deren Wachstumsabweichung auch geringer ist als bei kleineren Regionen. Hinzu kommt der Prognosefehler bei der Schätzung der gesamtsektora-

48) Die Shift-Analyse wurde entwickelt von: E. S. DUNN: Une technique statistique et analytique d'analyse régionale: Déscription et projection, in: Economie Appliquée, Bd. 12, 1959, S. 521.
Einen Überblick über Weiterentwicklungen und Probleme vermittelt D. HOPPEN: Die Shift-Analyse. Untersuchungen über die empirische Relevanz ihrer Aussagen, in: Raumforschung und Raumordnung, 33. Jg., 1975, Heft 1, S. 6-18.

49) Vgl. auch M. ZUMSTEIN: Zum ökonomischen Problem der Agglomerationsgröße, Frankfurt 1974, S. 32f.

50) H. GERFIN: a.a.O., S. 570. Je länger der Untersuchungszeitraum ist, umso mehr wirken sich Strukturveränderungen aus, umso ungenauer wird die Shift-Analyse. Vgl. dazu auch E. LAUSCHMANN: Grundlagen einer Theorie der Regionalpolitik, Hannover 1970, S. 108.

51) H. BERGSCHMIDT: Zur Messung und Erklärung von regionalen Wachstumsunterschieden in der BRD, in: Jahrbücher für Nationalökonomie und Statistik, Bd. 174, 1962, S. 517.

len Wachstumsraten[52]. Bergschmidts Zahl liegt ein Zeitraum von 9 Jahren zugrunde - bei 15-20 Jahren wird es eher schlechter aussehen[53] - und stellt außerdem eine historische Zahl dar, die nur für diesen Zeitraum 1950-59 stimmt.

Andere Untersuchungen haben gezeigt, daß die Standortkomponente zumindest für kleinere Regionen und längere Zeiträume nicht konstant ist[54]. Eine Untersuchung von Hoppen[55] der 33 badischen Stadt- und Landkreise für den Zeitraum 1954-69 kommt zu dem Ergebnis, daß auch kurzfristig keine akzeptablen Prognoseergebnisse erzielt werden. Da wird auch eine Trendschätzung der Standortkomponenten nicht viel weiter helfen[56], da sich gerade in dieser statistischen Komponente alle dynamischen Entwicklungselemente in Form von Strukturänderungen niederschlagen. Dieser wesentliche Teil des regionalen Wachstums ist der eigentlich erklärungsbedürftige und läßt sich naturgemäß umso weniger mit einer statistischen Methode - die ja nur auf Massenerscheinungen anwendbar ist - erfassen, je kleiner die Region ist und je länger der Prognosezeitraum (statistischer Begriff des Strukturbruchs).

---

52) Dieser Fehler wird umso größer, je kleiner die Industriegruppen sind. Je größer die Industriegruppen, umso schlechter werden andererseits Proportionalitätseffekte in der Shift-Analyse erfaßt. Vgl. E. LAUSCHMANN, a.a.O., S. 108.

53) Fuchs kommt bei einer Analyse der Entwicklung der USA-Staaten im Zeitraum 1929-54 zu dem Ergebnis, daß die regionalen Wachstumsunterschiede stärker auf die regional verschiedenen Wachstumsraten als auf die regionalen Sektorstrukturunterschiede zurückzuführen waren. V. R. FUCHS, a.a.O., S. 161.

54) F. JAMES und J. HUGHES: A test of shift and share analysis as a predictive device, in: Journal of Regional Science, Bd. 13, (1973), S. 223-232, speziell S. 230f.

55) D. HOPPEN: a.a.O., S. 14 und 16.

56) Wie sie Zimmerman anwendet. R. ZIMMERMAN: A variant of the shift and share projection formulation, in: Journal of Regional Science, Vol. 15, No. 1, 1975, S. 29-38, speziell S. 30.

Soweit der Shift-Analyse überhaupt ein theoretischer Ansatz zugrunde liegt[57)], muß dieser die These vertreten, daß die Sektorstruktur eine wesentliche Ursache des regionalen Wachstums ist, und zwar in der einfachen Form, daß die Sektorstruktur als nahezu konstante Größe angesehen wird[58)]. Alle Abweichungen davon werden nicht erklärt, sondern nur statistisch abgetrennt. Eine solch unzureichende Basis kann nicht als Theorie angesehen werden. Darauf aufgebaute Prognosen entbehren von vornherein der Grundlage. Ihr Erfolg ist so zufällig, wie es der historische Strukturwandel aus dieser Sicht ist.

Auch in dieser Arbeit wird - mit etwas abgewandelter Methode - eine Shift-Analyse durchgeführt zur Darstellung der - für den Untersuchungszeitraum als gering erwarteten - Bedeutung der regionalen Sektorstruktur im Sinne einer Übertragung des gesamten sektoralen Wachstums auf die Regionen, vor allem aber zur Prüfung der These, daß die Sektorstruktur in diesem Sinn wenig Bedeutung für das Wachstum einer Region hat.

2.4.4. Ausblick

Die dargestellten Zusammenhänge sollten die Bestimmungsgründe der regional-sektoralen Industriestruktur beleuchten und einen Zusammenhang zum regionalen Wachstum herzustellen versuchen. Letztlich müßte die theoretische Prüfung des Zusammenhangs auf

---

57) GERFINS theoretischer Versuch, die regionale Entwicklung von einer Gesamtbetrachtung her zu fassen, leitet an entscheidender Stelle, wo er von Erklärung der regionalen Entwicklungsabweichung spricht (a.a.O., S. 582) in eine vorwiegend statistisch-methodische Betrachtung über. Der Versuch einer theoretischen Begründung findet sich bei Atkins und Buck, die die Erhaltung der regionalen Sektorstruktur durch intersektorale Immobilität der Ressourcen und Immobilität der Betriebsstandorte erklären. Dieses Argument gilt jedoch nur kurzfristig. Vgl. M. H. ATKINS und T. W. BUCK: Industrial structure and regional employment growth, aus: The Review of Regional Studies, Vol. 5, No. 1 (1975), S. 13.

58) Politisch entsteht daraus die fragwürdige Empfehlung des Theoretikers, vorwiegend Wachstumssektoren anzusiedeln. Vgl. H. S. PERLOFF et al.: Regions, ressources and economic growth. Baltimore 1960, S. 60.

der Grundlage einer umfassenden regionalen Wachstumstheorie erfolgen, da nur sie die genaueren Bedingungen und Formen eines solchen Zusammenhangs ergründen könnte.

Eine solche Theorie, die es bisher nicht gibt[59], dürfte sich weder auf Nachfrage- noch auf Angebotsfaktoren beschränken und müßte regionale und sektorale Bestimmungsgründe, die teils abhängig, teils unabhängig voneinander existieren, auf eine gemeinsame Basis stellen. Das bedeutet, daß eine sektorale Gliederung nicht genügt. Andere Strukturmerkmale[60] müßten einbezogen werden. Wie weit man dabei sachlich disaggregieren müßte, ist eine Frage der Genauigkeit, die man damit erreichen will. Eine Gliederung nur nach einem Merkmal (Sektor) kann jedenfalls nicht ausreichen, weder für eine vernünftige theoretische Analyse noch für eine empirische Anwendung für Prognose- und Planungszwecke.

---

59) Vgl. E. DITTRICH: Grundlinien der Entwicklung der Raumforschung in Deutschland, aus: Festgabe für Friedrich Bülow, Berlin 1960. Bisherige Versuche sind zu abstrakt oder zu individuell (Ebenda, S. 102).

60) Das Modell von Siebert enthält zwar wesentliche theoretische Grundaussagen über den Zusammenhang zwischen Güter- bzw. Faktormobilität und regionalen Wachstumsunterschieden, enthält aber keine sektorale Betrachtung und scheidet als Grundlage der Untersuchung des gefragten Zusammenhangs aus. Vgl. H. SIEBERT: Regional economic growth, a.a.O., S. 119ff.

2.5. Sektorstruktur und Stabilität von Regionen

2.5.1. Begriff und Fragestellung

Die Entwicklung der industriellen Gesamtproduktion einer Region vollzieht sich i.a. nicht einheitlich, sondern mit verschiedener Intensität, in wechselnden Richtungen oder sogar in Sprüngen. Dafür gibt es prinzipiell zwei Gründe. Einmal entwickeln sich die exogenen Bestimmungsgründe, auch soweit sie bekannt und meßbar sind, i.a. nicht in einer eine einheitliche Entwicklung bestimmenden Weise, zum andern geht der wirtschaftliche Vorgang der Anpassung an geänderte Gegebenheiten einen eigenen, aus den gegebenen Verhaltensweisen bestimmten Weg, so daß die wirtschaftlichen Ergebnisse den sie verursachenden Änderungen sowohl in einer zeitlichen Verzögerung als auch in Schwankungen folgen.

Unter regionaler Stabilität soll hier das meßbare Ausmaß an Schwankungen der industriellen Entwicklung um den Wachstumspfad verstanden werden, unabhängig davon, wie diese Schwankungen entstehen. Diese pragmatische Definition ergibt sich aus den begrenzten empirischen Möglichkeiten dieser Arbeit und der begrenzten Fragestellung. Es geht hier nicht um die theoretische Erklärung von wirtschaftlichen Schwankungen überhaupt, sondern um die Unterschiede dieser Schwankungen zwischen den Regionen und ihren Zusammenhang zur regionalen Sektorstruktur.

Ohne hier auf die allgemeine Theorie einzugehen, muß jedoch versucht werden, die im betrachteten Zeitraum zu beobachtenden Schwankungen zu klassifizieren, um dem Problem des Zusammenhangs zur Sektorstruktur näherzukommen.

In der Betrachtung des kurzen Zeitraums von einem Jahr sind Schwankungen überwiegend saisonaler Art. Diese sind v.a. sektoral bedingt, aber auch regional für die Sektoren verschieden. Je nach Sektorstruktur können saisonale Schwankungen in einer Region mehr oder weniger zwischen den Sektoren ausgeglichen werden[1)], was auf die Sektorstruktur selbst Einfluß nehmen

---

1) Vgl. E. M. HOOVER: The location of economic activity, a.a.O., S. 286.

kann. Ein Sektor mit bestimmten saisonalen Schwankungen wird sich bei seiner Standortentscheidung auch danach richten, ob in einer Region mit ansonsten gegenläufigen saisonalen Schwankungen eine billigere Produktion möglich ist. Dies setzt eine relativ kurzfristige Mobilität von Arbeit und Kapital voraus und führt meist zu Mehrproduktbetrieben. Bestimmte sektorale Saisoneinflüsse können also eine bestimmte Sektorstruktur verursachen, die sich günstig auf die Stabilität der gesamten Region auswirkt. Der empirische Teil dieser Arbeit kann sich wegen der Besonderheit des verfügbaren Datenmaterials (Jahresdaten) mit diesem Aspekt der Fragestellung nicht beschäftigen.

Im Blickpunkt der Untersuchung stehen mittelfristige Schwankungen um ein empirisch gemessenes Durchschnittswachstum der Regionen. Diese Schwankungen werden hier zur übersichtlicheren Erfassung ihrer Bestimmungsgründe in einen statischen und einen dynamischen Aspekt gegliedert:

- Beim statischen Aspekt wird eine stationäre Wirtschaft zugrundegelegt und nach den Auswirkungen allgemeiner Konjunkturschwankungen auf die regionale Stabilität entsprechend der regionalen Struktur gefragt. Von allgemeinen Konjunkturschwankungen sind im wesentlichen alle Sektoren in allen Regionen betroffen, aber in unterschiedlicher Stärke. Die Schwankungen einer Region als Ganzes ergeben sich dann aus sektoraler Zusammensetzung der Region und den regionalen Besonderheiten der sektoralen Schwankungen[2)].

- Der dynamische Aspekt behandelt Schwankungen, die infolge des regionalen Strukturwandels im regionalen Wachstumsprozeß entstehen. Dieser verursacht sowohl durch die sich in der Region nicht gleichmäßig auswirkenden exogenen Faktoren als

---

2) Konjunkturschwankungen können unabhängig vom Wachstum einer Volkswirtschaft z.B. in Kombination einer Multiplikator- und einer Akzeleratorreaktion als aus sich selbst entstehenden Bewegungen erklärt werden. Vgl. K. ELSNER: Wachstums- und Konjunkturtheorie. Kompendium der Volkswirtschaftslehre, Bd. 1. Göttingen 1967, S. 269.

auch die Probleme der Anpassung aller regionalen Größen an die jeweils neue Gleichgewichtsstruktur Schwankungen in der regionalen Entwicklung[3].

Im folgenden soll in einer theoretischen Betrachtung untersucht werden, wie diese beiden Aspekte mittelfristiger Schwankungen der regionalen Entwicklung entstehen und welche Beziehungen zur sektoralen Struktur der Regionen bestehen.

2.5.2. Regionale Konjunkturschwankungen und Sektorstruktur in einer stationären Wirtschaft

2.5.2.1. Regionale Konjunkturschwankungen eines Sektors

2.5.2.1.1. Fragestellung

Konjunkturschwankungen sind unabhängig von ihrer Entstehung rein statistisch zu definieren als allgemeine mittelfristige Schwankungen der Nachfrage, Produktion und anderer wirtschaftlicher Größen (je nach der Wirtschaftsordnung), die sowohl im Großteil der Sektoren als auch der Regionen stattfinden. Man kann jedoch davon ausgehen, daß solche Schwankungen verschiedene Sektoren und Regionen sowie alle sonstigen denkbaren Gruppen (z.B. verschiedene Berufe) prinzipiell verschieden stark und mit zeitlichen Verschiebungen treffen. Alle die verschiedenen Gruppen betreffenden konjunkturellen Vorgänge gehören in einen großen Kausalzusammenhang, der jedoch hier nicht ausgebreitet werden kann.

Zur Klärung der Frage, welcher Zusammenhang zwischen Sektorstruktur und regionalen Konjunkturschwankungen vorliegt, kann man zunächst feststellen, daß ein regionaler Zyklus das Gesamtbild der sektoralen Zyklen in der Region, also eine Art Durchschnittszyklus, darstellt. Dieser Zusammenhang ist trivial. Die Frage hat nur dann einen Sinn, wenn bestimmte Sektoren ein

3) Auch in der traditionellen Konjunkturtheorie werden strukturelle Probleme in Form von Disproportionalitäten zwischen den Sektoren betont (z.B. E. PREISER: Grundzüge der Konjunkturtheorie. Tübingen 1933, S. 110). Hier geht es jedoch um das Problem des regionalen Strukturwandels.

bestimmtes konjunkturelles Verhalten zeigen, das sich in allen Regionen im wesentlichen gleich auswirkt, so daß die Anwesenheit eines Sektors in einer Region bestimmte anteilige konjunkturelle Folgen für die Region hat. Es ist also zunächst zu fragen, welche Bestimmungsgründe für die zyklischen Schwankungen eines Sektors in einer Region wesentlich sind.

2.5.2.1.2. Zyklen im Modell ohne regionale Strukturunterschiede

Ausgangspunkt ist (wieder) ein Gesamtraum, in dem es keine räumlichen Unterschiede in Nachfragedichte und Kosten für ein bestimmtes homogenes Gut gibt. Entsprechend der Nachfragedichte, der langfristigen Kostenfunktion und dem Transportkostensatz wird der gesamte Markt in gleichgroße Marktgebiete aufgeteilt. Finden nun konjunkturelle Bewegungen um den theoretisch abgeleiteten statischen Gleichgewichtszustand statt, so wird dadurch der Gleichgewichtszustand selbst nicht betroffen. Eine Anpassung der Zahl der Marktgebiete an die kurzfristigen Schwankungen findet nicht statt, da sie eine permanente Bildung und Vernichtung von Betrieben erfordern würde. Die Anpassung erfolgt im Rahmen der kurzfristigen Kostenfunktion - die in diesem Fall für alle Betriebe gleich ist - durch Variation der Produktmenge mit Hilfe der variablen Kosten[4]. Unter den gegebenen Voraussetzungen sind die zyklischen Schwankungen der Produktion in allen Betrieben des Produkts gleich. Schwankungsunterschiede bestehen nur zwischen verschiedenen Produkten, wobei die Produktionsschwankungen umso stärker sind,

- je größer die Nachfrageschwankung des Produkts bzw.
- je größer die Kostenschwankung bzw.
- je elastischer das Angebot bzw. die Nachfrage sind.

Bei einer groben Aufgliederung der Industrie läßt sich feststellen, daß die Investitionsgüterindustrie konjunkturempfindlicher ist als die Konsumgüterindustrie, wobei im konjunkturellen Verlauf eine Phasenverschiebung zu beobachten ist[5].

4) Fallen im Abschwung durch den Nachfragerückgang die Grenzerträge der entferntesten Käufer unter die (i.a. ebenfalls sinkenden) Grenzkosten, so entstehen u.U. an den Marktgrenzen Versorgungslücken.

5) Vgl. dazu E. PREISER: Grundzüge der Konjunkturtheorie, a.a.O., S. 88ff.

2.5.2.1.3. Zyklen bei regionalen Unterschieden von Nachfragedichte und Kosten

Die Voraussetzungen des vorigen Kapitels werden zunächst insofern aufgehoben, als Nachfragedichte und Kostensituation incl. Verkehrsbedingungen regional verschieden sind. Dadurch entstehen unterschiedlich große Marktgebiete mit regional verschiedenen Kostenfunktionen, die auch verschiedene Reaktionen bei zyklischen Schwankungen der Nachfrage bewirken. Sowohl der Fixkostenanteil als auch der damit meist gekoppelte Anteil an qualifizierten Arbeitskräften haben Auswirkungen auf die Schwankung der Produktionsmengen[6]. Bei hohen Fixkosten wird ebenso wie bei einem hohen Anteil an nicht leicht wieder zu ersetzenden Mitarbeitern eine Einschränkung der Produktion möglichst vermieden.

Während der flexiblere Kleinbetrieb im Abschwung bei relativ konstanten Grenz- und Durchschnittskosten die Produktion einschränkt und dabei geringe Möglichkeiten einer Preissenkung hat - nur entsprechend der allgemeinen Kostensenkung -, bemüht sich der Großbetrieb, die Produktionseinschränkung durch eine Preissenkung (bei sinkenden Grenzkosten und steigenden Durchschnittskosten, geht man von einer Gleichgewichtslage im Schnittpunkt von Grenz- und Durchschnittskostenkurve aus) gering zu halten. Die Stärke der Preissenkung ist abhängig von der Elastizität der Nachfrage, den Kosteneinsparungsmöglichkeiten und der unternehmerischen Finanzlage[7]. Der Preisdruck ist jedenfalls größer als beim Kleinbetrieb, so daß der Großbetrieb sein Marktgebiet weniger einschränken muß, evt. sogar ausdehnen kann.

---

6) Vgl. E. M. HOOVER: The location of economic activity, a.a.O., S. 146. Das Kapital muß beschäftigt werden, da es schnell an Wert verliert, d.h. die Abschreibungskosten sind weitgehend Fixkosten.

7) Eine geringe Fremdkapitalbeteiligung durch vorsichtiges Geschäftsgebaren (schwäbische Mentalität) wird von Preiser als ein Grund geringer Krisenanfälligkeit dargestellt. Vgl. E. PREISER: Die württembergische Wirtschaft als Vorbild. Stuttgart 1937, S. 92f.

Im Aufschwung kann der Großbetrieb seine Produktion nur bei steigenden Grenzkosten, also mit einer höheren Preiserhöhung als der Kleinbetrieb steigern, der durch die höhere Flexibilität seiner Produktion sein Marktgebiet vergrößern kann. Durch die regional verschiedenen Kostenfunktionen ist also auch bei gleichmäßigen Nachfrageschwankungen zu erwarten, daß die Zyklen eines Gutes regional verschieden sind. Aus Kostengründen sind beim Großbetrieb eher geringere Produktionsschwankungen zu erwarten. Häufig betreibt das Unternehmen, zu dem der Großbetrieb gehört, eine Sortimentspolitik vom Absatz und von der Produktion her[8]. Die Umrüstungsmöglichkeiten des Kapitals in Verbindung mit konjunkturell verschieden anfälligen Produkten verstetigen die Produktion des Unternehmens und erhöhen seine Konkurrenzvorteile[9], bewirken jedoch einen stärkeren Zyklus der einzelnen Produkte und verstetigen damit die Marktgrenzen im Konjunkturverlauf.

Die verschiedenen Marktgebiete sind jedoch nicht nur durch verschiedene Kostenfunktionen, sondern auch durch regional verschiedene Faktorpreise bedingt. Auch diese sind konjunkturellen Unterschieden unterworfen. Während Kapitalkosten (Zinsen) und Bodenkosten (Rente) regional keinem wesentlich unterschiedlichen Konjunkturverlauf unterliegen dürften[10], reagieren Rohstoffpreise und Löhne regional verschieden. Liegt ein Betrieb näher als ein anderer an einem Rohstofflager, so ist sowohl die Verbilligung des Rohstoffs im Abschwung als auch seine Verteuerung im Aufschwung relativ größer, da der Rohstoffpreis stärker schwankt als die Transferkosten[11]. Dieser antizyklische Effekt bewirkt kleinere Schwankungen bei näherem Rohstofflager. Beschäftigt ein Betrieb einen hohen Anteil an Arbeitskräften mit elastischem Arbeitsangebot (z.B. Nebener-

---

8) Vgl. K. KEINATH: Regionale Konjunkturschwankungen. Tübingen 1978, S. 37f.

9) Vgl. W. STÖCKMANN: Regionale Konjunkturprobleme. Das Beispiel der norddeutschen Küstenländer. Weltwirtschaftliche Studien 14. Göttingen 1970. STÖCKMANN kommt aufgrund verschiedener Argumente zu der Überzeugung, daß Großbetriebe eher eine geringere Krisenanfälligkeit haben (S. 95).

10) Ebenda, S. 87f.

11) Transferraten sind weniger flexibel als andere Preise. Vgl. E. M. HOOVER: The location of economic activity, a.a.O., S. 147.

werbslandwirte oder Frauen), so ist der Lohndruck im Abschwung ebenso gedämpft wie die Lohnsteigerung im Aufschwung. Nachfrageschwankungen schlagen unter diesen Umständen eher durch. Je starrer die sektoral relevanten Faktorpreise in einer Region sind, umso stärker sind die regionalen Konjunkturschwankungen des Sektors.

Bisher wurde nur die Kostenseite betrachtet. Es kann jedoch nicht davon ausgegangen werden, daß die Nachfrageschwankungen eines Sektors in allen Regionen gleich sind. Bei Konsumgütern sind die Nachfrageschwankungen abhängig von dem Gesamtzyklus der Region. Da andere Faktoren interregionale Konjunkturunterschiede bedingen, fällt auch der regionale Konsumgüterzyklus verschieden aus. Besonderheiten des regionalen Nachfrageverhaltens spielen ebenfalls eine Rolle. Bei Konsumgütern mit größeren oder überlappenden Marktgebieten - meist heterogenen Ver- und Gebrauchsgütern - spielen regionale Nachfrageunterschiede eine geringere Rolle für die betreffende Branche einer Region. Wichtiger ist in diesem Fall die spezielle Produktionspalette in der betreffenden Region, da verschiedene Ausführungen und Qualitäten eines Gutes konjunkturell verschieden betroffen sind. In der statistischen Zusammenfassung verschiedener Produkte - und seien es nur Kinder- und Erwachsenenbekleidung[12] - überlagern sich die Zyklen meist so, daß selbst bei gleicher Nachfrageauswirkung in allen Regionen die unterschiedliche Zusammensetzung der regionalen Sektoren zu verschiedenen regionalen Sektorzyklen führt.

Für die Entwicklung der Produktion von Investitionsgütern und Vorprodukten sind die speziellen Marktverflechtungen entscheidend. Für deren Zyklen sind die Zyklen der belieferten Produktionen am Ort der belieferten Betriebe und die speziellen Kostengegebenheiten am Ort der Produktion selbst maßgebend. Dabei tritt diese Produktion mit anderen Betrieben der eigenen Stufe in Konkurrenz, wobei ein konjunktureller Kostenvorteil entstehen kann, z.B. aufgrund der Transferkosten ein Vorteil durch größere Nähe oder aufgrund des speziellen Produktionsprogramms

12) In der Praxis werden Mehrproduktunternehmen rigoros einem Sektor zugeordnet (Hauptbeteiligtenprinzip in der amtlichen Statistik).

eine günstigere konjunkturelle Kostenentwicklung. In Relation zu den belieferten Betrieben ist neben deren speziellen regionalen Nachfrageschwankungen auch die spezielle Abhängigkeit zwischen den Betrieben und die daraus resultierende Preisbildung wichtig. Die im Prinzip in einer regional gegliederten Input-Output-Tabelle erfaßbaren regional-sektoralen Zusammenhänge sind in ihrer konjunkturellen Auswirkung insbesondere von den Konkurrenzverhältnissen bestimmt. Ohne auf diese näher einzugehen, kann man sagen, daß sie Auswirkungen auf die Zyklen eines Betriebes haben, die umso stärker sind, je schwächer die Position dieses Betriebes gegenüber seinen Zulieferern oder Abnehmern ist.

Die regionalen Zyklusunterschiede einer Branche sind auch durch Auslandsexporte beeinflußt[13]. Soweit ausländische Abnehmer einem anderen Zyklus unterliegen - sei es in einer zeitlichen Verzögerung oder branchenspeziellen internationalen Amplitudenunterschieden -, weichen die Schwankungen der inländischen Branche entsprechend ihren Auslandsexporten voneinander ab.

Auch die Wirtschaftspolitik kann auf die sektoralen Zyklen einwirken. Ein hoher Anteil an relativ stabilen Staatsaufträgen in einer Region wirkt dabei ebenso glättend wie z.B. Steuerstundungen.

2.5.2.1.4. Bestimmungsgründe der regional-sektoralen Zyklen: Zusammenfassung

Die wesentlichen Bestimmungsgründe des regionalen Zyklus eines Sektors lassen sich nun zusammenfassen:

a) regional-sektorale Nachfragesituation
   - spezielle Produktionszusammensetzung in der Region
   - Zyklus des regionalen Nachfrageprofils dieser Produkte entsprechend den Entfernungen von der Region incl. vertikale Beziehungen

---

13) Darauf weist auch STÖCKMANN hin (a.a.O., S. 83f).

- Auslandsnachfrage und Auslandskonjunktur
- regionaler staatlicher Ausgaben-Zyklus

b) regional-sektorale Kostensituation
- (technische) Kostenkurve
- regionale Kostenelastizität im Zyklus
- Ausbildungsstand der Arbeit im Betrieb
- Flexibilität von Arbeit und Kapital (Mehrproduktunternehmen)

c) Entscheidungsrahmen
- Konkurrenzverhältnisse (Preispolitik)
- Prognosen, Ziele, Strategie des Unternehmens
- Verhalten der Gewerkschaften
- öffentliche Meinung

2.5.2.2. Regionale Konjunkturschwankungen

2.5.2.2.1. Regionale Gesamtstruktur als Bestimmungsgrund

Der regionale Zyklus[14] als Gesamtbild der sektoralen Zyklen einer Region[15] ergibt sich aus der Gesamtstruktur der Region (vgl. Kap. 2.4.2.), die aus den regional-sektoralen Interdependenzen hervorgegangen ist. Bzgl. des konjunkturellen Verhaltens liegt jedoch teilweise eine Zufälligkeit vor, wenn nicht durch beständige starke Konjunkturschwankungen besondere regionale Strukturanpassungen entstehen.

Neben der längerfristig ausgerichteten Ansiedlung von Betrieben mit allen ihr anhaftenden konjunkturrelevanten Merkmalen,

---

14) Ein Überblick über regionale Konjunkturtheorien findet sich bei K. KEINATH, a.a.O., S. 18ff.

15) Auch hier stellt sich die Frage, wie die Region der Behandlung des Problems zyklischer Schwankungen adäquat definiert werden kann. Dabei kann man von der inter- und intraregionalen Beeinflussung ausgehen und wie Vining eine Definition aus den Marktgebieten der Lokalaktivitäten herleiten. Vgl. R. VINING: The region as a concept in business-cycle analysis. Econometrica, Vol. 14, 1946, S. 206. Diese läßt sich jedoch umso schlechter anwenden, je verschiedener die Marktgebiete verschiedener Produkte sind bzw. je mehr sie sich räumlich überschneiden (ebenda, S. 208).

von denen die sektorale Zugehörigkeit nur eines ist, sind rein regionale Faktoren an der regionalen Konjunktur beteiligt, die teilweise in die Standortentscheidungen eingegangen sind. Von allen mehr oder weniger zufällig der Region anhaftenden Ursachen regionaler Konjunkturunterschiede lassen sich wenige rein der Region zuordnen. Praktisch alle Ursachen sind aus dem Wechselspiel regionaler, sektoraler und anderer Faktoren hervorgegangen[16]. So kann man zwar sagen, daß eine Grenzregion oder eine Region an großen internationalen Verkehrswegen Betriebe mit hohen, weniger konjunkturanfälligen Auslandsexporten beherbergt oder daß eine Region mit Rohstofflagern Betriebe mit hohem Rohstoffbedarf anzieht, die mit konjunkturell flexiblen Rohstoffpreisen rechnen können. Daraus läßt sich jedoch noch lange nicht der Schluß ziehen, daß Grenzregionen oder Rohstoffregionen stabiler seien als andere. Die regionalen Konjunkturursachen sind dazu zu komplex.

Ebenso wie bei der regionalen Wachstumsbetrachtung reicht es zur Erklärung der regionalen Konjunktur nicht aus, die sektoralen Ereignisse nebeneinander zu stellen. Regionale Beziehungen zwischen den Sektoren müssen berücksichtigt werden.

2.5.2.2.2. Exportabhängigkeit und intraregionaler Multiplikator

Beziehungen zwischen der bzgl. der Region konjunkturpassiven Heimgüterproduktion und der Exportproduktion über die allgemeine regionale Konjunkturentwicklung werden in Anlehnung an die Exportbasis-Theorie als intraregionaler Multiplikator dargestellt[17]. Dieser an sich richtige Grundgedanke läßt sich

---

16) Vgl. P. NEFF: Interregional cyclical differentials: Causes, measurement and significance. in: Readings in Business Cycles and National Income (Hrsg. A. HANSEN und R. CLEMENCE). London 1959, S. 437. Neff sieht auch rein regionale Ursachen an regionalen zyklischen Besonderheiten beteiligt.

17) Vgl. W. ISARD: Methods of regional analysis: an introduction to regional science (in association with D. BRAMHALL u.a.). Cambridge, Mass. M.I.T. Press 1967, S. 189ff.

jedoch nicht so einfach fassen, wie es vielfach erscheinen mag[18]. Die Nachfragereaktion auf Einkommensschwankungen muß den regionsspezifischen Nahbedarf messen[19], der von Region zu Region entsprechend Regionsgröße und der speziellen regionalen Nachfragedichte und Kostensituation variiert. Es handelt sich hier also keineswegs um die bekannte Konsumquote, die außerdem sämtliche regionalen Konsumgüterimporte beinhaltet. Die Erfassung aller Hin- und Rückwirkungen führt aber erst zum endgültigen Multiplikator der fernorientierten Nachfrageschwankung, die sich selbst endgültig erst aus sämtlichen Wirkungen ergibt[20]. Der Multiplikator kann also nicht als einfache Reaktion auf eine regionsexterne Initialursache verstanden werden.

Die konjunkturellen Wirkungen auf die Nahbedarfsgüter sind umso geringer, je kleiner die Region ist[21]. Dabei ist weder die Konjunkturempfindlichkeit der regionalen Exportsektoren direkt durch die der Gesamtsektoren bestimmt, noch kann der regionsspezifische Multiplikator als eine zyklische Konstante angesehen werden, da sich im Konkurrenzprozeß zyklische interregionale Verschiebungen ergeben (s.o.)[22].

2.5.2.2.3. Intraregionale vertikale Beziehungen

Neben Beziehungen zwischen fern- und nahbedarfsorientierten Produktionen sind andere intraregionale Vorgänge im Konjunkturablauf zu beachten. Vertikale Beziehungen zwischen verschiedenen Betrieben haben eine regionale Dimension, die für die Reaktionen auch entsprechend der Entfernung Bedeutung hat.

18) z.B. bei STÖCKMANN, a.a.O., S. 81f.
19) Vgl. J. H. MÜLLER: Methoden zur regionalen Analyse und Prognose, a.a.O., S. 128f.
20) W. ISARD: Methods of regional analysis, a.a.O., S. 183f und K. KEINATH, a.a.O., S. 24f.
21) Vgl. H. U. MEYER-LINDEMANN: Typologie der Theorien des Industriestandortes. Bremen-Horn 1951, S. 211.
22) Auch von Zyklus zu Zyklus ist der regionsspezifische Multiplikator in einem allgemeinen Wachstumsprozeß sicher keine Konstante, da sich die Marktgebiete, wie gezeigt wurde, ändern.

Durch die relativ starren Transferkosten findet eine größere antizyklische Preiswirkung statt (ähnlich wie bei den Rohstoffen), wenn die vertikal verbundenen Betriebe näher beieinander angesiedelt sind. Räumliche Nähe ist auch über die Regionsgrenzen möglich, im Durchschnitt sind jedoch die Entfernungen innerhalb der Regionen geringer als zwischen den Regionen. Je vielfältiger also die vertikalen Beziehungen innerhalb einer Region sind, umso geringer sind c.p. die zyklischen Schwankungen aller vertikal verbundenen Sektoren in der Region[23]. Liegt dagegen eine Spezialisierung der Region vor, die hohe vertikale interregionale Verflechtung bedingt, so bewirken die relativ starren Transferkosten c.p. eine Verstärkung der regionalen Konjunkturschwankungen.

2.5.2.2.4. Regionaler Produktionsfaktorenmarkt

Schließlich sind mittelbare intersektorale Beziehungen in einer Region über den Produktionsfaktorenmarkt zu beobachten. Die konjunkturell gesehen starre regionale Verfügbarkeit des Bodens ist nicht mit wesentlichen konjunkturellen Bodenpreisschwankungen verbunden, da die reinen konjunkturellen Vorgänge weder flächenmäßige Betriebsausdehnungen noch -einschränkungen beinhalten und damit im wesentlichen die Nachfrage nach Boden unberührt lassen.

Zinsschwankungen sind zwar im Konjunkturverlauf wesentlich, zeigen aber keine wesentlichen regionalen Unterschiede. Sie beeinflussen die Region lediglich entsprechend der Kreditabhängigkeit ihrer Betriebe, die mit der Sektorzugehörigkeit durch die Höhe des Anlagekapitals verknüpft sein kann.

Die Bedeutung der Schwankungen der Rohstoffpreise wurde bereits dargestellt. Regional nahe Rohstofflager wirken sich c.p. günstig für die industrielle Konjunktur einer Region aus.

---

23) Das bedeutet auch, daß die interregionalen Verflechtungen zyklischen Schwankungen unterworfen sind. Sie nehmen im Aufschwung zu, im Abschwung ab.

Abschließend muß noch geklärt werden, welche Wirkungen vom regionalen Arbeitsmarkt auf die regionale Konjunktur ausgehen. Die Betriebe reagieren auf Schwankungen ihrer Güternachfrage mit Schwankungen in der Nachfrage nach Arbeit, deren Auswirkungen auf die regionalen Löhne (Effektivlöhne) von der Elastizität des Arbeitsangebots abhängen. Unterscheidet man regionale Arbeitsmärkte - die sich langfristig entsprechend den interregionalen Lohndifferenzen gegenseitig beeinflussen und auch kurzfristig nur eine relative Geschlossenheit aufweisen[24] -, so muß man auch Arbeitsmärkte innerhalb der Regionen abgrenzen, da deren zyklisches Verhalten verschieden sein kann. So gibt es Unterschiede in den Angebotsreaktionen, z.B. zwischen Frauen und Männern sowie verschiedenen Berufen. Allgemein gilt, daß die Lohnelastizität des Arbeitsangebots umso geringer, die Flexibilität des Lohnes demnach umso höher ist, je geringer die Alternativen für den Arbeitenden bei einer Entlassung sind. Dies gilt etwa bei hohem Ausbildungsstand, wo eine Unterbrechung des Berufslebens sehr nachteilig sein kann, bei geringem persönlichem Vermögen und bei Männern eher als bei Frauen, wenn man die Arbeit der Frau nicht als konjunkturelle Absicherung der Familie betrachtet. Ebenso wirkt eine fehlende oder schwache soziale Absicherung durch die staatliche Arbeitslosenunterstützung. Bewirken die regionalen Besonderheiten der Zusammensetzung des Arbeitsangebots, die z.T. durch die sektorale Zusammensetzung bedingt sind, flexiblere Löhne als in anderen Regionen, so fallen die konjunkturellen Schwankungen der Region insgesamt aufgrund der antizyklischen Kostenentwicklung schwächer aus.

2.5.2.3. Regionale Konjunktur und Sektorstruktur: Hypothesen

Nachdem einige wesentliche Bestimmungsgründe der regional-sektoralen Zyklen und ihrer intraregionalen Beziehungen beschrieben wurden, soll zusammenfassend dargestellt werden, in

24) Zur Problematik vgl. P. KLEMMER und D. KRAEMER: Regionale Arbeitsmärkte. Ein Abgrenzungsvorschlag für die BRD. Beiträge zur Struktur- und Konjunkturforschung, Bd. 1, Bochum 1975.

welcher Weise Beziehungen zwischen regionaler Sektorstruktur und regionaler Konjunktur bestehen.

Sektorale Nachfrageschwankungen des Gesamtraumes als Begleiterscheinung des allgemeinen Konjunkturprozesses sind zwar der Anstoß der regionalen Schwankungen der Sektoren, jedoch können diese durch interregionale Strukturverschiebungen aufgrund regional unterschiedlicher Nachfrageschwankungen (Ausland, Nähe zu den Abnehmern) und regional unterschiedlicher Kostenschwankungen (Nähe zu Rohstoffen und Vorprodukten, Flexibilität der Löhne) regional sehr unterschiedlich ausfallen. Neben der Sektorstruktur sind also spezielle Ausprägungen und Vorgänge in der Region und die spezielle Lage im regional-sektoralen Gesamtgefüge des Konjunkturprozesses entscheidend. Eine prozentuale Übertragung der gesamträumlichen sektoralen Konjunkturschwankungen entsprechend der sektoralen Zusammensetzung der Region in die Region hinein ist umso weniger zu erwarten, je mehr die Sektoren in den Regionen spezielle Strukturen aufweisen[25]. Z.B. bewirken eine hohe vertikale Verflechtung innerhalb der Region (bzw. mit nahen Regionen), eine hohe Auslandsnachfrageabhängigkeit oder stark flexible Kosten[26] c.p. eine geringe Konjunkturanfälligkeit. Die hier aufgezeigten möglichen Ursachen interregionaler Unterschiede der konjunkturellen Schwankungen erheben keinen Anspruch auf Vollständigkeit. Im Rahmen der gestellten Aufgabe geht es darum, zu zeigen, daß eine Trennung der regionalen konjunkturellen Ursachen in regionale Sektorstruktur - ver-

25) Vgl. auch S. ENGERMANN: Regional aspects of stabilization policy, aus: Regional Analysis, ed. by L. NEEDLEMAN, S. 277-334. Great Britain 1968. Engermann weist auf unterschiedliche Angebotsreaktionen und regional unterschiedliche Nachfrageänderungen hin, die einer gleichmäßigen Übertragung sektoraler Zyklen in die Regionen entgegenwirken (S. 292). Eine Untersuchung der USA-Staaten im Zeitraum 1949-58 ließ nur im Abschwung eine Korrelation zwischen Sektorstruktur und zyklischem regionalem Verhalten erkennen (S. 293f).

26) Diese Merkmale treffen i.a. im wesentlichen auf eine Agglomerationsregion zu.

bunden mit einer Überbetonung derselben[27)] - und einen unerklärten Rest theoretisch unzureichend ist[28)].

2.5.3. Strukturwandel und Stabilität im Wachstum

2.5.3.1. Definition und Begründung der Fragestellung

Im Wachstum erfolgt eine Verschiebung zwischen den Sektoren im Gesamtraum, bewirkt durch unterschiedliche Nachfrageentwicklungen bei steigendem Einkommen und unterschiedliche Kostenentwicklungen durch Unterschiede der Faktorpreisentwicklungen und des sektoralen technischen Fortschritts. Die sektorale Entwicklung spielt sich jedoch, wie dargelegt wurde, nicht in allen Regionen gleich ab, sondern ist von mehr oder weniger starken Verschiebungen zwischen den Regionen begleitet, womit sich auch die regionale Sektorstruktur ändert. Dieser permanente Strukturwandel führt nur im Idealfall zu einer kontinuierlichen Entwicklung der Regionen, sondern ist normalerweise von Schwankungen begleitet[29)].

Strukturbedingte regionale Wachstumsschwankungen seien hier definiert als Schwankungen, die sich aus dem gesamten Strukturwandel im Wachstum ergeben. Sie müssen nicht mit allgemeinen Konjunkturschwankungen verbunden sein. Strukturbedingte Stagnation muß in den verschiedenen Regionen nicht gleichzeitig auftreten, ebensowenig eine schubweise Weiterentwicklung. Es ist sogar eher wahrscheinlich, daß die Schwankungen gegen-

27) Während HOOVER die Produktzusammensetzung einer Region in den Vordergrund stellt (The location of economic activity, S. 287), hebt STÖCKMANN auch die regionalen Unterschiede sektoraler Zyklen hervor (a.a.O., S. 46 und S. 80). Ebenfalls skeptisch beurteilt ISARD den Zusammenhang zwischen Sektorstruktur und regionaler Konjunktur (Methods of regional analysis, S. 184ff). Dabei stützt er sich v.a. auf eine Untersuchung von P. NEFF und A. WEIFENBACH: Business cycles in selected industrial areas, Berkely 1949, speziell S. 193.

28) Eine Studie von THIRLWALL über die Arbeitslosenquote in Großbritannien zeigt für den Zeitraum 1949-64, daß nur die Hälfte der zyklischen Sensitivität einer Region auf ihrer industriellen Zusammensetzung beruht. Der Rest bedeutet unterschiedliche regionale zyklische Sensitivität der Sektoren. A. P. THIRLWALL: Regional unemployment as a cyclical phenomenon, aus: Regional analysis and development. London 1973, S. 47.

29) Auch P. NEFF sieht die Änderung der Industriestruktur als eine der Ursachen regionaler Schwankungen (a.a.O., S. 437).

läufig sind, da das Vordringen eines Sektors in einer Region mit einem Dämpfungseffekt des gleichen Sektors in anderen Regionen verbunden ist[30]. Es bestehen zwar vielfache Wechselbeziehungen zwischen konjunkturell und strukturell bedingten Schwankungen des Wirtschaftsablaufs, jedoch kann man von vorwiegend strukturbedingten Schwankungen dann sprechen, wenn die regionalen Schwankungen nicht gleichzeitig und gleichgerichtet sind, sondern sich zu einem wesentlichen Teil gegenseitig kompensieren.

Der empirisch betrachtete Zeitraum kann weitgehend als ein Beispiel strukturbedingter Schwankungen angesehen werden, da er geringe allgemeine Konjunkturschwankungen aufweist. Dies wird auch mit Schwankungskompensationsberechnungen belegt werden. Im folgenden sollen die inter- und intraregionalen Ursachen strukturbedingter regionaler Schwankungen in der Folge des regionalen Wachstums erläutert werden.

2.5.3.2. Ursachen der Schwankungen des regionalsektoralen Wachstums

2.5.3.2.1. Entscheidungs- und Aktionshemmnisse

Allein die Neueröffnung und Schließung von Betrieben stellen ein diskontinuierliches Element dar. Ebenso wie ein unrentabler Betrieb u.U. erst geschlossen wird, wenn er permanente Verluste erzielt, wird ein Betrieb erst dann neu eröffnet, wenn sein Standort offensichtlich überdurchschnittliche Gewinne erwarten läßt. Informations-, Prognoseprobleme und Risikoschwellen, die wegen der zusätzlichen Kosten einer Betriebsneubildung oder -auflösung[31] zu einer stufenweisen Entwick-

30) Vgl. dazu auch R. VINING (The region as a concept in business-cycle analysis, S. 201f), der darauf hinweist, daß allgemeine Expansion für einzelne Betriebe Beschneidung oder Untergang bedeutet, teils wegen der unternehmerischen Unflexibilität, teils wegen fehlender Ressourcen. Die ungleichmäßige Wirkung von Innovationen beschreibt J. A. SCHUMPETER: Business cycles, Vol. 1, New York, London 1939, S. 130ff.

31) Die Extrakosten zu Beginn einer Neueröffnung untersucht W. F. LUTTRELL in: The cost of industrial movement. National Institute of Economic and Social Research, Occasional Papers XIV, Cambridge University Press 1952. Diese sind im ersten Jahr besonders hoch (S. 74).

lung führen, sind jedoch nicht die einzigen Gründe regionaler Schwankungen im Wachstum. Auch die eigentlichen Wachstumsursachen bewirken i.a. keine kontinuierliche Entwicklung, da sie sich entweder selbst diskontinuierlich entwickeln oder von Anpassungsproblemen an die langfristigen Entwicklungsmöglichkeiten begleitet sind. Durch diese Ursachen entstandene regionale Schwankungen verstärken sich noch durch Überreaktionen[32].

2.5.3.2.2. Änderungen der Sektornachfrage

Auch eine kontinuierliche Änderung der Sektorgesamtnachfrage führt i.a. nicht zu einer kontinuierlichen regionalen Entwicklung des Sektors. Eine steigende Nachfrage wird eine Zeitlang durch die vorhandenen Betriebe beliefert, ehe die Lücke für einen neuen Betrieb groß genug ist. Die vorhandenen Betriebe haben entsprechend ihrer Lage zu den Nachfragern und ihrer Kostensituation ebenfalls nicht in gleichem Maße Anteil an der Entwicklung. Kommt ein neuer Betrieb hinzu, so wird ihre Entwicklung gedämpft, jedoch gemäß der Lage des neuen Betriebs in unterschiedlichem Ausmaß. Dieser muß aus produktionstechnischen Gründen mit einer Mindestproduktmenge auf den Markt kommen, deren Weiterentwicklung sich i.a. nicht auf einer einfachen mathematischen Kurve abspielt. Nach einer Wachstumsphase ist eine Konsolidierung oder gar ein Rückgang - beim nächsten Markteintritt - zu erwarten. Bei einer allgemeinen sektoralen Kostensenkung spielen sich die Ereignisse in ähnlicher Weise ab.

Jedoch erfolgt auch die Änderung der Sektorgesamtnachfrage selbst i.a. nicht kontinuierlich. Je heterogener ein Produkt ist, umso eher kann es sein, daß eine allgemein kontinuierliche Entwicklung der Sektornachfrage von Schwankungen in der Produktzusammensetzung der Nachfrage begleitet ist, die sich

32) Dies gilt für das unternehmerische Investitionsverhalten ebenso wie für andere Verhaltensfunktionen, so daß die Reaktionen diskontinuierlicher sind als ihre Ursachen. Vgl. dazu D. LÜDEKE: Strukturveränderungen des Investitionsverhaltens im Konjunkturverlauf. Jahrbücher für Nationalökonomie und Statistik, Bd. 188, 1973, S. 291 und S. 316.

gemäß den Produktionsprogrammen in den Regionen verschieden auswirken. Dies gilt v.a. auch für bestimmte Investitionsgüterproduktionen, die durch ihre vertikale Verbindung mit schrittweise investierender regionaler Produktion Nachfrageschwankungen unterliegen können.

2.5.3.2.3. Änderungen der regionalen Kosten

Regionale Kostenänderungen sind i.a. an sich nicht kontinuierlich. Eine relativ günstig sich entwickelnde Kostenlage ist langfristig bedingt durch neue Rohstofflager oder die Ansiedlung von Vorproduktbetrieben in oder nahe der Region (evt. auch im nahen Ausland), durch einen regionalen Vorsprung im technischen Fortschritt, Investitionen in der Infrastruktur, eine relativ umfangreiche Bodenreserve oder einen Zuwachs an Arbeitskräften durch Zuwanderung oder natürliches Bevölkerungswachstum. Alle diese Ursachen der regionalen Kostenentwicklung sind mehr oder weniger einer schrittweisen Entwicklung unterworfen und ziehen damit auch schrittweise Reaktionen nach sich.

Aber selbst kontinuierliche Entwicklungen der verschiedenen Kostenarten haben diskontinuierliche Folgen, einerseits weil eine neue Betriebsansiedlung an sich ein diskontinuierlicher Prozeß ist, andererseits aber auch in der Auswirkung auf die Produktion in gegebenen Betrieben, da sich die regionale Kostenstruktur ändert. Die Reaktion der Betriebe darauf ist eine Faktorsubstitution, die jedoch nicht einer Kostenstrukturänderung kontinuierlich angepaßt werden kann, da sie i.a. mit einer geänderten Produktionsmethode und dabei mit Investitionen verbunden ist. Praktisch stehen einer permanenten Faktorsubstitution nicht nur die permanent anfallenden Investitionskosten im Wege, sondern auch die nur begrenzte Anzahl von Produktionsprozessen[33]. Deshalb ist die Faktorproportion relativ fix, so daß vorübergehend Engpässe entstehen können, deren

33) Vgl. J. H. MÜLLER: Produktionstheorie, a.a.O., S. 111ff.

Auflösung[34] die Anpassung verzögert und die Schritte vergrößert. Die Umsetzung des potentiellen regionalen Kostenvorteils in einen betrieblichen Kostenvorteil erfolgt also schrittweise, wobei produktionstheoretisch gesehen i.a. Faktorsubstitution, Produktionssteigerung und Verschiebung der Produktionsfunktion selbst gleichzeitig stattfinden.

2.5.3.3. Regionale Wachstumsschwankungen und Sektorstruktur

2.5.3.3.1. Übertragung gesamtsektoraler Schwankungen in die Regionen (Branchenkonzept)?

Schwankungen, die durch schrittweise Entwicklung hervorgerufen werden, treffen eine Region als Summe der sich überlagernden sektoralen Vorgänge. Soweit diese Schritte Reaktionen auf allgemeine regionale Kostenverbesserungen sind, die sich selbst schrittweise vollziehen, ist eine gewisse Parallelität der sektoralen Schwankungen in der Region zu erwarten, die für die Region eine relativ starke Unstabilität bedeutet.

Entsteht in einer Region für einen bestimmten Sektor eine Lücke im Gesamtmarktnetzgefüge, so erfolgt eine schrittweise Ausdehnung. Diese vollzieht sich von Sektor zu Sektor zeitlich verschoben und bedeutet an sich, soweit eine Parallelität nicht durch Kostenfaktoren hergestellt wird, ein aus der Sicht der Region zufälliges Stabilitätsmoment. Die Entwicklung vollzieht sich hierbei umso kontinuierlicher, je kleiner die Mindestbetriebsgröße eines Sektors ist bzw. je besser sich Erweiterungs- und Rationalisierungsinvestitionen stückeln lassen. Dies ist von der sektoralen Technik bzw. ihrer Entwicklung abhängig. Die Stärke der Sprünge in der Entwicklung eines Sektors wird somit durch seine technische Ausgangsposition beeinflußt.

Ein in einer Region gut entwickelter Sektor mit einer hohen Kapitalintensität wird sich in größeren Sprüngen entwickeln

34) z.B. durch Aus- und Weiterbildung potentiell vorhandener Arbeitskräfte.

als bei einfacherer Ausstattung und somit i.a. kleineren Produktionseinheiten. Dies gilt nicht, wenn der Sektor in seiner regionalen Entwicklung den Sprung zu einer kapitalintensiveren Produktionsweise vollzieht. Die Sprünge werden umso größer sein, je stärker der Sektor wächst. Technische Ausgangsposition und Wachstum eines Sektors in einer Region sind also maßgeblich für seine Schwankungen.

Die Sektorstruktur einer Region beeinflußt somit die regionale Stabilität durch die sektorale Zusammensetzung des regionalen Wachstums und das jeweilige sektorale Niveau, von dem aus die Änderung erfolgt.

Eine Abhängigkeit der Region von der Sektorstruktur im Sinne einer Übertragung gesamtsektoraler Schwankungen in die Region (Branchenkonzept) ist theoretisch abzulehnen. Der regionale Ausbreitungsprozeß des sektoralen Wachstums ebenso wie die Abhängigkeit von regionalen Kostensprüngen, den verschiedenen technischen Situationen in den Regionen und dem im Rahmen dieser Ausführungen theoretisch begründeten unterschiedlichen regionalen Wachstum der Sektoren sprechen gegen eine solche These. Die Berufung auf das Branchenkonzept zur Erklärung regionaler Schwankungen in der Literatur[35] beruht auf der häufigen Vernachlässigung der hier aus dem regionalen Strukturwandel im Wachstum abgeleiteten Faktoren. Hinzu kommen auch bei rein konjunktureller Betrachtung - ohne Wachstumsaspekte - die in Kapitel 2.5.2.1.4. zusammengefaßten Bestimmungsgründe regionaler Unterschiede der sektoralen Stabilität.

Da im betrachteten Zeitraum der regionale Strukturwandel vorherrschende Ursache regionaler Schwankungen war, dürften diese nicht entsprechend dem Branchenkonzept stattgefunden haben, es sei denn, Behauptungen über die mangelnde Flexibilität von Ressourcen, Technik und Standorten[36] sowie über mangelnden

---

35) z.B. bei E. M. HOOVER: The location of economic activity, a.a.O., S. 287.

36) ATKINS und BUCK (a.a.O., S. 11) vertreten die These intersektoraler Immobilität der Ressourcen und interregionaler Immobilität durch Festhalten am Traditionsstandort.

Wettbewerb seien zutreffend[37]. Das Branchenkonzept wird im folgenden in einer lose an die Shift-Analyse angelehnten Methode geprüft.

2.5.3.3.2. Regionale Stabilität durch anpassungsfähige Sektorstruktur (Diversifikationshypothese)?

Nach der - zunächst theoretischen - Ablehnung des Branchenkonzepts bleibt die Frage, ob die Sektorstruktur einer Region ihre Stabilität beeinflußt, indem sie durch mehr oder weniger gute Anpassung Schwankungen ausgleicht oder verstärkt (Diversifikationshypothese). Dieser Gedanke[38] geht davon aus, daß eine Verbesserung der regionalen Situation für einen Sektor erst dann wirksam wird, wenn alle Engpässe beseitigt sind. Je schneller dies geschieht, umso kleiner werden die Schritte, umso geringer die Schwankungen sein.

Anpassungsvorgänge erfolgen durch Umsetzung von Produktionsfaktoren interregional und intersektoral. Die interregionale Umsetzung ist ein träger Prozeß, dessen Geschwindigkeit von den Umständen in anderen Regionen, insbesondere aber in der Zielregion abhängt. Auch hierfür sind Engpässe maßgeblich, z.B. ein Defizit an Wohnungen für wandernde Arbeitskräfte.

Die intraregionale Umsetzung von Produktionsfaktoren kann sich umso schneller und reibungsloser vollziehen, je größer die intersektorale Mobilität in der Region ist. Die Mobilität der Arbeit hängt wesentlich von den in der Region vorhandenen Fähigkeiten und Ausbildungen ab. Eine ausgewogene Sektorstruktur benötigt verschiedenartige Arbeitskräfte. In dieser Situation

---

37) Dagegen wenden sich W. EUCKEN (a.a.O.) und J. A. SCHUMPETER: Der Prozeß der schöpferischen Zerstörung, in: Wettbewerbstheorie (Hrsg.: K. Herdzina). Neue Wissenschaftliche Bibliothek, Wirtschaftswissenschaften Bd. 77. Gütersloh 1975, S. 118 und 122.

38) z.B. vertreten von E. M. HOOVER: An introduction to the regional economics, a.a.O., S. 268.
Auch CH. L. LEVEN setzt in seiner 5-Stufen-Theorie der regionalen Entwicklung Spezialisierung mit Unstabilität gleich (The economic base and regional growth. Research and education for regional and area development, Iowa 1966, S. 84ff).

ist die Wahrscheinlichkeit größer als bei einer einseitigen Struktur, daß bei einer Umstrukturierung frei werdende Arbeitskräfte in derselben Region wieder eingesetzt werden können. Hinzu kommt, daß die Mobilität durch häufigere Umsetzung zunimmt. Dies gilt auch für die unternehmerische Leistung.

Auch das Kapital dürfte in einer ausgewogenen Sektorstruktur eine höhere Mobilität haben. Vielseitige Produktionsanlagen können einen Teil der Änderung der Produktionsstruktur abfangen, bis eine möglichst variabel angelegte neue Anlage den geänderten Relationen Rechnung trägt. Eine solche Technik kann die Sprünge in der Entwicklung nahezu aufheben.

Neben der Mobilität von Kapital und Arbeit sind jedoch auch Hilfs- und Dienstleistungen zu nennen. Eine breitangelegte Sektorstruktur ist von einem breiten Angebot an komplementären Fremdleistungen begleitet, das sich verschiedenen Sektoren variabel anpassen kann.

Nicht zuletzt ist die gesamte Infrastruktur einer solchen Region allgemein gut ausgebaut und leidet nicht an Einseitigkeiten, die für neue Sektoren zu Engpässen führen. Es ist also zu erwarten, daß eine Region mit einer ausgewogenen Sektorstruktur den Strukturwandel mit weniger Engpässen und Anpassungsproblemen überstehen kann[39].

Folgende Hypothesen über den Zusammenhang zwischen Sektorstruktur und Stabilität von Regionen werden empirisch geprüft:

1. Es besteht kein Zusammenhang zwischen regionaler Stabilität des Wachstums und der Anwesenheit von stabilen Sektoren in der Region.
2. Eine ausgewogene regionale Sektorstruktur begünstigt die regionale Stabilität.

---

39) Die skeptische Beurteilung eines solchen Zusammenhangs durch ENGERMANN, allerdings aus rein zyklischer Sicht ("... an abstractly defined diversification is not a useful concept." S. ENGERMANN, a.a.O., S. 295) hat insofern ihre Berechtigung, als die Ausgewogenheit der Sektorstruktur an sich keine Stabilität bewirkt, sondern das Fehlen oder leichtere Überwinden von Engpässen, was mit einer ausgewogenen Sektorstruktur als korreliert angesehen werden kann.

3. Statistische Methoden zur Analyse der Industriestruktur und der regionalen Entwicklung

3.1. Informationstheoretische Methoden

3.1.1. Begründung und Anwendungsvoraussetzungen informationstheoretischer Methoden

Die Untersuchung der regionalen und sektoralen Industriestruktur hat es mit den Merkmalen Region und Sektor zu tun, deren Ausprägungen wirtschaftliche Größen (Beschäftigte und Umsätze) zugeordnet sind. Die Verteilung dieser Größen auf die Merkmalsausprägungen wird unter verschiedenen Aspekten beleuchtet. Die zu betrachtende Verteilung ist über Skalen definiert (nämlich Regionen und Sektoren), die nur nominal "meßbar" sind. Diese Eigenschaft des Datenmaterials erlaubt zur Beschreibung der Verteilung nur bestimmte statistische Maße[1]. Für die vorliegende Untersuchung wurden informationstheoretische Maße ausgewählt, da sie, wie im folgenden ersichtlich wird, besonders vielfältige Möglichkeiten der Strukturuntersuchung bieten.

Der Ursprung der Informationstheorie liegt in der statistischen Thermodynamik, wo das Entropiekonzept entwickelt wurde[2]. Die mathematisch-statistischen Instrumente wurden jedoch innerhalb der Kommunikationstheorie entwickelt, woran die Terminologie immer wieder erinnert.

Da die Informationstheorie als ein Teil der Wahrscheinlichkeitstheorie eine Methode darstellt, die sich mit der Beschreibung von Verteilungen befaßt, ist das Anwendungsgebiet nicht auf Informationskonzepte beschränkt[3]. Als Verteilungs-

---

1) Vgl. J. PFANZAGL: Die axiomatischen Grundlagen einer allgemeinen Theorie des Messens, Würzburg 1962, S. 11 und S. GEISENBERGER und W. MÄLICH: Informationstheoretische Messung regionaler Konzentrationserscheinungen, in: Raumforschung und Raumordnung, 1971, Heft 1, S. 19.

2) Vgl. H. THEIL: Economics and Information Theory, Studies in Mathematical and Managerial Economics, Vol. 7, Amsterdam 1967, S. 19.

3) Ebenda, VI f.

theorie im instrumentalen Sinn ist sie zur Lösung ökonomischer und speziell auch regionalwissenschaftlicher Fragen geeignet.

Voraussetzung für die Anwendung der informationstheoretischen Methoden ist, daß eine Verteilung in der folgenden Form vorliegt:

$$p_1 \ldots p_n \qquad \text{wobei:} \quad p_i \geq 0 \quad \text{für } i = 1 \ldots n \quad \text{und}$$

$$\sum_{i=1}^{n} p_i = 1$$

Die Anteile p_i müssen nicht als Wahrscheinlichkeiten interpretiert werden, es genügt die mathematische Äquivalenz zu Wahrscheinlichkeiten[4)]. Bei regionalwissenschaftlichen Fragestellungen handelt es sich im wesentlichen um Allokationsprobleme, worunter man im weiteren Sinn - zumindest im Hinblick auf die Anwendungsmöglichkeiten der Informationstheorie - nicht nur die Verteilung von Produktionsfaktoren, sondern die Verteilung aller Größen des wirtschaftlichen und sozialen Lebensbereichs verstehen kann.

Im Rahmen dieser Untersuchung wird speziell die Verteilung von Beschäftigten und Umsätzen auf Regionen und Sektoren mit informationstheoretischen Methoden untersucht. Durch den Bezug der Variablenwerte auf die jeweilige Gesamtsumme wird in Form von empirischen Häufigkeiten die oben angesprochene mathematische Äquivalenz zu Wahrscheinlichkeiten erreicht und damit die Anwendung der Informationstheorie ermöglicht. Im folgenden Kapitel wird durch die Darstellung informationstheoretischer Instrumente die Grundlage für die empirischen Aussagen späterer Kapitel geschaffen.

---

4) Zur Definition und zu den Anwendungsmöglichkeiten der Informationstheorie schreibt THEIL (a.a.O., S. 19): "It (the information theory) is actually a general partitioning theory in the sense that it presents measures for the way which some set is divided into subsets ... This may amount to dividing certainty (probability 1) into various possibilities none of which is certain, but it may also be an allocation problem in economics."

3.1.2. Darstellung informationstheoretischer Maße

3.1.2.1. Entropie als Konzentrationsmaß

Der Grundgedanke der Informationstheorie läßt sich am klarsten darstellen, wenn man auf das einfachste Einzelelement seiner mathematischen Formeln zurückgeht[5]. Ein definiertes Ereignis (z.B. mehr als 30% der möglichen Sonnenscheindauer an einem bestimmten Tag) tritt mit einer gewissen Wahrscheinlichkeit ein. Vor dem Eintritt des Ereignisses besteht eine Ungewißheit über sein Eintreten, die mit dem Wert der Information korrespondiert, die die Nachricht von seinem Eintreten liefert. Es besteht ein Zusammenhang zur Wahrscheinlichkeit des Ereignisses in der Art, daß hohe Wahrscheinlichkeit geringe Ungewißheit bedeutet. In diesem Fall ist man über den Eintritt des Ereignisses wenig überrascht, die Nachricht davon hat also einen geringen Informationsgehalt. Eine niedrige Wahrscheinlichkeit dagegen läßt das Ereignis ungewisser erscheinen, sein Eintritt löst große Überraschung aus, hat somit einen hohen Informationsgehalt. Der Informationsgehalt ist also eine fallende Funktion der Wahrscheinlichkeit.

Für den mathematischen Zusammenhang zwischen Wahrscheinlichkeit p und Informationsgehalt h(p) wurde die Form des Logarithmus der Reziproken der Wahrscheinlichkeit gewählt, was sich aus einer Reihe naheliegender Axiome zwingend ergibt[6].

$$h(p) = \log \frac{1}{p} = - \log p$$

Der Wert von log p hängt von der Wahl der Basis des Logarithmus ab. Diese bestimmt nur die Einheit des Maßes, dessen Werte sich bei verschiedenen Basen proportional sind[7]. Im Rahmen dieser Arbeit wird die gebräuchliche Basis 2 verwendet. Das Maß hat dann die Einheit bit, d.h. wenn das betrachtete

5) H. THEIL, a.a.O., S. 3.
6) dargestellt bei H. THEIL, a.a.O., S. 6f.
7) Vgl. auch W. R. BIHN: Die informationstheoretische Messung von Struktursystemen des internationalen Handels, Freiburg 1967, S. 52.

Ereignis gleich wahrscheinlich eintreten wie nicht eintreten kann, so beträgt die Information seines Eintretens 1 bit.

Betrachtet man nun ein vollständiges System von Ereignissen[8], so beschreiben die Wahrscheinlichkeiten der Einzelereignisse den Zustand der Unbestimmtheit:

$$p_1 \ldots p_n \quad \text{wobei } p_i \geq 0 \quad \text{und} \quad \sum_{i=1}^{n} p_i = 1$$

Die Unbestimmtheit des gesamten Systems läßt sich durch den gewichteten Durchschnitt der Unbestimmtheit der einzelnen Ereignisse darstellen:

$$(1)\ H(p) = \sum_{i=1}^{n} p_i \log \frac{1}{p_i}$$

Dieser Wert ist wahrscheinlichkeitstheoretisch die erwartete Information, die in Anlehnung an die Thermodynamik allgemein als Entropie bezeichnet wird[9].

Die Entropie H(p) hat ihren minimalen Wert von 0, wenn ein Ereignis von vornherein sicher ist:

$$H(p) = 0, \text{ wenn ein } p_i = 1 \text{ und alle andern } p_j = 0$$

Der Eintritt dieses Ereignisses bedeutet eine Information von Null. Die Entropie ist umso größer, je mehr Ereignisse möglich sind und je näher ihre Wahrscheinlichkeiten beieinander liegen. Der maximale Wert wird erreicht, wenn alle Ereignisse gleich wahrscheinlich sind:

$$(2)\ \text{Max}\,(H(p)) = \log n \quad \text{wenn } p_i = p_j \text{ für alle } i, j = 1 \ldots n$$

Die maximale Entropie ist, wie die Formel zeigt, umso höher, je größer die Anzahl n ist. Bei gegebener Anzahl der möglichen Ereignisse wird die Beurteilung der Entropie einfacher, wenn

8) W. R. BIHN, a.a.O., S. 48ff.
9) H. THEIL, a.a.O., S. 26.

man sie auf ihr mögliches Maximum bezieht:

$$(3)\quad \bar{H}(p) = \frac{H(p)}{\log n} \qquad 0 \leq \bar{H}(p) \leq 1$$

Die relative Entropie $\bar{H}$ kann nur Werte zwischen 0 und 1 annehmen.

Die Entropie läßt sich auch für ein mehrdimensionales Wahrscheinlichkeitsfeld bestimmen. Sie beschreibt dann den erwarteten Informationsgehalt kombiniert auftretender Ereignisse. Im zweidimensionalen Fall berechnet sich die Entropie wie folgt:

$$(4)\quad H(P) = \sum_{i=1}^{m} \sum_{j=1}^{n} p_{ij} \log \frac{1}{p_{ij}} \qquad \begin{matrix} i = 1 \ldots m \\ j = 1 \ldots n \end{matrix}$$

$$(5)\quad \bar{H}(P) = \frac{H(P)}{\log mn}$$

Die Anwendung des Entropiemaßes auf die Untersuchung der regionalen und sektoralen Verteilung von Variablen stützt sich, wie bereits erwähnt, auf die Tatsache, daß auch bei empirischen Häufigkeiten statt der Wahrscheinlichkeiten des ursprünglichen Konzepts eine sinnvolle Interpretation möglich ist. Der Unterschied besteht darin, daß sich die Ereignisse des Wahrscheinlichkeitsfeldes gegenseitig ausschließen, während die Häufigkeiten der vorliegenden Variablen gleichzeitig bestehen. Es handelt sich hier um eine Verteilung von tatsächlichen Ereignissen. Will man diese Tatsache als Wahrscheinlichkeitsverteilung deuten, so kann man den Anteil eines Sektors in einer Region an der Gesamtindustriebeschäftigung bzw. am Gesamtindustrieumsatz der BRD als Wahrscheinlichkeit eines Beschäftigten ansehen, in diesem Sektor und dieser Region zu arbeiten bzw. als Wahrscheinlichkeit einer Umsatz-DM, in diesem Sektor und dieser Region zu entstehen. Die verschiedenen Kombinationsmöglichkeiten von Region und Sektor schließen sich dann ebenfalls aus (nämlich für einen einzelnen Beschäftigten oder für eine Umsatz-DM).

Zur Interpretation des Maßes ist es von grundlegender Bedeutung, daß sich die Entropie als Streuungsmaß deuten läßt, da der Messung der durchschnittlichen Information die Unterschiede zwischen den Wahrscheinlichkeiten zugrundeliegen. Je kleiner die Unterschiede zwischen den Wahrscheinlichkeiten sind, umso größer ist die Entropie. Dies ist aber gleichbedeutend mit einer geringen Streuung der Werte. In Worten des eher gebräuchlichen Begriffs der Konzentration oder Dekonzentration von Variablen auf Region oder Sektor gilt: Ein großer Entropiewert entspricht einer geringen Konzentration und umgekehrt.

Aus Gründen der Übersichtlichkeit ist es sinnvoll, das Maß so umzuformen, daß seine Werte bei steigender Konzentration zunehmen:
log n - H(p) ist ein Maß für die absolute Konzentration[10]. Da die Anzahl der Regionen und Sektoren willkürlich und nicht interpretierbarer Teil des Ergebnisses ist[11], ist es sinnvoll, ein relatives Konzentrationsmaß zu verwenden, die Entropie also als Anteil an ihrem Maximum zu messen.

$$(6)\quad C(p) = \frac{\log n - H(p)}{\log n} = 1 - \bar{H}(p)$$

Diese Größe wird künftig als Konzentrationskoeffizient bezeichnet[12].

3.1.2.2. Synentropie als Kontingenzmaß

Liegt eine mehrdimensionale Verteilung vor, so kann man nach der Abhängigkeit der verschiedenen Dimensionen oder der sie begründenden Merkmale fragen. Im zweidimensionalen Fall ist das kombinierte Ereignisfeld aus m mal n kombinierten Ereignissen

---

10) im zweidimensionalen Fall: log mn - H(P)

11) wie beispielsweise bei der Messung der Unternehmenskonzentration, wo auch die Zahl der Unternehmen ein wichtiger Faktor ist.

12) im zweidimensionalen Fall:

$$C(P) = \frac{\log mn - H(P)}{\log mn} = 1 - \bar{H}(P)$$

(z.B. Augen- und Haarfarbe[13]) durch die Wahrscheinlichkeiten p_{ij} festgelegt, die je nach der Abhängigkeit zwischen den Merkmalen (Augenfarbe, Haarfarbe) ein bestimmtes Muster zeigen:

$$\begin{array}{ccc|c} p_{11} & \cdots & p_{1n} & p_{1.} \\ \vdots & & \vdots & \vdots \\ p_{m1} & \cdots & p_{mn} & p_{m.} \\ \hline p_{.1} & \cdots & p_{.n} & 1 \end{array}$$

Im Fall der stochastischen Unabhängigkeit zwischen beiden Merkmalen beträgt die Wahrscheinlichkeit des kombinierten Auftretens der Ereignisse i und j:

$$p_{ij}^{*} = p_{i.}\, p_{.j}$$

Aus der Abweichung des Verhältnisses $\frac{p_{ij}}{p_{ij}^{*}} = \frac{p_{ij}}{p_{i.}\, p_{.j}}$

von 1 läßt sich ersehen, inwieweit eine Abhängigkeit vorliegt. Die Wechselbeziehung zwischen den Merkmalen, deren Verteilungsbilder in den Randverteilungen dargestellt sind, ($p_{1.} \ldots p_{m.}$ und $p_{.1} \ldots p_{.n}$), läßt sich informationstheoretisch durch die gegenseitige Information messen, die definiert ist als[14]:

$$h_{ij} = \log \frac{p_{ij}}{p_{i.}\, p_{.j}}$$

Die gegenseitige Information kann positive und negative Werte annehmen. Im einzelnen gilt:

$h_{ij} = 0$ bei stochastischer Unabhängigkeit zwischen den Ereignissen der beiden Dimensionen;

13) Hier wurde der Einfachheit halber bewußt weder ein informationstheoretisches noch ein ökonomisches Beispiel gewählt.
14) Vgl. H. THEIL, a.a.O., S. 33.

$h_{ij} \gtrless 0$, wenn das Ereignis i der einen Dimension (z.B. blaue Augen) und das Ereignis j der anderen Dimension (z.B. blonde Haare) öfter (seltener) zusammen auftreten, als es bei Unabhängigkeit der Fall wäre.

Die durchschnittliche oder erwartete gegenseitige Information ist dann:

$$(1)\quad T(P) = \sum_{i=1}^{m} \sum_{j=1}^{n} p_{ij}\, h_{ij} = \sum_{i=1}^{m} \sum_{j=1}^{n} p_{ij} \log \frac{p_{ij}}{p_{i.}\, p_{.j}}$$

Diese Größe wird kurz als Transinformation oder Synentropie bezeichnet.
Umformungen ergeben den folgenden Zusammenhang:

(2) $T(P) = H(P_i) + H(P_j) - H(P)$, worin P_i und P_j die Randverteilungen sind.

Die minimale Synentropie (von Null) wird gemessen, wenn die Ereignisse der beiden Dimensionen unabhängig voneinander auftreten (jede Augenfarbe ist mit jeweils allen Haarfarben im selben Prozentsatz verknüpft).

$$T(P) = 0, \text{ wenn } \frac{p_{ij}}{p_{i.}\, p_{.j}} = 1 \text{ für alle } ij,\ \begin{matrix} i = 1 \ldots m \\ j = 1 \ldots n \end{matrix}$$

Der maximale Wert ist erreicht, wenn die Synentropie der kleineren der Entropien der Randverteilungen gleich ist[15].

$$\text{Max}\ (T(P)) = \text{Min}\ (H(P_i),\ H(P_j))$$

Das ist der Fall, wenn durch das Eintreten irgendeines Ereignisses der einen Dimension das Ereignis der anderen Dimension festgelegt ist (jeder Mensch mit blondem Haar hat blaue Augen, jeder Mensch mit braunem und jeder Mensch mit schwarzem Haar hat braune Augen[16]). Die minimale Entropie zeigt die Verteilung des determinierten Merkmals an (die Augen). Es läßt sich also auch die Richtung der Abhängigkeit feststellen.

---

15) Vgl. W. R. BIHN, a.a.O., S. 75.
16) Der Einfachheit halber wurde hier angenommen, daß es nur blaue und braune Augen sowie nur blondes, braunes und schwarzes Haar gibt.

Mit dem Maß der Synentropie kann, wie die Ableitung bereits deutlich macht, die empirische Abhängigkeit zwischen verschiedenen Merkmalen gemessen werden. Die Synentropie ist nichts anderes als ein Kontingenzmaß[17]. In Anwendung auf die vorliegenden regional und sektoral gegliederten Variablen ist es möglich, die Abhängigkeit zwischen Region und Sektor zu messen, wodurch die folgenden Aussagen möglich werden: Hat die Synentropie einen kleinen Wert, so liegt eine geringe Abhängigkeit zwischen regionaler und sektoraler Verteilung vor, d.h. die Sektoren sind fast gleichmäßig (proportional der Regionengröße) auf die Regionen verteilt. Die Regionen haben fast die gleiche Sektorstruktur. Je höher der Wert der Synentropie ist, umso größer ist die Abhängigkeit zwischen regionaler und sektoraler Verteilung, umso mehr also konzentrieren sich die Sektoren auf einzelne Regionen, umso mehr auch weichen die sektoralen Zusammensetzungen der Regionen voneinander ab.

Zur Vereinfachung der Beurteilung kann die Synentropie bei gegebenen Randverteilungen (regionale und sektorale Konzentration) auf ihren maximal möglichen Wert bezogen werden:

$$(3) \quad S(P) = \frac{T(P)}{\text{Min}\ (H(P_i),\ H(P_j))} \qquad 0 \leq S(P) \leq 1$$

Dieses Maß wird künftig als Kontingenzkoeffizient bezeichnet.

3.1.2.3. Bedingte Entropie als gerichtetes Kontingenzmaß

Neben der Stärke der Abhängigkeit verschiedener Merkmale, die durch die Synentropie gemessen wird, ist auch die Frage nach der Richtung eines evt. gegebenen funktionalen Zusammenhangs zwischen den Variablen bzw. Merkmalen von Interesse, anders gesagt die Frage nach der Unterscheidung von unabhängiger und abhängiger Variabler.

Wieder liege eine zweidimensionale Verteilung P vor mit den

17) R. LANDWEHR (a.a.O., S. 86) hält dieses Maß für aussagekräftiger als andere Kontingenzmaße, da es eine graduelle Interpretation erlaubt.

Wahrscheinlichkeiten p_{ij}, i = 1 ... m, j = 1 ... n und den Randverteilungen P_i bzw. P_j mit den Wahrscheinlichkeiten $p_{i.}$ bzw. $p_{.j}$. Betrachtet man ein bestimmtes j-Ereignis bereits als realisiert, so ergibt sich die Unbestimmtheit der i-Verteilung als[18]:

$$h_j = \sum_{i=1}^{m} \frac{p_{ij}}{p_{.j}} \log \frac{p_{.j}}{p_{ij}}$$

In diesem Ausmaß bleibt das i-Ereignis unbestimmt, unter der Voraussetzung, daß ein bestimmtes j-Ereignis bereits eingetreten ist. Will man feststellen, in welchem Maß der Eintritt von j allgemein die Unbestimmtheit des i-Merkmals beeinflußt, so bildet man den gewichteten Durchschnitt aller h_j:

$$(1)\quad H(P_i/P_j) = \sum_{j=1}^{n} p_{.j}\, h_j = \sum_{j=1}^{n} \sum_{i=1}^{m} p_{ij} \log \frac{p_{.j}}{p_{ij}}$$

Dieses Maß bezeichnet man als bedingte Entropie, weil es die Entropie einer Verteilung mißt (der i-Verteilung) unter der Bedingung, daß jeweils ein bestimmter Wert der anderen Verteilung (der j-Verteilung) vorliegt. Geht man umgekehrt von der Voraussetzung aus, daß der i-Wert bereits realisiert sei, so erhält man die bedingte Entropie der j-Verteilung:

$$(2)\quad H(P_j/P_i) = \sum_{i=1}^{m} p_{i.}\, h_i;\; h_i = \sum_{j=1}^{n} \frac{p_{ij}}{p_{i.}} \log \frac{p_{i.}}{p_{ij}}$$

$$= \sum_{i=1}^{m} \sum_{j=1}^{n} p_{ij} \log \frac{p_{i.}}{p_{ij}}$$

Die bedingte Entropie kann Werte im folgenden Bereich annehmen[19]:

$$0 \leq H(P_i/P_j) \leq H(P_i)$$
$$0 \leq H(P_j/P_i) \leq H(P_j)$$

Der jeweilige Maximalwert gilt für den Fall der Unabhängigkeit der Verteilungen. Die Unbestimmtheit der betreffenden Verteilung bleibt von den Werten der anderen Verteilung unbe-

18) Vgl. H. THEIL, a.a.O., S. 50.
19) Vgl. W. R. BIHN, a.a.O., S. 69.

rührt, d.h. die Variablenwerte des betreffenden Merkmals sind von den Variablenwerten des anderen Merkmals unabhängig.

Im Fall der Abhängigkeit nimmt der Grad der Unbestimmtheit der Verteilung der einen Variablen ab, sobald die andere auf einen bestimmten Wert konkretisiert wird. Je kleiner also der Wert der bedingten Entropie ist, umso stärker ist die Abhängigkeit der entsprechenden Variablen von der anderen Variablen. Im Extremfall (bedingte Entropie = 0) wird die Unbestimmtheit völlig beseitigt. Die betreffende Verteilung ist dann durch die andere Verteilung völlig determiniert.

Um den Wert der bedingten Entropie - oder, wie man auch sagen kann, der bedingten Unbestimmtheit - von der absoluten Unbestimmtheit der betrachteten Verteilung unabhängig zu machen, kann aufgrund des bekannten Wertebereichs eine Normierung vorgenommen werden. Außerdem ist zur übersichtlicheren Interpretation des Maßes eine Umkehrung der Extrema sinnvoll. Die normierte bedingte Entropie hat dann die Form:

$$(3)\quad \bar{H}(P_i/P_j) = 1 - \frac{H(P_i/P_j)}{H(P_i)}$$

$$(4)\quad \bar{H}(P_j/P_i) = 1 - \frac{H(P_j/P_i)}{H(P_j)}$$

Das Maß kann Werte zwischen 0 und 1 annehmen und hat mit steigender Abhängigkeit der betrachteten Verteilung steigende Werte. Der Vergleich der bedingten Entropien beider Verteilungen zeigt, in welcher Richtung die Beeinflussung stärker ist. Wie Theil gezeigt hat[20], stellt die bedingte Entropie eine Entsprechung zum Korrelationskoeffizienten der Regressionsanalyse dar. Auch hier werden Werte einer (formal) abhängigen mit denen einer unabhängigen Variablen verbunden[21], wobei hier im Unterschied zur Regressionsanalyse

20) H. THEIL, a.a.O., S. 58ff.

21) Eine eindeutige Determinierung in nur einer Richtung wird sich empirisch selten feststellen lassen. Dies gilt hier genauso wie bei einer Regressionsanalyse.

die Variablenwerte in Form von Anteilen verschiedener Verteilungen vorliegen, die über verschiedene Skalen definiert sind[22]. Wurde im vorigen Kapitel die Synentropie als Kontingenzmaß dargestellt, das die gegenseitige Abhängigkeit zweier Verteilungen mißt, so kann man hier von einem gerichteten Kontingenzkoeffizienten sprechen.

Angewendet auf die regional-sektorale Verteilung kann man feststellen, ob die regionale Verteilung die sektorale Verteilung stärker oder schwächer determiniert als die sektorale die regionale Verteilung.

3.1.2.4. Informationsgewinn als Variationsgrad

Um die Aussagen eines weiteren informationstheoretischen Maßes zu verdeutlichen, geht man am besten wieder von dem Einzelelement seiner mathematischen Formel aus. Betrachtet man ein Ereignis, das eine bestimmte Wahrscheinlichkeit p besitzt, so ist die Information, die durch die Nachricht seines Eintretens erhalten wird, meßbar durch $h(p) = \log \frac{1}{p}$. Die Nachricht transformiert das mit p wahrscheinliche Ereignis in ein sicheres Ereignis. Wird jedoch durch eine "indirekte" Nachricht (indirekt, weil sie nicht das tatsächlich eingetretene Ereignis mitteilt)[23] die Wahrscheinlichkeit in irgendeine andere Wahrscheinlichkeit q transformiert, die nicht 1 sein muß (z.B. durch eine Wettervorhersage[24]), so verändert sich dadurch der Informationsgehalt des Ereignisses. Die Differenz der Informationsgehalte drückt diese Veränderung aus, die auch als Informationsgewinn bezeichnet wird[25]:

$$h(p) - h(q) = \log \frac{1}{p} - \log \frac{1}{q} = \log \frac{q}{p}$$

---

22) in diesem Fall Regionen und Sektoren. Bei einer Regressionsanalyse müssen alle Variablen über der gleichen Skala definiert sein, z.B. über die Zeit.

23) H. THEIL, a.a.O., S. 27.

24) Ebenda, S. 9.

25) Ebenda, S. 10.

p bezeichnet man in diesem Fall als a priori-, q als a posteriori-Wahrscheinlichkeit.

Liegt ein vollständiges System möglicher Ereignisse vor mit den Wahrscheinlichkeiten $p_1 \dots p_n$, die durch eine Nachricht in die Wahrscheinlichkeiten $q_1 \dots q_n$ transformiert werden, so errechnet sich die durchschnittliche oder erwartete Information einer indirekten Nachricht als[26]:

$$(1) \quad I(q:p) = \sum_{i=1}^{n} q_i \log \frac{q_i}{p_i}$$

Dieses Maß wird vielfach kurz als Informationsgewinn bezeichnet, was hier künftig auch geschehen soll.

Der Informationsgewinn hat sein Minimum von Null, wenn die (indirekte) Nachricht das Wahrscheinlichkeitsmuster nicht verändert[27]:

$I(q:p) = 0$, wenn $p_i = q_i$ für alle $i = 1 \dots n$

Er ist umso größer, je stärker die transformierten Wahrscheinlichkeiten von den a priori-Wahrscheinlichkeiten abweichen. Es existiert kein endliches Maximum. Die Maßgröße wird dann sehr groß, wenn ein oder mehrere p_i sehr klein sind[28]. Im Grenzfall gilt[29]:

$$\lim_{p_i \to 0} I(q:p) = \infty$$

Eine Normierung des Informationsgewinns ist also nicht möglich.

Die ökonomischen Anwendungsmöglichkeiten des Informationsgewinnkonzepts sind vielfältig. Entsprechend der Idee der transformierten Wahrscheinlichkeiten bietet sich v.a. die

---

26) H. THEIL, a.a.O., S. 27.

27) Beweis bei E. SCHULTZE: Einführung in die mathematischen Grundlagen der Informationstheorie, Berlin 1969, S. 7.

28) Für $p_i = 0$ ist die Funktion nicht definiert, da der Wert für q_i/p_i dann nicht bestimmt ist.

29) H. THEIL, a.a.O., S. 28.

Übertragung auf Prognoseprobleme an. Es sind jedoch auch Anwendungen möglich, die sich nur auf eine formale Übereinstimmung der Konzepte stützen. Es genügt, wenn zwei Verteilungen, die wieder empirische Häufigkeiten sein können, vorhanden sind, die den beschriebenen mathematischen Ansprüchen genügen. Der Informationsgewinn mißt im Grunde die gliedweise Abweichung zweier Verteilungen. Läßt man den Transformationsgedanken beiseite[30], so vergleicht der Informationsgewinn Strukturen, genauer, Verteilungen, die (qualitativ) gleiche Elemente in (quantitativ) verschiedener Zusammensetzung enthalten. Der Informationsgewinn mißt somit die Variation von Strukturen und wird künftig als Variationsgrad[31] bezeichnet.

Überträgt man diesen Gedanken auf die vorliegenden regional und sektoral gegliederten Variablen, so lassen sich mit Hilfe des Informationsgewinns die verschiedenen Regionen bzgl. ihrer sektoralen Zusammensetzung miteinander vergleichen. Der Informationsgewinn mißt dann den Variationsgrad der Sektorstruktur in den Regionen. Ebenso ist ein Vergleich der Sektoren bzgl. ihrer regionalen Verteilung möglich. Mit Hilfe des Informationsgewinns wird dann der Variationsgrad der regionalen Verteilung nach Sektoren bestimmt.

3.1.2.5. Maße mit gruppiertem Material

Aufgrund der mathematischen Eigenschaften der informationstheoretischen Maße ist eine Aufspaltung der Maße möglich, die weitere Aufschlüsse über Verteilungen geben kann. Faßt man die einzelnen Merkmalsausprägungen zu Gruppen zusammen, so kann die Verteilung der Gruppen als Ganzes der Verteilung innerhalb der Gruppen gegenübergestellt werden[32].

---

30) Damit entsteht das Problem, welche Verteilung als Gewichtungsverteilung q verwendet werden soll. Die Gesichtspunkte, die dabei zu berücksichtigen sind, werden in Kapitel 5.1.2.2. erörtert.

31) Vgl. W. R. BIHN, a.a.O., S. 138ff.

32) Ebenda, S. 61ff.

Es sei eine eindimensionale Verteilung p mit den Elementen p_i, i = 1 ... n gegeben, deren Elemente zu den Gruppen p_s mit den Elementen p_{s_j} j = 1 ... m zusammengefaßt werden. Dann gilt:

$$(1)\ H(p) = H(p_s) + \sum_{j=1}^{m} p_{s_j} H_{s_j}(p)$$

$$= H(\text{INTERGR}) + H(\text{INTRAGR})$$

$$\text{worin: } H_{s_j} = \sum_{i \in j} \frac{p_i}{p_{s_j}} \log \frac{p_{s_j}}{p_i} \text{ und}$$

$$H(p_s) = \sum_{j=1}^{m} p_{s_j} \log \frac{1}{p_{s_j}}$$

Der Informationsgehalt der Intergruppenverteilung und der durchschnittliche Informationsgehalt der (bedingten) Intragruppenverteilungen addieren sich zur Gesamtentropie.

Addiert man auf beiden Seiten $\log n = \log m + \log \frac{n}{m}$, so erhält man die absolute Gesamtkonzentration als Summe der Teilkonzentrationen:

$$(2)\ \log n - H(p) = \log m - H(\text{INTERGR}) + \log \frac{n}{m} - H(\text{INTRAGR})$$

Beide Teilkonzentrationen können als Anteile der Gesamtkonzentration dargestellt werden[33]:

$$(3)\ 1 = \frac{\log m - H(\text{INTERGR})}{\log n - H(p)} + \frac{\log \frac{n}{m} - H(\text{INTRAGR})}{\log n - H(p)}$$

Je höher der Anteil der Intergruppenkonzentration ist, umso höher ist die Streuung zwischen den Gruppen verglichen mit der

33) Die Normierung der Teilkonzentrationen orientiert sich nicht an ihren Einzelmaxima, da die Aussage auf die Gesamtkonzentration bezogen ist. Erreicht z.B. die Verteilung auf die Gruppen ihr isoliertes Konzentrationsmaximum, so kann innerhalb der Gruppe, auf die sich alles konzentriert, ebenfalls noch eine Konzentration vorhanden sein. Nur bei einer Gleichverteilung innerhalb dieser Gruppe hat die Intergruppenkonzentration einen Anteil von 1.

Streuung innerhalb der Gruppen, umso homogener sind also relativ die Gruppen u.v.v.

Ebenso ist eine Zerlegung des Informationsgewinns möglich. Die beiden korrespondierenden Verteilungen p und q mit den Wahrscheinlichkeiten $p_1 \ldots p_n$ und $q_1 \ldots q_n$ werden in derselben Weise gruppiert, d.h. die Werte derselben Merkmalsausprägungen werden zusammengefaßt zu

p_s mit den Elementen p_{s_j} $\quad j = 1 \ldots m$

q_s mit den Elementen q_{s_j}

Dann gilt:

$$(4)\quad I(q:p) = I(q_s:p_s) + \sum_{j=1}^{m} q_{s_j} I_{s_j}(q:p)$$

$$= I(\text{INTERGR}) + I(\text{INTRAGR})$$

$$\text{worin: } I(q_s:p_s) = \sum_{j=1}^{m} q_{s_j} \log \frac{q_{s_j}}{p_{s_j}} \quad \text{und}$$

$$I_{s_j} = \sum_{i \in j} \frac{q_i}{q_{s_j}} \log \left(\frac{q_i}{q_{s_j}} : \frac{p_i}{p_{s_j}}\right)$$

Der Informationsgewinn der Intergruppenverteilung und der durchschnittliche Informationsgewinn der (bedingten) Intragruppenverteilungen addieren sich zum Gesamtinformationsgewinn. Die Teilinformationsgewinne können als Anteile am Gesamtinformationsgewinn dargestellt werden:

$$(5)\quad 1 = \frac{I(\text{INTERGR})}{I(q:p)} + \frac{I(\text{INTRAGR})}{I(q:p)}$$

Je höher der Anteil des Intragruppeninformationsgewinns ist, umso stärker ist die Variation der Strukturen innerhalb der Gruppen im Vergleich zur Variation der Verteilung auf die Gruppen als Ganzes u.v.v.

3.1.3. Interpretationshilfen

Zum Schluß scheinen einige Bemerkungen zur praktischen Anwendung der dargestellten Maße angebracht. Der auf der Entropie beruhende Konzentrationskoeffizient dient zur Messung der Konzentration und ist deshalb nur in diesem speziellen Sinn zum Vergleich von Verteilungen geeignet. Ist die Konzentration zweier Variablen gleich, so muß dahinter nicht die gleiche Verteilung stecken. Vergleicht man z.B. die Konzentration einer gegebenen Variablen zu verschiedenen Zeitpunkten, so kann bei gleichbleibender Konzentration das Verteilungsbild sich durch Austausch der Werte verschiedener Merkmalsausprägungen (Regionen, Sektoren etc.) verändert haben.

Beispiel:

	Anteile	
t=1	0,4	0,6
t=2	0,6	0,4

Eine ähnliche Verdeckung von Vertauschungen ist auch beim Variationsgrad möglich: Unterscheiden sich zwei Verteilungen von einer gegebenen Vergleichsverteilung im selben Maß, so können sie doch verschieden sein.

Beispiel:

	Anteile		
q_i	0,5	0,5	Vergleichsverteilung
p_{1i}	0,3	0,7	
p_{2i}	0,7	0,3	

Nur die Synentropie erfaßt solche Vertauschungseffekte mit. Der Aussagekraft der Maße sind also Grenzen gesetzt, die bei der Interpretation zu beachten sind.

Es folgen noch einige Rechenbeispiele, die bei der Beurteilung der Ergebnisse herangezogen werden können[34].

Das Entropiekonzentrationsmaß reagiert auf eine Konzentrationszunahme in progressiver Weise, wie am Fall zweier Merkmalsausprägungen dargestellt werden soll. Läßt man die Anteile von 0,5/0,5 linear steigen bzw. fallen, so ergibt sich die Entwicklung des Konzentrationsmaßes in der in Abb. 5 dargestellten Weise. Das bedeutet, daß auch ein relativ klein erscheinender Konzentrationskoeffizient (z.B. 0,1185 bei Anteilen von 0,3/0,7) schon eine beachtliche Konzentration darstellt[35].

Abb. 5: Entropie- und Gini-Koeffizient

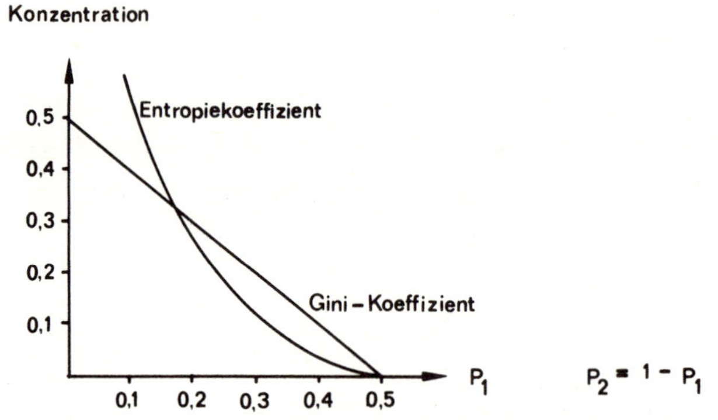

34) Die Beurteilung eines Konzentrationswertes als hoch oder niedrig ist eine normative Frage, die nicht objektiv gelöst werden kann. Vgl. dazu D. STORBECK: Zur Methodik und Problematik von Maßstäben der regionalen Konzentration, in: Raumforschung und Raumordnung 1969 (27. Jg.), S. 214ff. In einer empirischen Untersuchung vor theoretischem Hintergrund kann jedoch nicht völlig auf eine Beurteilung verzichtet werden, da weitergehende Untersuchungen davon abhängen, ob überhaupt eine wesentliche Konzentration vorliegt. Außerdem braucht auch eine normative Instanz für eine Beurteilung Anhaltspunkte über die Sensibilität der zugrundeliegenden Maße.

35) Im Gegensatz dazu steigt der Gini-Koeffizient mit einer linearen Auseinanderentwicklung der Anteile ebenfalls linear. Vgl. zum Gini-Koeffizienten, dem die Lorenz-Kurve zugrunde liegt: M. KENDALL und A. STUART: The advanced theory of statistics. London 1977, Vol. 1, S.48ff.

Daß diese Einschätzung des Konzentrationswertes auch für Merkmale mit mehr Ausprägungen gilt, zeigt das folgende Beispiel mit vier Ausprägungen.

Beispiel:

Anteile			
0,1	0,2	0,3	0,4

Dafür ergibt sich ein Konzentrationskoeffizient von 0,077, also 7,7%.

Ähnliches gilt auch für die Synentropie, wie ein Beispiel mit zwei Merkmalen und je zwei Ausprägungen zeigen soll:

Beispiel:

Anteile	
0,1	0,2
0,5	0,2

Hierfür gilt: S = 0,1036

Auch für den Variationsgrad seien noch einige Beispiele als Interpretationshilfe dargestellt[36]:

		Anteile				
Bspl. 1:	p	0,1	0,2	0,3	0,4	I = 0
	q	0,1	0,2	0,3	0,4	
Bspl. 2:	p	0,2	0,1	0,4	0,3	I = 0,14
	q	0,1	0,2	0,3	0,4	
Bspl. 3:	p	0,4	0,3	0,2	0,1	I = 0,66
	q	0,1	0,2	0,3	0,4	
Bspl. 4:	p	0,9	0,1	0,0	0,0	I = 2,75
	q	0,1	0,2	0,3	0,4	

36) Die Vergleichsverteilung q wurde konstant gehalten.

3.2. Varianten der Shift-Analyse

3.2.1. Grundlagen und Probleme

Die Shift-Analyse ist eine Methode der statistischen Aufspaltung der wirtschaftlichen Entwicklung einer Region in Struktur- und Standorteffekte[1]. Mit der Anwendung der Shift-Analyse verbinden sich Probleme theoretischer und methodischer Art. Zur theoretischen Problematik wurde im Kapitel 2.4.3.3. festgestellt, daß der Versuch einer theoretischen Begründung auf schwachen Beinen steht. Somit ist auch die Basis für eine prognostische Anwendung unzureichend. Die folgende Anwendung stellt sich dementsprechend als Deskription und Falsifikationsversuch dar. Methodische Probleme im Hinblick auf die prognostische Anwendung entfallen damit in diesem Zusammenhang[2].

Für eine exakte Beschreibung der Entwicklung ist das methodische Problem der Wahl des Basisjahres relevant[3]. Durch die willkürliche Wahl des Basisjahres kommt ein Zufallsmoment in die Berechnungen, das die Ergebnisse stark beeinflussen kann. Aus theoretischer Sicht ist jedoch bei einem Falsifikationsversuch nicht nur der Zufall des Basiszeitpunktes, sondern auch der Zufall des betrachteten Endzeitpunktes auszuschließen. Dieses Problem ist durch die Wahl alternativer Anfangs- und Endzeitpunkte nur teilweise zu lösen, da dies zu einer unübersichtlichen Zahlenmatrix führt, deren Interpretation Trends und Schwankungen berücksichtigen muß. Dies ließe sich zwar zu detaillierten deskriptiven Aussagen auswerten, scheint aber für die theoretische Fragestellung, bei der es um eine möglichst allgemeingültige Aussage geht, ungeeignet.

---

1) Diese Effekte sind nicht zu verwechseln mit der im theoretischen Teil dieser Arbeit dargestellten Trennung von Struktur- und Niveaukomponente bei der regional-sektoralen Verteilung. Zur Shift-Analyse vgl. E. S. DUNN, a.a.O. und Kapitel 2.4.3.3. dieser Untersuchung.

2) Diese bestehen in der Schätzung der gesamträumlichen sektoralen Entwicklung und einer evtl. Schätzung der Entwicklung der Standortkomponente.

3) Zur Abhängigkeit der Standortkomponente vom Basisjahr vgl. R. S. COWAN: Application of a modified employment shift model to forecast regional change. Lehigh. Diss. (1970), S. 47f.

Einfacher, eleganter und zudem auch weniger zufallsabhängig ist es, anstelle des Vergleichs zweier Zeitpunkte eine kontinuierliche Analyse der Entwicklung zu wählen, in die alle Zeitpunkte eines betrachteten Zeitraums eingehen. Das Problem der theoretischen Schlußfolgerung ist dann auf die Besonderheit des empirisch untersuchten Zeitraums als Ganzes beschränkt. Diese ist besser zu fassen als die Besonderheit eines bestimmten Zeitpunktes, in die neben der Individualität eines Zeitpunktes an sich auch Erhebungs- und Schätzungsfehler, die durch Unzulänglichkeiten des Datenmaterials bedingt sind, in stärkerem Maße eingehen. In der üblichen Fassung der Shift-Analyse treffen beide Probleme - Zeitraum- und Zeitpunktproblem - zusammen. Zur Ausschaltung des Zeitpunktproblems wird in dieser Untersuchung der Darstellung und Analyse der regionalen Entwicklung eine Zeitreihenanalyse auf der Basis einer Regressionsschätzung zugrundegelegt[4].

Die wirtschaftliche Entwicklung einer Region ergibt sich so als Wachstumspfad der Region, der durch die Methode der kleinsten Quadrate bestimmt wird, um den die tatsächliche Entwicklung schwankt. Die Stärke dieser Schwankungen kann als Maß für die Stabilität einer Region angesehen werden.

3.2.2. Struktur- und Standortkomponente des regionalen Wachstums

3.2.2.1. Messung des Wachstums

Das Wachstum einer Region ergibt sich aus einem Regressionsansatz[5], indem der Entwicklungsstand einer Region zu alternativen Zeitpunkten als Funktion der Zeit dargestellt wird[6]:

(1) $y_{rt} = a_r + b_r t + u_{rt}$ für alle Regionen $r = 1 \dots R$ und Zeitpunkte $t = 1 \dots T$

4) Eine Zeitreihenanalyse liegt auch einer Shift-Analysen-Variante von ZIMMERMAN zugrunde, allerdings nur für die Schätzung der Standortkomponente im Rahmen einer Prognose. Vgl. R. ZIMMERMAN, a.a.O., S. 30.

5) Vgl. J. JOHNSTON: Econometric methods. New York 1963, S. 5 und S. 9ff.

6) Es könnte auch eine andere Funktionalform als Wachstumsansatz gewählt werden.

Das absolute jährliche durchschnittliche Wachstum einer Region wird durch den Schätzwert des Regressionskoeffizienten b_r wiedergegeben[7]:

$$(2)\quad \hat{b}_r = \frac{\sum_t (t - \bar{t})(y_{rt} - \bar{y}_r)}{\sum_t (t - \bar{t})^2}$$

Um einen Vergleich zwischen den Regionen zu ermöglichen, wird das jährliche durchschnittliche Wachstum auf den Mittelwert bezogen, womit der Zufall des Basisjahres auch als Bezugsgröße entfällt. Daraus folgt die Wachstumsrate als relatives durchschnittliches Wachstum pro Jahr:

$$(3)\quad g_r = \frac{\hat{b}_r}{\bar{y}_r}$$

In der gleichen Weise lassen sich das gesamte Wachstum, das sektorale Wachstum im Gesamtraum und das regional-sektorale Wachstum darstellen:

$$(4)\quad g = \frac{\hat{b}}{\bar{y}} \qquad \text{aus: } y_t = a + bt + u_t$$

$$(5)\quad g_s = \frac{\hat{b}_s}{\bar{y}_s} \qquad \text{aus: } y_{st} = a_s + b_s t + u_{st} \qquad \text{für alle } s$$

$$(6)\quad g_{rs} = \frac{\hat{b}_{rs}}{\bar{y}_{rs}} \qquad \text{aus: } y_{rst} = a_{rs} + b_{rs} t + u_{rst} \quad \text{für alle } r \text{ und } s$$

3.2.2.2. Struktur- und Standortkomponente

Ausgangspunkt für die beabsichtigte Analyse ist die Abweichung des regionalen Wachstums vom Durchschnittswachstum des

7) Vgl. J. JOHNSTON, a.a.O., S. 12.

Gesamtraumes. Die relative regionale Wachstumsabweichung berechnet sich als[8]:

$$(1)\ RAW = \frac{g_r - g}{g}$$

Das regionale Wachstum ergibt sich aus der Summe des sektoralen Wachstums wie folgt:

$$(2a)\ \hat{b}_r = \sum_s \hat{b}_{rs}$$ [9] oder

$$(2b)\ g_r = \frac{\sum_s \hat{b}_{rs}}{\bar{y}_r}$$

Zur Feststellung der Bedeutung der Sektorstruktur für das Wachstum einer Region wird das regionale Wachstum unter der Annahme bestimmt, die Sektoren in der Region hätten dieselben Wachstumsraten wie im Gesamtraum. Aus der fiktiven Annahme

$$g^f_{rs} = g_s \quad \text{folgt:}$$

$$\hat{b}^f_{rs} = g^f_{rs}\ \bar{y}_{rs} = g_s\ \bar{y}_{rs}$$

und die fiktive regionale Wachstumsrate:

$$(3)\ g^f_r = \frac{\sum_s g_s\ \bar{y}_{rs}}{\bar{y}_r} = \sum_s g_s \frac{\bar{y}_{rs}}{\bar{y}_r}$$

---

8) Dieser Ansatz entspricht formal dem häufiger angewendeten Differenzenmodell der Shift-Analyse. Vgl. E. S. DUNN, a.a.O., E. R. BAUMGART: Der Einfluß von Strukturveränderungen auf die Entwicklung der nordrhein-westfälischen Industrie seit 1950. Deutsches Institut für Wirtschaftsforschung, Sonderheft Nr. 70, 1965 und H. H. BERGSCHMIDT, a.a.O., S. 513ff. Ein dem Indexmodell entsprechender Ansatz (beschrieben bei J. H. MÜLLER: Methoden zur regionalen Analyse und Prognose, a.a.O., S. 54ff, angewendet z.B. von W. UEBE: Industriestruktur und Standort, Stuttgart/Berlin/Köln/Mainz 1967) führt bei negativen regionalen Wachstumsraten wegen Vorzeichenproblemen zu ungenügenden Aussagen und wurde deshalb ausgeschlossen.

9) Beweis vgl. Anhang (3)

Bei dieser Transformation der sektoral-regionalen Wachstumsrate bleiben sowohl die sektoralen Wachstumsraten des Gesamtraums als auch die gesamtwirtschaftliche Wachstumsrate erhalten[10].

Mit Hilfe dieser fiktiven Wachstumsrate g_r^f läßt sich die regionale Wachstumsabweichung RAW statistisch zergliedern in eine Standortkomponente und eine Strukturkomponente:

$$(4)\quad \frac{g_r - g}{g} = \frac{g_r - g_r^f}{g} + \frac{g_r^f - g}{g} \quad \text{d.h. RAW = STAW + STRUW}$$

Die Standortkomponente gibt den Teil der relativen regionalen Wachstumsabweichung wieder, der über oder unter der fiktiven regionalen Entwicklung aufgrund der Sektorstruktur liegt, also auf regionalen Sonderentwicklungen der Sektoren infolge einer Standortgunst oder -ungunst beruht. Durch die Strukturkomponente wird der Teil der regionalen Wachstumsabweichung erfaßt, der bei gesamträumlicher Entwicklung der Sektoren durch die von der gesamträumlichen Sektorstruktur abweichende regionale Sektorstruktur bedingt ist.

Alle drei Werte, RAW, STAW und STRUW können beliebige positive oder negative Werte annehmen[11]:

$$-\infty < \text{RAW} < \infty$$
$$-\infty < \text{STAW} < \infty$$
$$-\infty < \text{STRUW} < \infty$$

Hat die Region ein über(unter)durchschnittliches Wachstum, so wird RAW>(<)0. Weist die Region eine über(unter)durchschnittliche Wachstumsqualität aufgrund ihrer Sektorstruktur auf, so

---

10) Beweis:

$$\hat{b}_s^f = \sum_r g_s \bar{y}_{rs} = g_s \bar{y}_s = \hat{b}_s$$

$$\hat{b}^f = \sum_r \sum_s g_s \bar{y}_{rs} = \sum_s g_s \bar{y}_s = \sum_s \hat{b}_s = \hat{b}$$

11) Ist g negativ, so ergeben sich Vorzeichenprobleme, die zu Interpretationsschwierigkeiten führen. Die folgenden Ausführungen bleiben auf positive gesamtwirtschaftliche Wachstumsraten beschränkt. Das Problem tritt im Rahmen dieser Untersuchung nicht auf.

wird STRUW>(<)0. Eine vorwiegend günstige (ungünstige) relative Standortqualität der Region führt zu einem STAW>(<)0. Alle Abweichungen sind durch die Division mit g relativiert auf eine Situation der Region ohne Struktur- und Standortbesonderheiten. Damit erlangen die Werte von RAW, STAW und STRUW folgende Bedeutung:

Annahme: g>0

RAW>(<)0	über(unter)durchschnittliches Wachstum der Region
RAW>(=)1	Das Wachstum der Region ist mehr als (genau) doppelt so hoch wie das Gesamtwachstum.
RAW<(=)-0,5	Das Wachstum der Region ist weniger als (genau) halb so hoch wie das Gesamtwachstum.
RAW<(=)-1	Das Wachstum der Region ist negativ (Null).
STAW>(<)0	Die relative Standortgunst(ungunst) der Region führt zu vorwiegend über-(unter)durchschnittlichem Wachstum der Sektoren.
STAW>(=)1	Die Standortgunst bewirkt isoliert gesehen (d.h. ohne Besonderheiten des regionalen Wachstums durch die Sektorstruktur) mehr als (genau) eine Verdopplung des Wachstums.
STAW<(=)-0,5	Die Standortgunst bewirkt isoliert gesehen mehr als (genau) eine Halbierung des Wachstums.
STAW<(=)-1	Die Standortgunst bewirkt isoliert gesehen negatives (Null)Wachstum.
STRUW>(<)0	Die regionale Sektorstruktur besteht überwiegend aus über(unter)durchschnittlich wachsenden Sektoren.
STRUW>(=)1	Die Struktur der Region bewirkt isoliert gesehen (d.h. ohne Standortbesonderheiten in der Region) mehr als (genau) eine Verdopplung des regionalen Wachstums.
STRUW<(=)-0,5	Die Struktur der Region bewirkt isoliert gesehen mehr als (genau) eine Halbierung des regionalen Wachstums.
STRUW<(=)-1	Die Struktur der Region bewirkt isoliert gesehen negatives (Null)Wachstum.

Zu deskriptiven Zwecken lassen sich die Regionen entsprechend der Kombination der möglichen Fälle in 6 Gruppen einordnen (dabei sind nur die Alternativen $\lessgtr 0$ berücksichtigt):

RAW	STAW	STRUW
+	+	+
+	+	-
+	-	+
-	+	-
-	-	+
-	-	-

Zur angestrebten Theorienprüfung ist die Bedeutung der Sektorstruktur für das regionale Wachstum, d.h. der Deckungsgrad der Strukturkomponente mit der regionalen Abweichung zu prüfen.

3.2.3. Struktur- und Standortkomponente der regionalen Stabilität

3.2.3.1. Messung der Stabilität und der Kompensation durch Aggregation

Nach der Feststellung des regionalen Wachstums ergibt sich die regionale Stabilität als Ausmaß der Schwankungen um den Wachstumspfad. Zur Interpretation dieser Schwankungen ist an dieser Stelle festzustellen, daß saisonale Schwankungen im vorliegenden Zahlenmaterial (Jahreswerte) statistisch ausgeschlossen sind. Es handelt sich somit um mittelfristige Schwankungen, die hier in einem Stabilitätsmaß gefaßt werden.

Statistisch stellen sich die regionalen Schwankungen um den Wachstumspfad als Streuung der realisierten Werte der abhängigen Variablen um die Schätzgerade (oder als Reststreuung) dar. Dabei wurden zwei Ansätze gewählt[12]:

---

12) Auf die Ausschaltung irregulärer Schwankungen, etwa durch die Bildung gleitender Durchschnitte (vgl. J. PFANZAGL: Allgemeine Methodenlehre der Statistik I, Berlin 1967, S. 123ff) wurde verzichtet, da bei Jahreswerten bereits Durchschnitte aus 12 Monatswerten vorliegen.

$$(1a) \quad C_r = \frac{1}{\sqrt{T}\,\bar{y}_r} \sqrt{\sum_t (y_{rt} - \hat{y}_{rt})^2}$$

$$(1b) \quad C'_r = \frac{1}{T\,\bar{y}_r} \sum_t |y_{rt} - \hat{y}_{rt}|$$

worin: $\hat{y}_{rt} = \hat{a}_r + \hat{b}_r t$

Der erste Ansatz entspricht der gebräuchlichen Darstellung der Reststreuung. Da die Bedeutung der regionalen Schwankungen relativ ist, wurde das Schwankungsmaß auf den regionalen Durchschnittswert $\bar{y}_r$ bezogen (der dem Durchschnittswert der geschätzten Werte $\bar{\hat{y}}$ entspricht). Der zweite Ansatz unterscheidet sich vom ersten, in den größere Abweichungen durch die Quadrierung mit höherem Gewicht eingehen, durch die Gleichbewertung aller Abweichungen. Damit wird die relative durchschnittliche Abweichung pro Jahr dargestellt.

In gleicher Weise lassen sich die gesamtwirtschaftlichen Schwankungen (C), die sektoralen Schwankungen (C_s) und die regional-sektoralen Schwankungen (C_{rs}) darstellen:

$$(2a) \quad C = \frac{1}{\sqrt{T}\,\bar{y}} \sqrt{\sum_t (y_t - \hat{y}_t)^2} \qquad \hat{y}_t = \hat{a} + \hat{b}t$$

$$(2b) \quad C' = \frac{1}{T\,\bar{y}} \sum_t |y_t - \hat{y}_t|$$

$$(3a) \quad C_s = \frac{1}{\sqrt{T}\,\bar{y}_s} \sqrt{\sum_t (y_{st} - \hat{y}_{st})^2}$$

$$(3b) \quad C'_s = \frac{1}{T\,\bar{y}_s} \sum_t |y_{st} - \hat{y}_{st}|$$

$$\hat{y}_{st} = \hat{a}_s + \hat{b}_s t$$

$$(4a)\quad C_{rs} = \frac{1}{\sqrt{T}\,\bar{y}_{rs}} \sqrt{\sum_t (y_{rst} - \hat{y}_{rst})^2}$$

$$(4b)\quad C'_{rs} = \frac{1}{T\,\bar{y}_{rs}} \sum_t |y_{rst} - \hat{y}_{rst}|$$

$$\hat{y}_{rst} = \hat{a}_{rs} + \hat{b}_{rs} t$$

Während beim ersten Ansatz jeweils die größere Bedeutung höherer Einzelabweichungen zum Ausdruck kommt, wurde der zweite Ansatz alternativ gewählt, da er beim Vergleich der Schwankungen auf verschiedenen Aggregationsebenen aussagekräftiger ist. Nimmt man eine disaggregierte Variable, deren Einzelwerte sich zum Gesamtwert addieren, so gilt für die absolute Summe der Schwankungen (also ohne Relativierung auf den Mittelwert) folgende Beziehung[13]:

$$(5)\quad \frac{1}{T} \sum_i \sum_t |y_{it} - \hat{y}_{it}| \geq \frac{1}{T} \sum_t |y_t - \hat{y}_t|$$

wobei: $\sum_i y_{it} = y_t$ und $\sum_i \hat{y}_{it} = \hat{y}_t$

d.h.

$$\sum_i C'_i\,\bar{y}_i \geq C'\,\bar{y}$$

Im Extrem gilt:

$\sum_i C'_i\,\bar{y}_i = C'\,\bar{y}$	wenn zu jedem Zeitpunkt t alle i-Schwankungen parallel sind.
$C'\,\bar{y} = 0$	wenn sich zu jedem Zeitpunkt t alle i-Schwankungen gegenseitig kompensieren.

Aus dieser mathematischen Beziehung läßt sich ein Kompensationsmaß konstruieren, das die Schwankungskompensation durch Aggregation mißt:

$$(6)\quad KOMP = \frac{\sum_i C'_i\,\bar{y}_i - C'\,\bar{y}}{\sum_i C'_i\,\bar{y}_i}$$

13) vgl. Anhang

Dieses Maß kann Werte zwischen 0 und 1 annehmen und drückt somit die Kompensation in % aus. Maximal ist KOMP = 1. Es hat völlige Kompensation stattgefunden. Minimal ist KOMP = 0. Alle Schwankungen kumulieren sich völlig.

In der vorliegenden Untersuchung wird diese Größe berechnet für die Kompensation der regionalen (7) bzw. sektoralen (8) Schwankungen gegenüber der gesamten Industrie im Gesamtraum sowie für die Kompensation der sektoralen Schwankungen in den Regionen (9).

$$(7)\ \mathrm{KOMP}(r/\emptyset) = \frac{\sum_r C'_r \bar{y}_r - C'\bar{y}}{\sum_r C'_r \bar{y}_r} = \frac{\sum_r \sum_t |y_{rt} - \hat{y}_{rt}| - \sum_t |y_t - \hat{y}_t|}{\sum_r \sum_t |y_{rt} - \hat{y}_{rt}|}$$

$$(8)\ \mathrm{KOMP}(s/\emptyset) = \frac{\sum_s C'_s \bar{y}_s - C'\bar{y}}{\sum_s C'_s \bar{y}_s} = \frac{\sum_s \sum_t |y_{st} - \hat{y}_{st}| - \sum_t |y_t - \hat{y}_t|}{\sum_s \sum_t |y_{st} - \hat{y}_{st}|}$$

$$(9)\ \mathrm{KOMP}_r(s/r) = \frac{\sum_s C'_{rs} \bar{y}_{rs} - C'_r \bar{y}_r}{\sum_s C'_{rs} \bar{y}_{rs}} \qquad \text{für alle } r$$

$$= \frac{\sum_s \sum_t |y_{rst} - \hat{y}_{rst}| - \sum_t |y_{rt} - \hat{y}_{rt}|}{\sum_s \sum_t |y_{rst} - \hat{y}_{rst}|}$$

3.2.3.2. Struktur- und Standortkomponente

Versucht man wie beim regionalen Wachstum eine statistische Aufgliederung der regionalen Schwankungen in eine strukturell und eine standortbedingte Komponente, so ist ein Maß zu konstruieren, das die fiktive regionale Schwankung unter der Annahme darstellt, die Sektoren in der Region unterlägen denselben relativen Schwankungen wie im Gesamtraum. Dazu ist eine Transformation der Sektorenwerte vorzunehmen, an die folgende Ansprüche zu stellen sind:

- Erhaltung aller Wachstumsraten, d.h. Erhaltung aller Regressionskoeffizienten und aller zeitlichen Durchschnittswerte

- Erhaltung der sektoralen und gesamtindustriellen Schwankungen im Gesamtraum.

Die transformierten regionalen Sektorwerte y^f_{rst} sollen um ihren geschätzten Wachstumspfad die gleichen Schwankungen aufweisen wie die gesamträumlichen Sektorwerte y_{st}:

$$\frac{y^f_{rst} - \hat{y}^f_{rst}}{\bar{y}_{rs}} = \frac{y_{st} - \hat{y}_{st}}{\bar{y}_s}$$

Daraus folgt unter der Voraussetzung, daß der Wachstumspfad erhalten bleiben soll ($\hat{y}^f_{rst} = \hat{y}_{rst}$) die folgende Transformation[14]:

$$(1)\quad y^f_{rst} = \frac{\bar{y}_{rs}}{\bar{y}_s} (y_{st} - \hat{y}_{st}) + \hat{y}_{rst}$$

Diese transformierte Variable hat dieselbe Schwankung wie der entsprechende Sektor im Gesamtraum[15]:

$C^f_{rs} = C_s$ und $C'^f_{rs} = C'_s$ für alle r und s

Die fiktive regionale Variable ergibt sich durch Aggregation:

$$(2)\quad y^f_{rt} = \sum_s \frac{\bar{y}_{rs}}{\bar{y}_s} (y_{st} - \hat{y}_{st}) + \hat{y}_{rt}$$

Daraus folgt das fiktive regionale Schwankungsmaß als[16]:

$$(3a)\quad C^f_r = \frac{1}{\sqrt{T}\,\bar{y}_r} \sqrt{\sum_t (y^f_{rt} - \hat{y}_{rt})^2} \qquad \text{bzw.}$$

14) Diese Transformation erfüllt die obigen Ansprüche, wie im Anhang zu diesem Kapitel nachgewiesen wird.

15) Alle folgenden Aussagen gelten für beide Ansätze des Stabilitätsmaßes.

16) Es gilt:
$\bar{y}^f_r = \bar{y}_r$ und $\hat{y}^f_{rt} = \hat{y}_{rt}$ vgl. Anhang

$$(3b)\quad C'^{f}_{r} = \frac{1}{T\,\bar{y}_r} \sum_t |y^f_{rt} - \hat{y}_{rt}|$$

Entsprechend der Wachstumsanalyse dient als Ausgangspunkt die Abweichung der regionalen Stabilität von der Stabilität im Gesamtraum:

$$(4)\quad RAS = \frac{C - C_r}{C}$$

Im Gegensatz zur regionalen Wachstumsabweichung wurde die Differenz umgekehrt formuliert, da die relative regionale Stabilität umso höher ist, je geringer ihre Schwankungen, d.h. je höher die Differenz $C - C_r$.

Mit Hilfe des fiktiven regionalen Schwankungsmaßes läßt sich die regionale Stabilitätsabweichung aufteilen in sektorbedingte und standortbedingte Abweichungen:

$$(5)\quad \frac{C - C_r}{C} = \frac{C^f_r - C_r}{C} + \frac{C - C^f_r}{C} \quad \text{d.h. } RAS = STAS+STRUS$$

Die Standortkomponente gibt den Teil der regionalen Stabilitätsabweichung an, der über oder unter der fiktiven Stabilität aufgrund der Sektorstruktur liegt, der also durch regionsspezifische Schwankungen der Sektoren bedingt ist. Die Strukturkomponente stellt den Teil der regionalen Stabilitätsabweichung dar, der durch die regionale Sektorstrukturabweichung gegenüber dem Gesamtraum aufgrund der gesamträumlichen Sektorschwankungen entsteht.
Die Maße können folgende Werte annehmen:

$$-\infty < RAS \leq 1$$
$$-\infty < STRUS \leq 1$$
$$-\infty < STAS < \infty$$

Eine über(unter)durchschnittliche Stabilität der Region bewirkt RAS >(<)0. Ist die Sektorstruktur der Region stabilitätsgünstig(ungünstig), so wird STRUS >(<)0. Stellt die Region einen stabilitäts(un)günstigen Standort dar, so ist STAS>(<)0. Die Komponenten sind auf eine Situation der Region ohne Standort- und Sektorstrukturbesonderheiten hinsichtlich der Stabilität bezogen. Im einzelnen sind folgende Werte möglich[17]:

RAS>(<)0	über(unter)durchschnittliche Stabilität der Region
RAS>(=)0,5	Die regionale Stabilität ist mehr als (genau) doppelt so groß wie die Gesamtstabilität, d.h. die Schwankungen sind weniger als (genau) halb so groß.
RAS = 1	Die regionale Stabilität ist vollkommen (keine Schwankungen).
RAS<(=)-1	Die regionale Stabilität ist weniger als (genau) halb so groß wie die Gesamtstabilität (Schwankungen doppelt so groß).
STAS>(<)0	Der relativ (un)günstige Standort führt zu einer überwiegend über(unter)durchschnittlichen Stabilität der Sektoren in der Region.
STAS>(=)0,5	Die Standortgunst bewirkt isoliert gesehen, d.h. ohne Besonderheiten durch die Sektorstruktur mehr als (genau) eine Verdopplung der Stabilität (Halbierung der Schwankungen).
STAS = 1	Die Standortgunst bewirkt isoliert eine völlige regionale Stabilität (keine Schwankungen).
STAS > 1	Die Standortgunst hebt eine stabilitätsungünstige Sektorstruktur teilweise oder ganz auf.
STAS<(=)-1	Die Standortgunst bewirkt isoliert mehr als (genau) eine Halbierung der Stabilität (Verdopplung der Schwankungen).
STRUS>(<)0	Die Sektorstruktur der Region besteht überwiegend aus über(unter)durchschnittlich stabilen Sektoren.
STRUS>(=)0,5	Die Sektorstruktur der Region bewirkt isoliert gesehen, d.h. ohne Standortbesonderheiten mehr als (genau) eine Verdopplung der Stabilität (Halbierung der Schwankungen).
STRUS = 1	Die Sektorstruktur bewirkt isoliert eine vollkommene regionale Stabilität.

17) Da C immer positiv ist, treten hier keine Vorzeichenprobleme auf.

STRUS<(=)-1	Die Sektorstruktur bewirkt isoliert mehr als (genau) eine Halbierung der Gesamtstabilität (Verdopplung der Schwankungen).

Berücksichtigt man nur die Alternativen $\lessgtr 0$, so ergeben sich 6 Fälle:

RAS	STAS	STRUS
+	+	+
+	+	-
+	-	+
-	+	-
-	-	+
-	-	-

3.2.3.3. Anhang

Beweis zur Erhaltung der Mittelwerte, Regressionskoeffizienten und Stabilitätswerte durch die Transformation der regional-sektoralen Werte für alle Zeitpunkte nach der Formel:

$$y^{f}_{rst} = \frac{\bar{y}_{rs}}{\bar{y}_{s}} (y_{st} - \hat{y}_{st}) + \hat{y}_{rst}$$

Für die Beweise kommen folgende mathematischen Zusammenhänge zur Anwendung:

(1) $\bar{\hat{y}} = \bar{y}$

(2) $\sum_{t} (y_t - \hat{y}_t) = 0$

(3) $\sum_{i} \hat{y}_{it} = \hat{y}_t, \quad \text{wenn} \sum_{i} y_{it} = y_t$

Die Schätzwerte der Trendgeraden ergeben sich wie folgt:

$$\hat{y}_t = \hat{a} + \hat{b}t$$

worin $\hat{a} = \bar{y} - \hat{b}\bar{t}$

und $\hat{b} = \frac{\sum_{t} (t - \bar{t})(y_t - \bar{y})}{\sum_{t} (t - \bar{t})^2}$

Daraus folgt:

$$\hat{y}_t = \bar{y} - \hat{b}\bar{t} + \hat{b}t = \bar{y} + \hat{b}(t - \bar{t})$$

zu (1): $\bar{\hat{y}} = \frac{1}{T}\sum_t \hat{y}_t = \frac{1}{T}\sum_t (\bar{y} + \hat{b}(t - \bar{t}))$

$= \bar{y} + \frac{\hat{b}}{T}\sum_t (t - \bar{t})$ und, da $\sum_t (t - \bar{t}) = 0$

$\bar{\hat{y}} = \bar{y}$ w.z.b.w.

zu (2): $\sum_t (y_t - \hat{y}_t) = \sum_t (y_t - \bar{y} - \hat{b}(t - \bar{t}))$

$= \sum_t (y_t - \bar{y}) - \hat{b}\sum_t (t - \bar{t})$

$= T\bar{y} - T\bar{y} - 0 = 0$ w.z.b.w.

zu (3): $\hat{b}_i = \dfrac{\sum_t (t - \bar{t})(y_{it} - \bar{y}_i)}{\sum_t (t - \bar{t})^2}$

$$\sum_i \hat{b}_i = \sum_i \frac{\sum_t (t - \bar{t})(y_{it} - \bar{y}_i)}{\sum_t (t - \bar{t})^2}$$

Der Nenner ist konstant und läßt sich ausklammern:

$$= \frac{\sum_t \sum_i (t - \bar{t})(y_{it} - \bar{y}_i)}{\sum_t (t - \bar{t})^2}$$

$$= \frac{\sum_t (t - \bar{t}) \sum_i (y_{it} - \bar{y}_i)}{\sum_t (t - \bar{t})^2}$$

und, da $\sum_i y_{it} = y_t$ und $\sum_i \bar{y}_i = \bar{y}$

$$= \frac{\sum_t (t - \bar{t})(y_t - \bar{y})}{\sum_t (t - \bar{t})^2} = \hat{b}$$

Daraus folgt:

$$\sum_i \hat{y}_{it} = \sum_i (\bar{y}_i + \hat{b}_i(t - \bar{t}))$$

$$= \sum_i \bar{y}_i + (t - \bar{t}) \sum_i \hat{b}_i$$

$$= \bar{y} + (t - \bar{t})\hat{b} = \hat{y}_t \qquad \text{w.z.b.w.}$$

Aus der Transformation folgt für die Mittelwerte:

$$\bar{y}^f_{rs} = \frac{1}{T} \sum_t (\frac{\bar{y}_{rs}}{\bar{y}_s}(y_{st} - \hat{y}_{st}) + \hat{y}_{rst})$$

$$= \frac{1}{T} \frac{\bar{y}_{rs}}{\bar{y}_s} \sum_t (y_{st} - \hat{y}_{st}) + \frac{1}{T} \sum_t \hat{y}_{rst}$$

und, unter Anwendung von (1) und (2)

$$= 0 + \bar{y}_{rs} = \bar{y}_{rs}$$

(4) $$\underline{\bar{y}^f_{rs} = \bar{y}_{rs}}$$

$$\bar{y}^f_s = \frac{1}{T} \sum_t \sum_r (\frac{\bar{y}_{rs}}{\bar{y}_s} (y_{st} - \hat{y}_{st}) + \hat{y}_{rst})$$

$$= \frac{1}{T} \sum_t \frac{\bar{y}_s}{\bar{y}_s} (y_{st} - \hat{y}_{st}) + \frac{1}{T} \sum_t \sum_r \hat{y}_{rst}$$

und, unter Anwendung von (3)

$$= \frac{1}{T} \sum_t (y_{st} - \hat{y}_{st}) + \frac{1}{T} \sum_t \hat{y}_{st}$$

und, unter Anwendung von (1) und (2)

$$= 0 + \bar{y}_s$$

(5) $$\underline{\bar{y}^f_s = \bar{y}_s}$$

$$\bar{y}^f_r = \frac{1}{T}\sum_t\sum_s(\frac{\bar{y}_{rs}}{\bar{y}_s}(y_{st} - \hat{y}_{st}) + \hat{y}_{rst})$$

$$= \frac{1}{T}\sum_s\frac{\bar{y}_{rs}}{\bar{y}_s}\sum_t(y_{st} - \hat{y}_{st}) + \sum_s\bar{\bar{y}}_{rs}$$

und, unter Anwendung von (1) und (2)

$$= 0 + \bar{y}_r$$

(6) $$\underline{\bar{y}^f_r = \bar{y}_r}$$

$$\bar{y}^f = \sum_r\bar{y}^f_r = \sum_r\bar{y}_r = \bar{y}$$

(7) $$\underline{\bar{y}^f = \bar{y}}$$

Aus der Transformation folgt für die Regressionskoeffizienten:

$$\hat{b}^f_{rs} = \frac{\sum_t(t-\bar{t})(y^f_{rst}-\bar{y}^f_{rs})}{\sum_t(t-\bar{t})^2}$$

und, unter Anwendung von (4)

$$= \frac{\sum_t(t-\bar{t})(\frac{\bar{y}_{rs}}{\bar{y}_s}(y_{st}-\hat{y}_{st}) + \hat{y}_{rst} - \bar{y}_{rs})}{\sum_t(t-\bar{t})^2}$$

$$= \frac{\sum_t(t-\bar{t})(\frac{\bar{y}_{rs}}{\bar{y}_s}(y_{st}-\bar{y}_s-\hat{b}_s(t-\bar{t}))+\bar{y}_{rs}+\hat{b}_{rs}(t-\bar{t})-\bar{y}_{rs})}{\sum_t(t-\bar{t})^2}$$

$$= \frac{\frac{\bar{y}_{rs}}{\bar{y}_s}\sum_t (t-\bar{t})(y_{st}-\bar{y}_s)}{\sum_t (t-\bar{t})^2} - \hat{b}_s \frac{\bar{y}_{rs}}{\bar{y}_s} \frac{\sum_t (t-\bar{t})^2}{\sum_t (t-\bar{t})^2} + \hat{b}_{rs} \frac{\sum_t (t-\bar{t})^2}{\sum_t (t-\bar{t})^2}$$

$$= \frac{\bar{y}_{rs}}{\bar{y}_s} \hat{b}_s - \frac{\bar{y}_{rs}}{\bar{y}_s} \hat{b}_s + \hat{b}_{rs} = \hat{b}_{rs}$$

(8) $\underline{\hat{b}^f_{rs} = \hat{b}_{rs}}$

Da $\sum_i \hat{b}_i = \hat{b}$ gilt (vgl. Beweis zu (3)), gilt auch:

(9) $\underline{\hat{b}^f_r = \hat{b}_r}$ (10) $\underline{\hat{b}^f_s = \hat{b}_s}$ und (11) $\underline{\hat{b}^f = \hat{b}}$

Da alle Mittelwerte und Regressionskoeffizienten erhalten bleiben, bleiben auch die Wachstumsraten g_{rs}, g_r, g_s und g durch die Transformation unberührt.

Aus der Transformation folgt für die Stabilitätswerte:

Für $C_\square$ gilt:

$$y^f_{st} = \sum_r y^f_{rst} = \sum_r \left(\frac{\bar{y}_{rs}}{\bar{y}_s} (y_{st}-\hat{y}_{st}) + \hat{y}_{rst}\right)$$

$$= \frac{\bar{y}_s}{\bar{y}_s} (y_{st} - \hat{y}_{st}) + \sum_r \hat{y}_{rst}$$

und, unter Anwendung von (3)

$$= y_{st} - \hat{y}_{st} + \hat{y}_{st} = y_{st}$$

$$y^f_{st} = y_{st}$$

Daraus folgt:

(12) $\underline{C_s^f = C_s}$

Für C gilt:

$$y_t^f = \sum_r \sum_s y_{rst}^f = \sum_s \sum_r y_{rst}^f = \sum_s y_{st}^f = \sum_s y_{st} = y_t$$

$$y_t^f = y_t$$

Daraus folgt:

(13) $\underline{C^f = C}$

C_{rs} und C_r werden entsprechend der Transformation wie beabsichtigt transformiert. Die dargestellte Transformation der regionalen Stabilität bedeutet also eine Umverteilung der Stabilitätswerte zwischen den Regionen bei Erhaltung der gesamträumlichen Stabilität der Sektoren und der Gesamtindustrie. Dabei bleiben auch Niveau und Stärke des regionalen Wachstums erhalten.

Die Ungleichung (14) dient als Grundlage des Kompensationsmaßes:

(14) $\sum_i \sum_t |y_{it} - \hat{y}_{it}| \geq \sum_t |y_t - \hat{y}_t|$

wobei: $\sum_i y_{it} = y_t$ und $\sum_i \hat{y}_{it} = \hat{y}_t$

Es gilt:

$$\sum_i \sum_t |y_{it} - \hat{y}_{it}| = \sum_t \sum_i |y_{it} - \hat{y}_{it}|$$

Sind für irgendein t alle Differenzen gleichgerichtet, ist also die Abweichung vom Wachstumspfad für jedes i positiv oder für jedes i negativ, so gilt:

$$\sum_i |y_{it} - \hat{y}_{it}| = |\sum_i (y_{it} - \hat{y}_{it})| = |\sum_i y_{it} - \sum_i \hat{y}_{it}|$$

Gilt die Parallelschwankung aller i für jedes t, so ist:

$$\sum_t \sum_i |y_{it} - \hat{y}_{it}| = \sum_t |y_t - \hat{y}_t| \quad \text{oder:}$$

$$\sum_i C_i' \bar{y}_i = C' \bar{y}$$

Finden gegenläufige Schwankungen der i statt, so sind die Schwankungen des aggregierten Wertes geringer als die Summe der Schwankungen:

$$\sum_i C_i' \bar{y}_i > C' \bar{y}$$

Heben sich für jedes t die Schwankungen der i auf, so wird:

$$C' \bar{y} = 0$$

4. Daten

4.1. Problematik

Das in der empirischen Untersuchung zu verwendende Datenmaterial ergibt sich nur teilweise zwingend aus den gestellten Fragen. Gegenstand der Untersuchung ist die regionale und sektorale Industriestruktur der BRD und ihre Entwicklung. Die Daten müssen also in regionaler und sektoraler Disaggregation und für einen längeren Zeitraum vergleichbar vorliegen. Zentrales Problem ist die Wahl der Variablen, deren Struktur und Entwicklung betrachtet wird. Variablenwahl, Art und Tiefe der regionalen, sektoralen und zeitlichen Gliederung sind nicht unabhängig voneinander, da tatsächlich immer nur bestimmte Kombinationen von Zahlen verfügbar sind.

4.2. Variablenwahl

Theoretisch ist die Größe eines Sektors in einer Region grundsätzlich durch seinen Input oder seinen Output zu messen, also einmal durch seine Bindung von Produktivkräften und zum andern durch das damit erzeugte Produkt. Beide Aspekte können für verschiedene regionalwissenschaftliche Fragestellungen wichtig sein.

Praktisch ist die Verfügbarkeit von Zahlenmaterial entscheidend. Als Maß für den Input des Produktionsprozesses sind nur Zahlen für den Produktionsfaktor Arbeit vorhanden. Bei der Auswertung der Ergebnisse ist zu berücksichtigen, daß der Arbeitsinput wegen möglicher großer Unterschiede der Kapitalintensität v.a. im Vergleich der Sektoren nicht repräsentativ für den gesamten Input sein muß.

Andererseits ist schon eine Aussage über die Beschäftigten allein im Vergleich der Sektoren von Bedeutung, da dem Faktor Arbeit gerade in regionalpolitischen Fragestellungen eine hervorragende Stellung unter den Produktionsfaktoren zukommt.

Als Maß für den Output sind Angaben über den Umsatz erhältlich. Hier ist zu beachten, daß der Umsatz und die theoretisch bessere Größe der Wertschöpfung vor allem von Sektor zu Sektor keine strenge Parallelität aufweisen. Dennoch kann man näherungsweise - wie das vielfach üblich ist - den Umsatz als Indikator für die Wirtschaftskraft eines Sektors in einer Region ansehen.

4.3. Die regionale, sektorale und zeitliche Gliederung

Zahlen für Beschäftigte und Umsatz werden durch die amtliche Statistik der BRD im Rahmen der Industrieberichterstattung monatlich erhoben. Eine Aufbereitung der betrieblichen Angaben erfolgt nach verschiedenen regionalen und sektoralen Gliederungen, leider nicht einheitlich, da sie von den Statistischen Landesämtern jeweils für ihr Gebiet durchgeführt wird[1].

In regionaler Gliederung sind Landkreise, Regierungsbezirke und Länder als Raumgrößen denkbar. Die Länder scheiden wegen der zu groben und heterogenen Gliederung aus. Die Kreise weisen in sektoraler Gliederung aufgrund der Geheimhaltungsklausel[2] zu viele Datenlücken auf. Für die vorliegende Untersuchung wurde deshalb die Gliederung nach Regierungsbezirken gewählt, teilweise auch nach Ländern, wo keine weitere Untergliederung vorliegt[3]. Das Problem der Datenlücken aus Geheimhaltungsgründen ist hierbei noch groß genug. Für Rheinland-Pfalz und Hessen wurden durch die Zusammenlegung von Regierungsbezirken (1968 bzw. 1970) umfangreiche Summierungen nötig, die wegen der vorhandenen Lücken nur mit Hilfe von Schätzungen möglich waren.

---

1) Gegenüber dem Datenmaterial, das der PROGNOS AG für die Jahre 1950-62 zur Verfügung stand, hat sich der Datenstand wesentlich gebessert. Vgl. W. UEBE, a.a.O., S. 16.
2) Nur wenn drei oder mehr Betriebe vorhanden sind, dürfen Zahlen veröffentlicht werden.
3) Auch theoretisch ist die stärkste Disaggregation nicht die beste Möglichkeit. Vielmehr muß ein Kompromiß gefunden werden, bei dem weder der Nivellierungseffekt großer Regionen noch der Differenzierungseffekt kleiner Regionen dominierend ist. Vgl. P. KLEMMER, D. KRAEMER, a.a.O., S. 11f.

Die Aufbereitung in sektoraler Hinsicht kann nach dem Beteiligten- oder dem Hauptbeteiligtenprinzip erfolgen, da bei Mehrproduktbetrieben eine Zugehörigkeit zu mehreren Industriezweigen möglich ist. Zahlen nach dem Beteiligtenprinzip sind jedoch nicht durchgängig erhältlich, so daß die Betriebe nach dem Hauptbeteiligtenprinzip als Ganzes derjenigen Industriegruppe zugeordnet werden, in der der Betrieb - gemessen an den Beschäftigtenzahlen - hauptsächlich produziert. Es wurde die zweistellige Gliederung gewählt, da in der tieferen vierstelligen Gliederung kaum Veröffentlichungen vorliegen.

Die zeitliche Gliederung bereitete besondere Schwierigkeiten, da die monatlich erhobenen Daten weder für irgendeinen Monat noch als Jahresdaten in der gewählten regionalen und sektoralen Untergliederung erhältlich sind. Nach umfangreicher Klärung mit den Statistischen Ämtern fiel die Entscheidung auf die günstigsten - weil saisonfreien - Jahreswerte, die für die Regierungsbezirke aller Länder mit Ausnahme Niedersachsens[4)] vorhanden waren oder erstellt werden konnten. Die Septemberwerte der Regierungsbezirke von Niedersachsen wurden auf der Basis der tatsächlichen Jahreswerte des gesamten Landes Niedersachsen umgerechnet.

Die beschriebenen Zahlen liegen für die Jahre 1960-72 vor. Werte nach 1972 sind damit in Baden-Württemberg wegen der Verwaltungsreform nicht mehr ohne weiteres vergleichbar. Der Katalog der Regionen und Sektoren findet sich in Kapitel 4.5.

4.4. Behandlung von Datenlücken

Die durch die Geheimhaltungsklausel bedingten Lücken im Datenmaterial werden durch geschätzte Werte ersetzt. Die Möglichkeit, die fehlenden Werte Null zu setzen, da es sich dabei

4) Für den Umsatz liegen auch für Niedersachsen ab 1966 Jahreswerte vor.

"nur" um zwei oder maximal drei Betriebe handelt, scheidet aus, weil diese Betriebe u.U. große Beschäftigtenzahlen und Umsätze aufweisen können[5].

Für die Schätzung wurden die bekannten regionalen und sektoralen Gesamtsummen - die Randverteilungen - benutzt. Die Summe der unbekannten Werte eines Sektors, berechnet als Differenz zwischen dem Gesamtwert eines Sektors und der Summe der bekannten Regionalwerte, wurde entsprechend dem Verhältnis der Gesamtwerte der beteiligten Regionen umgelegt. Durch diese Methode ist die Verzerrung, die sich aus jeder Schätzung zwangsläufig gegenüber den tatsächlichen Werten ergibt, kleiner, als wenn globale Durchschnittswerte eingesetzt würden.

4.5. Katalog der regionalen und sektoralen Gliederung der Daten

Regionen:

Nr.	Name
1	Schleswig-Holstein
2	Hamburg
3	Hannover
4	Hildesheim
5	Lüneburg
6	Stade
7	Osnabrück
8	Aurich
9	Braunschweig
10	Oldenburg
11	Bremen
12	Düsseldorf
13	Köln
14	Aachen
15	Münster
16	Detmold
17	Arnsberg
18	Darmstadt
19	Kassel
20	Koblenz
21	Trier
22	Rheinhessen-Pfalz
23	Nordwürttemberg

5) Vgl. O. SCHLIER: Das regionale Moment in der Statistik. Bremen 1961, S. 27f.

24	Nordbaden
25	Südbaden
26	Südwürttemberg-Hohenzollern
27	Oberbayern
28	Niederbayern
29	Oberpfalz
30	Oberfranken
31	Mittelfranken
32	Unterfranken
33	Schwaben
34	Saarland

Für einige Berechnungen werden diese Regionen zu Regionsblöken zusammengefaßt:

I Nord: Regionen 1-11 (Schleswig-Holstein, Hamburg, Bremen und Niedersachsen)

II Nordwest: Regionen 12-17 (Nordrhein-Westfalen)

III Mitte: Regionen 18-22 und 34 (Hessen, Rheinland-Pfalz und Saarland)

IV Südwest: Regionen 23-26 (Baden-Württemberg)

V Südost: Regionen 27-33 (Bayern)

Sektoren:

Nr.	IBE-Nr.[6)]	Name
1	25	Industrie der Steine und Erden
2	27	Eisenschaffende Industrie
3	28	NE-Metallindustrie
4	29	Gießerei-Industrie
5	3010	Ziehereien und Kaltwalzwerke
6	3020	Stahlverformung
7	31	Stahl- und Leichtmetallbau
8	32	Maschinenbau
9	33	Straßenfahrzeugbau
10	34	Schiffbau
11	35	Luftfahrzeugbau
12	36	Elektrotechnische Industrie
13	37	Feinmechanische und optische sowie Uhrenindustrie
14	38	Eisen-, Blech- und Metallwarenindustrie
15	39	Musikinstrumenten-, Spiel-, Schmuckwaren- und Sportgeräte-Industrie
16	40	Chemische Industrie
17	51	Feinkeramische Industrie
18	52	Glasindustrie

6) Nr. der Industriegruppe in der Industrieberichterstattung.

19	53	Sägewerke und holzbearbeitende Industrie
20	54	Holzverarbeitende Industrie
21	55	Holzschliff, Zellstoff, Papier und Pappe erzeugende Industrie
22	56	Papier und Pappe verarbeitende Industrie
23	57	Druckerei- und Vervielfältigungsindustrie
24	58	Kunststoffverarbeitende Industrie
25	59	Gummi und Asbest-verarbeitende Industrie
26	61	Ledererzeugende Industrie
27	62	Lederverarbeitende Industrie
28	63	Textilindustrie
29	64	Bekleidungsindustrie
30	68	Ernährungsindustrie
31	69	Tabakverarbeitende Industrie

Für einige Berechnungen werden diese Sektoren zu vier Industriegruppen zusammengefaßt:

I Grundstoff- und Produktionsgüterindustrie: Sektoren 1-5, 16, 19, 21 und 25

II Investitionsgüterindustrie: Sektoren 6-14

III Verbrauchsgüterindustrie: Sektoren 15, 17, 18, 20, 22-24, 26-29

IV Nahrungs- und Genußmittelindustrie: Sektoren 30 und 31

5. Ergebnisse[1]

5.1. Die regional-sektorale Struktur[2]

5.1.1. Die Entwicklung der interregionalen und intersektoralen Verteilung

5.1.1.1. Die interregionale Verteilung

Die räumliche Konzentration der Variablen Beschäftigte und Umsatz für den gesamten Zeitraum wird durch den Konzentrationskoeffizienten $C(P_r)$[3] dargestellt.

Tab. 1: Räumliche Konzentration

	Variable	Variable/qkm
Beschäftigte	.089	.164
Umsatz	.096	.221

Die Konzentration der Beschäftigten bzw. Umsätze beträgt 8.9% bzw. 9.6% der maximal möglichen Konzentration. Eine Beurteilung der Konzentrationshöhe ist problematisch, da der Konzentrationskoeffizient nicht nur interregionale Unterschiede des Industrialisierungsausmaßes erfaßt, sondern auch Ausdruck der Regionenabgrenzung ist. So ist bei ungleichmäßiger Verteilung der Industrie auf den Raum eine Regionsabgrenzung möglich, die statistisch eine Gleichmäßigkeit hervorruft. Eine ungleichmäßige Regionenabgrenzung kann andererseits eine gleichmäßige Verteilung der Industrie im Raum verdecken. Zur Beurteilung der räumlichen Konzentration ist es somit sinnvoll, die Variablenwerte auf die Regionsgröße zu beziehen. Als ursprüngliches, vom Grad der Industrialisierung unabhängiges Kennzeichen einer Region bietet sich die Fläche als Bezugsgröße an. Die Konzentration der so definierten Industriedichte, d.h. der Beschäftigten/qkm bzw. Umsätze/qkm zeigt mit 16.4% bzw. 22.1%, daß die Bereinigung mit der Fläche die Kon-

1) Die Rechnungen wurden auf der UNIVAC 1106 der Universität Freiburg durchgeführt.

2) Die Berechnungen dieses Kapitels beruhen z.T. auf einer von der Deutschen Forschungsgemeinschaft finanzierten Studie des Verfassers.

3) Die regionalen Werte wurden als Durchschnitt über alle Jahre berechnet. Der Konzentrationskoeffizient ergibt sich aus Formel 3.1.2.1.(6), wobei in 3.1.2.1.(1) bei der Berechnung von H(p) r für i gesetzt wird.

zentrationen etwa verdoppelt. In den unbereinigten Werten verdeckt die unterschiedliche Regionengröße somit Industrieballungen, die durch relativ große Variablenwerte in kleinen Regionen gekennzeichnet sind.

Vergleicht man die Konzentrationswerte im Zeitablauf, so muß eine evt. sichtbare Tendenz zu Konzentration oder Dekonzentration mit Vorsicht interpretiert werden. Weist eine kleine Region verhältnismäßig hohe Variablenwerte auf, die jedoch absolut kleiner sind als in einer größeren Region, so wird die Abnahme der Werte der kleinen Region als Zunahme der Konzentration ausgewiesen, obwohl eigentlich eine Dekonzentration stattgefunden hat. Dies wird durch den Bezug auf die Fläche ausgeschlossen. Die Konzentrationsänderung zeigt sich in der Entwicklung des räumlichen Konzentrationskoeffizienten c_t (P_{rt})[4] (Tab. 2 und 3, Spalte 1 und 2).

Tab. 2: Räumliche Konzentration in den einzelnen Jahren: Beschäftigte

Jahr	regionaler Konzentrationskoeffizient		Anteil der Intergruppenkonzentration (%)
	Besch.	Besch./qkm	
1960	.0962	.1817	14.42
1961	.0953	.1748	14.04
1962	.0940	.1706	12.90
1963	.0930	.1689	14.40
1964	.0925	.1670	13.83
1965	.0910	.1646	13.64
1966	.0891	.1630	12.70
1967	.0878	.1620	12.20
1968	.0860	.1600	11.35
1969	.0849	.1569	11.53
1970	.0841	.1547	11.30
1971	.0830	.1531	10.85
1972	.0827	.1516	11.03

4) Berechnet nach 3.1.2.1.(6) für jedes t getrennt.

Tab. 3: Räumliche Konzentration in den einzelnen Jahren: Umsätze

Jahr	regionaler Konzentrationskoeffizient		Anteil der Intergruppenkonzentration (%)
	Umsätze	Umsätze/qkm	
1960	.0998	.2409	20.98
1961	.1058	.2360	19.38
1962	.1031	.2328	17.28
1963	.1008	.2288	17.21
1964	.1010	.2272	15.27
1965	.0990	.2234	15.98
1966	.0972	.2267	14.98
1967	.0958	.2296	14.75
1968	.0974	.2224	16.46
1969	.0949	.2141	13.82
1970	.0957	.2110	14.22
1971	.0916	.2099	14.37
1972	.0909	.2099	13.13

Bei der Verteilung der Beschäftigten auf die Regionen läßt sich eine eindeutige Tendenz zur Konzentrationsabnahme erkennen. Dies gilt für die Beschäftigten ebenso wie für die Beschäftigten/qkm. Der Konzentrationskoeffizient nimmt von Jahr zu Jahr ab, insgesamt von 9.6% (1960) auf 8.3% (1972) bei den Beschäftigten, von 18.2% auf 15.2% bei den Beschäftigten/qkm. Die Verteilung der Umsätze auf die Regionen entwickelt sich nicht so eindeutig, jedoch überwiegt auch hier die Abnahme der Konzentration, wobei die Tendenz bei den Umsätzen/qkm ausgeprägter ist. Insgesamt nimmt der Konzentrationskoeffizient bei den Umsätzen von 10.0% auf 9.1%, bei den Umsätzen/qkm von 24.1% auf 21.0% ab. Im betrachteten Zeitraum überwiegt somit die Tendenz zur räumlichen Dekonzentration der Industrie[5].

Bei der Beurteilung dieser Konzentrationswerte ist weiter zu beachten, daß in der relativ groben Regionenabgrenzung

5) Vgl. Abb. 6 (S. 150). Zu entsprechenden Ergebnissen gelangt HOPPEN in einer Varianzanalyse desselben Zeitraums. D. HOPPEN: Empirische Untersuchung der regionalen und sektoralen Verteilung der verarbeitenden Industrie (im folgenden kurz: Empirische Untersuchung). Jahrbücher für Nationalökonomie und Statistik, Bd. 191, Heft 5-6 (1977) S. 535.

alle intraregionalen Konzentrationserscheinungen verlorengehen. Die hier dargestellte räumliche Konzentration erfaßt tatsächlich nur einen Teilaspekt der gesamten räumlichen Konzentration. Stellt man sich die hier erfaßten Regionen als Gruppen von Unterregionen vor, so ermittelt man mit den berechneten Werten nur die Intergruppenentropie[6]. Eine weitere Aufgliederung kann zwar theoretisch zu einer geringeren Gesamtkonzentration führen, wenn eine relativ ausgeglichene Verteilung innerhalb der Gruppen vorliegt, praktisch ist jedoch eher zu erwarten, daß die intraregionale Verteilung ungleichmäßiger ist[7].

Faßt man andererseits die betrachteten Regionen zu fünf Regionsgruppen zusammen[8], so zeigt sich, daß die Konzentration innerhalb der Gruppen einen relativ höheren Anteil an der Gesamtkonzentration hat als die Konzentration auf die Gruppen (Vgl. Tab. 2 und 3, Spalte 3). Einem durchschnittlichen Anteil der Intergruppenkonzentration an der Gesamtkonzentration von 12% bei den Beschäftigten bzw. 16% bei den Umsätzen steht ein Anteil der Intragruppenkonzentration von 88% bzw. 84% gegenüber. Die grobe Gliederung der BRD in 5 Blockgebiete faßt also relativ heterogene Regionen zusammen. Eine Industriekonzentration auf die Blockgebiete liegt - gemessen an der Gesamtkonzentration - nicht vor[9]. Diese Aussage gilt in zunehmendem Maß für den betrachteten Zeitraum. Der Anteil der Konzentration innerhalb der Blöcke erhöht sich. Das bedeutet, daß die allgemeine Konzentrationsabnahme der räumlichen Industrieverteilung 1960-72 hauptsächlich durch einen Ausgleich zwischen den Blockgebieten entsteht.

---

6) Vgl. Kap. 3.1.2.5.
7) Daraus ergeben sich auch bei Bereinigung mit der Fläche Verzerrungen, da die Verdeckung intraregionaler Konzentrationen auch von der Regionsgröße abhängt. Von Bedeutung ist auch die Lage der Regionsgrenzen, die z.B. Ballungsräume durchschneiden können (Mannheim/Ludwigshafen) und damit einen statistischen Dekonzentrationseffekt hervorrufen.
8) Nord, Nordwest, Mitte, Südwest und Südost. Zur Zusammensetzung vgl. Kap. 4.5. Berechnung nach 3.1.2.5.(3), wobei n=34, m=5.
9) In diesem Sinne kann man auch von einem Nord-Süd- oder Ost-West-Gefälle der Industrialisierung nicht sprechen.

5.1.1.2. Die intersektorale Verteilung

Die sektorale Konzentration von Beschäftigten und Umsätzen für den gesamten Zeitraum wird durch den Konzentrationskoeffizienten $C(P_s)$[10] dargestellt.

Tab. 4: Sektorale Konzentration

Beschäftigte	.128
Umsätze	.133

Eine Aussage über die sektorale Konzentration ist isoliert gesehen inhaltsleer, da sie im Grunde nur Spiegel der statistischen Sektorabgrenzung ist. Vor dem Hintergrund der regionalen Problemstellung ist jedoch die Frage nach einer zeitlichen Änderung dieser Konzentration sinnvoll, da sie über die Sektorstruktur der Regionen auf deren Entwicklungsmöglichkeiten Einfluß nehmen kann. An dieser Stelle müssen jedoch Einschränkungen über die Aussagefähigkeit gemacht werden, die sich aus dem Datenmaterial ergeben. Die relativ breite und heterogene Abgrenzung (Hauptbeteiligtenprinzip) der Sektoren läßt eine Aussage über Produkte nicht zu, auch eine Interpretation der Sektoren als Produktgruppen ist idealisiert sowohl durch die Breite als auch durch Überschneidungen. Damit können Konzentrations- und Dekonzentrationserscheinungen überdeckt werden.

Die Verteilung der Beschäftigten auf die Sektoren zeigt eine eindeutige Tendenz zur Konzentrationszunahme. Die Konzentration steigt von Jahr zu Jahr (mit Ausnahme einer geringfügigen Abnahme zwischen 1963 und 1964), insgesamt von 11.1% auf 12.6%. Auch bei der Umsatzverteilung auf die Sektoren überwiegt die Zunahme der Konzentration (insgesamt von 12.8% auf 13.8%), wenngleich die Tendenz nicht so eindeutig ist wie bei den Beschäftigten (Tab. 5)[11].

10) Die Berechnung erfolgt nach Formel 3.1.2.1.(6), wobei die sektoralen Werte als Durchschnitte über alle Jahre berechnet werden. Für die Berechnung von H(p) in 3.1.2.1.(1) wird s für i gesetzt.

11) Vgl. Abb. 6 und D. HOPPEN: Empirische Untersuchung, S. 535.

Tab. 5: Sektorale Konzentration in den einzelnen Jahren[12)]

Jahr	sektoraler Konzentrationskoeffizient		Anteil der Intergruppenkonzentration (%)	
	Besch.	Umsätze	Besch.	Umsätze
1960	.1109	.1280	40.11	12.58
1961	.1132	.1276	41.73	13.53
1962	.1151	.1312	41.71	12.82
1963	.1159	.1315	40.93	12.42
1964	.1158	.1299	40.13	12.60
1965	.1175	.1309	41.71	12.18
1966	.1192	.1328	40.14	12.60
1967	.1197	.1367	38.62	10.45
1968	.1206	.1378	40.14	11.76
1969	.1239	.1364	41.61	15.35
1970	.1251	.1282	42.31	17.38
1971	.1258	.1300	42.29	17.03
1972	.1258	.1377	42.29	16.39

Faßt man die Sektoren zu den vier Sektorgruppen Grundstoff- und Produktionsgüterindustrie, Investitionsgüterindustrie, Verbrauchsgüterindustrie und Nahrungs- und Genußmittelindustrie zusammen[13)], so liegt der Anteil der Intergruppenkonzentration mit durchschnittlich 41% bzw. 14% unter dem Anteil der Intragruppenkonzentration mit 59% bzw. 86%. Das bedeutet, daß sich bei der üblichen Industriegruppenzusammenfassung vor allem bzgl. der Umsätze relativ heterogene Gruppen ergeben. Diese Aussage gilt jedoch in abnehmendem Maße für den betrachteten Zeitraum, da der Anteil der Intergruppenkonzentration zunimmt, v.a. bei den Umsätzen. Die wachsende Gesamtkonzentration ist also in höherem Maße durch die unterschiedliche Entwicklung der Gruppen bedingt (und zwar im wesentlichen durch eine Anteilserhöhung der Investitionsgüterindustrie von 35% auf 41% und eine Anteilssenkung der Grundstoffindustrie von 30% auf 26%).

5.1.2. Die Entwicklung des Zusammenhangs zwischen regionaler und sektoraler Industriestruktur

5.1.2.1. Abhängigkeit zwischen Regionen und Sektoren

Die Stärke der gegenseitigen Abhängigkeit von regionaler

12) $C_t(P_{st})$ berechnet sich nach 3.1.2.1.(6) für jedes t getrennt.

13) Zur Zusammensetzung der Gruppen im einzelnen vgl. Kap. 4.5. Berechnung nach 3.1.2.5.(3), wobei n=31 und m=4.

und sektoraler Verteilung wird durch den sektoral-regionalen Kontingenzkoeffizienten $S_t(P_{rst})$ gemessen[14)] (Tab. 6).

Tab. 6: Regional-sektorale Abhängigkeit
(Kontingenzkoeffizient)

Jahr	Beschäftigte	Umsätze
1960	.1039	.1269
1961	.1069	.1280
1962	.0997	.1154
1963	.0949	.1176
1964	.0950	.1172
1965	.0928	.1085
1966	.0943	.1135
1967	.0945	.1091
1968	.0948	.1123
1969	.0894	.1027
1970	.0922	.1071
1971	.0909	.1040
1972	.0944	.1055

Zur Beurteilung dieser Kontingenzkoeffizienten, die im Bereich von 8.9% - 12.8% liegen, muß man sich die Extremwerte des Kontingenzkoeffizienten verdeutlichen. Das Minimum von Null besagt, daß alle Regionen die gleiche Sektorstruktur aufweisen[15)]. Das Maximum von 1 wird erreicht, wenn in jeder Region nur ein Sektor vorhanden ist[16)]. Während das Minimum im Bereich des Möglichen liegt, stellt das Maximum eine sehr unwahrscheinliche Situation dar. Die vorliegenden Werte sind somit bereits als Abhängigkeit zwischen den Merkmalen Region und Sektor zu interpretieren[17)]. Die Verteilung der Beschäftigten bzw. Umsätze einer Region auf die Sektoren unterscheidet sich somit deutlich zwischen den Regionen, wobei die Unterschiede bei den Umsätzen größer sind als bei den Beschäftigten.

Die Entwicklung dieser Unterschiede schwankt zwischen Zunahme

---

14) Die Berechnung erfolgt nach 3.1.2.2.(3) aus den regional und sektoral disaggregierten Werten für alle Jahre getrennt, wobei r und s statt i und j gesetzt wird.

15) und zwar auch qualitativ und nicht nur quantitativ wie bei einer vergleichenden Konzentrationsbetrachtung.

16) Dies trifft zu, wenn die Anzahl der Regionen gleich der Anzahl der Sektoren oder größer ist. Andernfalls wäre das Maximum erreicht, wenn jeder Sektor nur in einer Region vorhanden wäre.

17) Vgl. auch das Beispiel in Kap. 3.1.3.

und Abnahme der Kontingenzwerte, insgesamt herrscht jedoch eine Tendenz zur Abnahme der Abhängigkeit, die v.a. zu Anfang des betrachteten Zeitraums bis 1965 deutlich ausgeprägt ist[18].

Mit Hilfe des gerichteten Kontingenzkoeffizienten $\bar{H}_t(P_{rt}/P_{st})$ bzw. $\bar{H}_t(P_{st}/P_{rt})$ kann neben der Messung der Stärke der Abhängigkeit von Regionen und Sektoren auch eine Aussage über die Richtung dieser Abhängigkeit getroffen werden[19] (Tab. 7).

Tab. 7: Richtung der regional-sektoralen Abhängigkeit (gerichteter Kontingenzkoeffizient)

Jahr	Einfluß Sektor auf Region		Einfluß Region auf Sektor	
	Besch.	Umsätze	Besch.	Umsätze
1960	.0997	.1212	.1039	.1269
1961	.1015	.1214	.1069	.1280
1962	.0945	.1086	.0997	.1154
1963	.0905	.1106	.0949	.1176
1964	.0904	.1104	.0950	.1172
1965	.0881	.1017	.0928	.1085
1966	.0891	.1061	.0943	.1135
1967	.0890	.1011	.0945	.1090
1968	.0890	.1046	.0948	.1123
1969	.0838	.0956	.0894	.1027
1970	.0859	.0995	.0922	.1071
1971	.0844	.0959	.0909	.1040
1972	.0875	.0972	.0944	.1055

Auch in diesen Zahlen spiegelt sich die Abnahme der Abhängigkeit allgemein und die stärkere Abhängigkeit bei den Umsätzen. Zu jedem Zeitpunkt und bei beiden Variablen aber ist der Einfluß der Regionen auf die Sektoren größer als umgekehrt. Im Durchschnitt der Jahre kann der Einfluß der Sektoren auf die regionale Verteilung der Beschäftigten bzw. Umsätze mit 9.0% bzw. 10.6%, gemessen an der totalen Determinierung beziffert werden. Der Einfluß der Regionen auf die sektorale Verteilung der Beschäftigten bzw. Umsätze beträgt 9.6% bzw. 11.3%.

Der gegenseitige Zusammenhang geht also mehr von den Regionen aus. Das bedeutet, daß sich mit den Regionen eher bestimmte

18) Vgl. Abb. 6 und D. HOPPEN: Empirische Untersuchung, S. 535.
19) Berechnung nach den Formeln 3.1.2.3.(3) und (4) mit r und s statt i und j.

Abb. 6: Entwicklung der regionalen und sektoralen Konzentration und der regional-sektoralen Abhängigkeit

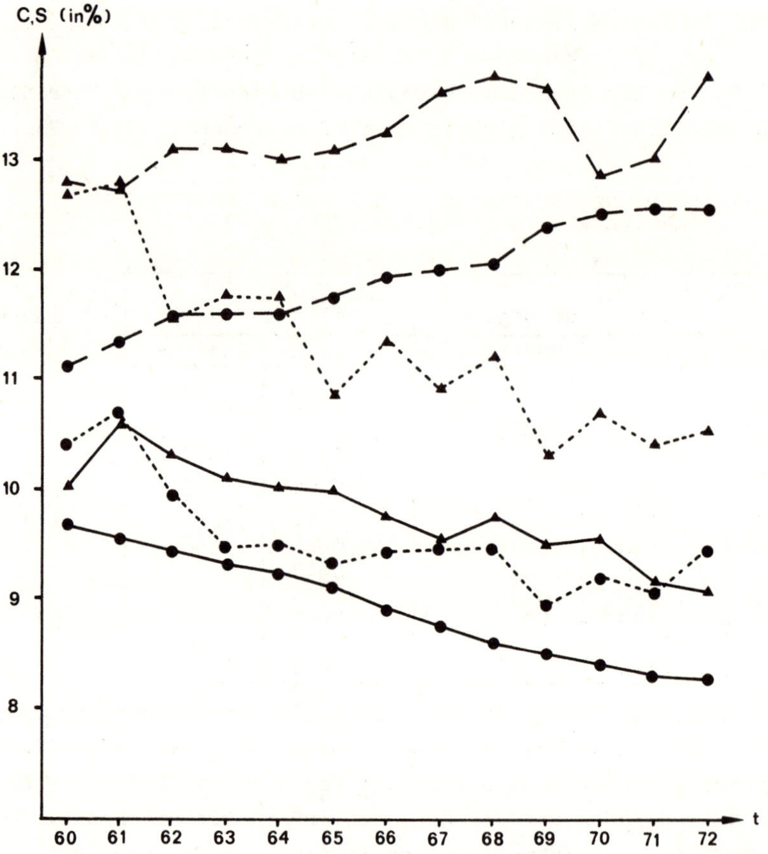

——— regionaler Konzentrationskoeffizient

— — — sektoraler Konzentrationskoeffizient

.... regional-sektoraler Kontingenzkoeffizient

● = Beschäftigte

▲ = Umsätze

Sektoren assoziieren als umgekehrt. Theoretische Schlüsse sind jedoch aus diesen Ergebnissen nur sehr vorsichtig zu ziehen. Diese Zahlen sind kein Beleg dafür, daß die Region als unabhängige Variable im Zusammenhang zum Sektor als abhängiger Variabler steht. Dazu liegen nicht nur die gerichteten Kontingenzkoeffizienten zu nahe beieinander; es muß auch beachtet werden, daß dieses Ergebnis wesentlich von der Regionen- und Sektorabgrenzung abhängt. Als unabhängig erweist sich nämlich immer die Variable mit der absolut gleichmäßigeren Verteilung[20]. Das entscheidet sich nach Art und Tiefe der Disaggregation. Trifft man also eine Aussage aufgrund der vorliegenden Berechnungen, so muß der konkrete Hintergrund der regionalen und sektoralen Gliederung im Auge behalten werden.

5.1.2.2. Die regionale Verteilung der einzelnen Sektoren[21]

Die regionale Verteilung der einzelnen Sektoren kann als absolute räumliche Konzentration gemessen werden. Diese kann jedoch wegen der unterschiedlichen Regionsgrößen nicht durch die Messung der Konzentration eines Sektors auf die Regionen erfaßt werden. Auch eine Bereinigung mit der Fläche stellt keine befriedigende Lösung dar, da die An- bzw. Abwesenheit eines Sektors nur ein relatives räumliches Problem ist, das nur im Vergleich zur An- bzw. Abwesenheit von Industrie überhaupt einen Sinn hat. Deshalb wird die regionale Verteilung der einzelnen Sektoren - kurz: Regionsstruktur - durch

20) Es gilt: $H(P) - H(P/Q) = H(Q) - H(Q/P)$
Dann gilt auch:

$$\frac{H(P)-H(P/Q)}{H(P)} < \frac{H(Q)-H(Q/P)}{H(Q)}, \quad \text{wenn } H(P) > H(Q)$$

21) Dieses Kapitel wird nicht so ausführlich gehalten wie das folgende, da die regionale Verteilung der Sektoren später nicht weiter verfolgt wird.

den sektoralen Variationsgrad I_{st} (P_{rst}/P_{rt})[22] als Abweichung von der gesamtindustriellen Regionsstruktur gemessen[23].

Die in Tab. 8 und 9 dargestellten Abweichungen der sektoralen Regionsstruktur sind sehr unterschiedlich und teilweise sehr hoch[24]. Vergleicht man zunächst die Sektoren bzgl. ihrer Regionsstrukturen, so kann man das für jedes Jahr tun, indem man die Sektoren nach ihrem Variationsgrad ordnet und ihnen einen Rang zúweist (Tab. 10 und 11). Umfangreiche Vergleiche für jedes Jahr erübrigen sich jedoch, da die Ränge der Sektoren nicht stark schwanken und meist einen ausgeprägten häufigsten Wert aufweisen. Legt man eine Regressionsgerade durch die Ränge eines Sektors für die verschiedenen Jahre, so ergibt sich, hochgerechnet auf den gesamten Zeitraum 1960-72 eine Gesamtrangänderung zwischen +5 und -7 Rängen (Beschäftigte) bzw. zwischen +4 und -8 Rängen (Umsätze), das entspricht einer maximalen Rangänderung von 0,7 Rängen pro Jahr. In einem Änderungsbereich von höchstens ±4 Rängen finden sich 27 Sektoren (87,1%) bzw. 26 Sektoren (83,9%), in einem Änderungsbereich von höchstens ±3 Rängen 26 (83,9%)bzw. 20 (64,5%) Sektoren. Wegen dieser geringen Rangänderungen ist es möglich, die Sektoren aufgrund ihres durchschnittlichen Variationsgrades zu vergleichen und ihnen entsprechend dessen Rang eine Position zuzuordnen, die für den gesamten Zeitraum gültig ist (Tab. 13 und 14).

---

22) Berechnung nach der Formel 3.1.2.4.(1) für jedes Jahr und jeden Sektor (i=r). Hierbei entsteht das Problem, welche der Verteilungen P_{rst} oder P_{rt} als Gewichtungsverteilung q verwendet werden soll. Eine gleiche Gewichtung für alle s durch Wahl von P_{rt} ist nicht möglich, da in der P_{rst}-Verteilung Nullen auftreten und deshalb P_{rst} nicht im Nenner stehen darf. So ergibt sich folgende Berechnung:

$$I_{st}(P_{rst}/P_{rt}) = \sum_{r=1}^{R} P_{rst} \log \frac{P_{rst}}{P_{rt}}$$

23) Prinzipiell geht man so auch bei der Berechnung des Lokalisationskoeffizienten oder des Standortkoeffizienten vor. Vgl. J. H. MÜLLER: Methoden zur regionalen Analyse und Prognose, S. 50. Verzerrend wirken auch hier die unterschiedlichen Regionsgrößen, weil sie in unterschiedlichem Maße intraregionale Konzentrationen verdecken. Dies betont auch R. VINING: Location of industry and regional patterns of business-cycle behavior. Econometrica, Bd. 14, 1946, S. 46.

24) Zur Beurteilung vgl. 3.1.3.

Tab. 8: Sektoraler Variationsgrad der regionalen Verteilung: Beschäftigte

Jahr Sektor	1960	1961	1962	1963	1964	1965	1966	1967	1968	1969	1970	1971	1972
1	.2387	.2409	.2337	.2086	.1595	.2722	.1501	.1426	.1550	.1374	.1721	.1737	.1765
2	1.4058	1.4394	1.4189	1.2949	1.3319	1.3092	1.3178	1.2921	1.4453	1.3224	1.2600	1.2189	1.1981
3	.5194	.4827	.5282	.5694	.5486	.5388	.5408	.5693	.5858	.5037	.6705	.5171	.5353
4	.3249	.3061	.3124	.2254	.2673	.2624	.2720	.2576	.2377	.2649	.2546	.2776	.2793
5	.7952	.8379	.8573	.8619	.8457	.8993	.8963	.9104	.9846	.9388	.9685	.9373	.9262
6	.6717	.7789	.7137	.7040	.7295	.7482	.7259	.7336	.7470	.7513	.6733	.6676	.6549
7	.3315	.3691	.3642	.3479	.3468	.3218	.3153	.3044	.2823	.2924	.3066	.2759	.2873
8	.0709	.0835	.0834	.0622	.0627	.0622	.0629	.0658	.0651	.0596	.0551	.0566	.0582
9	.6679	.6289	.3664	.4121	.5555	.4199	.5366	.5361	.5674	.4002	.4869	.4986	.5374
10	2.9702	2.7832	2.7389	2.9021	3.1[illegible]84	3.1123	3.1938	3.2187	3.2594	3.1935	3.0737	3.0881	3.1205
11	1.1946	1.4630	1.4892	1.4080	1.3869	1.3808	1.2780	1.2462	1.1140	1.0927	1.0840	1.1379	.7086
12	.2308	.3392	.3033	.1973	.1908	.1885	.1939	.2025	.1912	.1907	.1886	.1840	.1858
13	.7186	.6622	.6663	.6824	.6773	.6694	.6658	.6693	.6258	.5884	.5754	.5544	.5201
14	.1871	.2023	.1920	.1754	.1403	.1447	.1345	.1330	.1245	.1326	.1511	.1441	.2889
15	1.0766	1.1706	1.2152	1.1429	.9502	.9497	.9209	.8876	.8456	.8502	1.0157	1.0124	.9930
16	.4363	.4635	.4534	.4240	.4216	.3958	.4163	.3977	.4067	.4072	.4045	.4127	.4301
17	1.4861	1.5143	1.4647	1.4918	1.4773	1.4553	1.4942	1.4861	1.4072	1.3895	1.3903	1.3535	1.3700
18	.6162	.6353	.6285	.6084	.6268	.6294	.6589	.6567	.7045	.6662	.6687	.6672	.6370
19	.4392	.4376	.4592	.4398	.4192	.4321	.4029	.3956	.4265	.4265	.4295	.4369	.4166
20	.3818	.4102	.4183	.3927	.3886	.3911	.4035	.4020	.3992	.3887	.4100	.4200	.4190
21	.4706	.4961	.4862	.4662	.4533	.4305	.4441	.4594	.4875	.4648	.4962	.5374	.5439
22	.2421	.1707	.1832	.1447	.1730	.1720	.1810	.1835	.2176	.1819	.1804	.1687	.1705
23	.1123	.1268	.1373	.1397	.1454	.1457	.1443	.1412	.1528	.1281	.1254	.1192	.1248
24	.1609	.1707	.1627	.1563	.1448	.1318	.1237	.1238	.1576	.1176	.1221	.1030	.1041
25	.8961	.9324	.7684	.8989	.8303	.8915	.8863	.8561	.7507	.8404	.8225	.8293	.7520
26	1.0741	1.2160	1.1755	1.1476	1.1361	1.1724	1.2032	1.3164	.6133	.6253	.6303	.6336	.6696
27	.7159	.6912	.6981	.6926	.6352	.6650	.6942	.7111	.6887	.7145	.7002	.6935	.6692
28	.5110	.5179	.5071	.5072	.5143	.5186	.5223	.5508	.5479	.5373	.5544	.5688	.5634
29	.2412	.2659	.2424	.2623	.2557	.2713	.2814	.2896	.2768	.2870	.3087	.3257	.5281
30	.1558	.1368	.1396	.1618	.1281	.1380	.1570	.1469	.1264	.1295	.2008	.1714	.1903
31	1.2177	1.0735	1.0720	1.2982	.8789	.8551	.7890	.7604	.7884	.7564	1.1174	1.1073	1.0797

Tab. 9: Sektoraler Variationsgrad der regionalen Verteilung: Umsätze

Jahr / Sektor	1960	1961	1962	1963	1964	1965	1966	1967	1968	1969	1970	1971	1972
1	.2305	.2349	.2066	.2087	.1556	.1410	.1512	.1496	.1416	.1258	.1724	.1767	.1834
2	1.2561	1.3019	1.2830	1.2065	1.2309	1.2782	1.1777	1.1693	1.3717	1.1922	1.1153	1.0805	1.0327
3	.4466	.4429	.5089	.5969	.5340	.5380	.6098	.6179	.6118	.4817	.5514	.5017	.4797
4	.3709	.3466	.3532	.2889	.3333	.3173	.4327	.3258	.2900	.3024	.2937	.3218	.3218
5	.9213	.9483	.9449	.9483	.9386	.9603	.9629	.9385	1.0226	.9784	.9714	.9560	.9670
6	.7709	.8202	.8347	.8901	.8659	.8870	.8705	.8654	.9559	.8530	.7768	.7586	.7615
7	.2471	.2952	.3159	.3241	.2938	.2824	.2926	.3119	.2597	.2364	.2549	.2390	.2359
8	.1188	.1274	.1164	.0944	.0961	.0956	.0865	.0892	.0768	.0693	.0795	.0762	.0951
9	1.1315	1.0923	.6452	.6701	.9264	.6235	.8860	.6701	.7224	.4747	.5290	.5286	.5974
10	3.0502	2.8416	2.5765	2.9503	3.2415	3.2784	3.0871	2.9579	3.2946	3.0512	3.0269	2.9687	2.9931
11	1.2635	1.2261	1.9100	1.5087	1.9140	1.6693	.9907	1.1056	1.1472	1.1768	1.0881	1.1660	.7044
12	.3210	.3136	.2795	.2998	.2829	.2835	.3063	.3157	.2946	.2989	.3035	.3103	.3399
13	.8295	.7453	.7326	.7413	.7504	.7350	.7214	.7289	.7124	.6524	.5976	.5400	.5335
14	.1819	.2061	.2100	.1926	.1601	.1636	.1649	.1634	.1916	.1542	.1810	.1830	.1949
15	1.2707	1.3219	1.3227	1.2759	1.0170	1.0838	1.0777	1.0027	.9501	.9515	1.1638	1.1706	1.1587
16	.4390	.4389	.4300	.4354	.4335	.3808	.4283	.4744	.4243	.4005	.3715	.3846	.4010
17	1.2316	1.2811	1.2135	1.2540	1.2371	1.2240	1.3212	1.2201	1.1181	1.0883	1.1688	1.0818	1.1073
18	.7144	.7205	.6925	.7169	.7367	.7063	.7571	.7558	.8242	.7741	.7575	.7314	.7800
19	.5892	.5552	.5648	.5505	.5343	.5341	.5282	.5198	.5789	.5632	.5562	.5396	.5232
20	.5544	.5738	.5757	.5720	.5754	.5691	.5862	.5803	.6026	.5606	.6027	.5914	.5825
21	.4976	.5171	.4875	.4878	.4465	.3915	.4559	.4888	.4762	.4079	.5016	.5530	.5596
22	.3857	.2223	.2738	.1935	.2189	.2221	.2418	.2349	.2446	.2366	.2358	.2213	.2391
23	.1704	.1781	.1630	.1655	.1914	.1768	.1737	.1631	.1767	.1576	.1573	.1671	.1465
24	.2323	.2292	.2107	.2105	.1960	.1549	.1670	.1630	.1876	.1374	.1542	.1250	.1198
25	1.1834	1.1814	.8943	1.0967	1.0716	1.0634	1.0388	.9799	.9001	.9848	.9398	.9451	.8665
26	1.1475	1.2161	1.1681	1.1557	1.2630	1.2836	1.3125	1.4628	.7423	.7807	.7664	.7579	.8578
27	.8852	.8983	.8648	.8293	.8144	.7597	.8089	.8217	.7439	.8069	.7635	.7421	.7254
28	.5832	.5821	.5657	.5886	.5847	.5713	.5975	.6197	.6438	.6287	.6561	.6786	.6863
29	.3502	.3468	.3602	.3451	.3350	.3326	.3608	.3690	.3475	.3688	.3917	.4272	.4049
30	.1670	.1389	.1357	.1315	.1388	.1358	.1686	.1337	.1336	.1419	.2141	.1894	.2091
31	.8845	1.7121	1.7716	2.0640	1.3777	1.3608	1.1075	1.0879	1.1536	1.1474	1.5341	1.4576	1.4199

Tab. 10: Rang der Sektoren nach ihrem Variationsgrad: Beschäftigte

Jahr Sektor	1960	1961	1962	1963	1964	1965	1966	1967	1968	1969	1970	1971	1972
1	7	7	7	8	6	10	5	5	5	6	5	7	5
2	29	28	28	27	28	28	29	28	30	29	29	29	29
3	17	15	18	18	17	18	18	18	18	17	21	16	16
4	10	9	10	9	10	8	9	9	9	9	9	10	8
5	23	23	24	23	23	25	25	26	27	27	25	25	26
6	20	22	22	22	22	22	22	22	23	23	22	22	21
7	11	11	11	11	11	11	11	11	11	11	10	9	9
8	1	1	1	1	1	1	1	1	1	1	1	1	1
9	19	18	12	13	18	14	17	16	17	13	15	15	17
10	31	31	31	31	31	31	31	31	31	31	31	31	31
11	27	29	30	29	29	29	28	27	28	28	27	28	24
12	6	10	9	7	8	7	8	8	7	8	7	8	6
13	22	20	20	20	20	21	20	20	20	19	18	18	14
14	5	6	6	6	3	4	3	3	2	5	4	4	10
15	26	26	27	25	26	26	26	25	26	26	26	26	27
16	13	14	14	14	14	13	14	13	13	14	12	12	13
17	30	30	29	30	30	30	30	30	29	30	30	30	30
18	18	19	19	19	19	19	19	19	22	21	20	21	20
19	14	13	15	15	13	16	12	12	14	15	14	14	11
20	12	12	13	12	12	12	13	14	12	12	13	13	12
21	15	16	16	16	15	15	15	15	15	16	16	17	18
22	9	5	5	3	7	6	7	7	8	7	6	5	4
23	2	2	2	2	5	5	4	4	4	3	3	3	3
24	4	4	4	4	4	2	2	2	6	2	2	2	2
25	24	24	23	24	25	24	24	24	24	25	24	24	25
26	25	27	26	26	27	27	27	29	19	20	19	20	23
27	21	21	21	21	21	20	21	21	21	22	23	23	22
28	16	17	17	17	16	17	16	17	16	18	17	19	19
29	8	8	8	10	9	9	10	10	10	10	11	11	15
30	3	3	3	5	2	3	6	6	3	4	8	6	7
31	28	25	25	28	24	23	23	23	25	24	28	27	28

Tab. 11: Rang der Sektoren nach ihrem Variationsgrad: Umsätze

Jahr Sektor	1960	1961	1962	1963	1964	1965	1966	1967	1968	1969	1970	1971	1972
1	5	7	4	6	3	3	2	3	3	2	4	4	4
2	28	28	27	26	26	27	28	28	30	30	27	26	27
3	13	13	14	17	14	15	17	16	16	15	15	13	13
4	10	10	10	8	10	10	12	10	9	10	9	10	9
5	23	22	24	23	23	23	23	23	26	25	25	25	26
6	19	20	21	22	21	22	21	22	25	23	23	23	22
7	7	8	9	10	9	8	8	8	8	7	8	8	7
8	1	1	1	1	1	1	1	1	1	1	1	1	1
9	24	23	18	18	22	18	22	18	19	14	14	14	18
10	31	31	31	31	31	31	31	31	31	31	31	31	31
11	29	26	30	29	30	30	24	27	28	29	26	28	20
12	8	9	8	9	8	9	9	9	10	9	10	9	10
13	20	19	20	20	19	20	18	19	18	19	17	16	15
14	4	4	5	4	4	5	3	6	6	5	5	5	5
15	30	29	28	28	24	25	26	25	24	24	28	29	29
16	12	12	12	12	12	12	11	12	12	12	11	11	11
17	27	27	26	27	27	26	30	29	27	27	29	27	28
18	18	18	19	19	18	19	19	20	22	20	20	20	23
19	17	15	15	14	15	14	14	14	14	17	16	15	14
20	15	16	17	15	16	16	15	15	15	16	18	18	17
21	14	14	13	13	13	13	13	13	13	13	13	17	16
22	11	5	7	5	7	7	7	7	7	8	7	7	8
23	3	3	3	3	5	6	6	5	4	6	3	3	3
24	6	6	6	7	6	4	4	4	5	3	2	2	2
25	26	24	23	24	25	24	25	24	23	26	24	24	25
26	25	25	25	25	28	28	29	30	20	21	22	22	24
27	22	21	22	21	20	21	20	21	21	22	21	21	21
28	16	17	16	16	17	17	16	17	17	18	19	19	19
29	9	11	11	11	11	11	10	11	11	11	12	12	12
30	2	2	2	2	2	2	5	2	2	4	6	6	6
31	21	30	29	30	29	29	27	26	29	28	30	30	30

Zur besseren Übersicht sind in Tab. 12 das erste Drittel der am ausgeglichensten und das dritte Drittel der am einseitigsten verteilten Sektoren aufgeführt.

Außer der Positionszuordnung interessiert die zeitliche Entwicklung der Regionsstrukturen der Sektoren. Die vorwiegend abnehmende Tendenz der Synentropie bedeutet auch eine vorwiegende Vereinheitlichung der sektoralen Regionsstrukturen. Legt man eine Regressionsgerade durch die Variationsgradwerte eines Sektors für die verschiedenen Jahre (Tab. 13 und 14, Spalte 3), so ist der Regressionskoeffizient in 22 bzw. 21 Sektoren negativ, d.h. in 71,0% bzw. 67,7% der Sektoren hat eine Dekonzentration der regionalen Verteilung stattgefunden.

Tab. 12: Sektoren mit extremen Werten des Variationsgrades

Nr.	Sektoren mit ausgeglichener Regionsstruktur	Nr.	Sektoren mit einseitiger Regionsstruktur
1	Maschinenbau (1)	31	Schiffbau (31)
2	Druckerei und Vervielfältigung (3)	30	Feinkeramische Ind. (27)
3	Kunststoffverarbeitung (5)	29	Eisenschaffende Ind. (28)
4	Ernährungsind. (2)	28	Luftfahrzeugbau (29)
5	Metallwarenind. (6)	27	Musik-Spiel-Schmuck-Sport-Ind. (26)
6	Papier- und Pappeverarb. Ind. (7)	26	Tabakverarbeitung (30)
7	Industrie der Steine und Erden (4)	25	Ledererzeugung (25)
8	Elektrotechnische Industrie (9)	24	Kaltwalzwerke (23)
9	Gießerei-Ind. (10)	23	Gummi- und Asbest-verarbeitende Ind. (24)
10	Bekleidungsind. (11)	22	Stahlverformung (22)

sortiert nach den Werten der Beschäftigten, in Klammern die Ränge der Umsätze.

Einseitiger wurde die regionale Verteilung im betrachteten Zeitraum in den Sektoren NE-Metallindustrie, Kaltwalzwerke,

Schiffbau, Elektrotechnische Industrie (nur bei den Umsätzen), Glasindustrie, Holzverarbeitung, Holzschliff-Zellstoff, Papier und Pappe erzeugende Industrie, Textil-, Bekleidungs- und Ernährungsindustrie.

Bei der Beurteilung der ausgewiesenen Tendenz muß beachtet werden, daß diese Werte pro Jahr gelten. Das gesamte Ausmaß der regionalen Dekonzentration (vereinzelt auch der regionalen Konzentration) der Sektoren im gesamten Zeitraum ist also nicht unbedeutend. Anschaulicher zeigt sich das, wenn man die Gesamtänderung (Regressionskoeffizient x 12) auf den geschätzten Anfangswert ($\hat{I}_{st}$ für t = 1) bezieht (Spalte 4 in Tab. 13 und 14). Die relative Gesamtänderung hat Werte zwischen -50,9% und 73,1% bzw. zwischen -50,3% und 42,7%.

Tab. 13: Durchschnitt und Veränderung des sektoralen Variationsgrades: Beschäftigte

Sektor	Rang	durchschnittl. Var.grad	Tendenz p. Jahr	relative Gesamtänderung (%)
Industrie der Steine und Erden	7	.189	-.0072	-37.2
Eisenschaffende Industrie	29	1.327	-.0148	-12.5
NE-Metallind.	18	.547	.0041	9.4
Gießerei-Ind.	9	.273	-.0033	-13.5
Ziehereien und Kaltwalzwerke	24	.897	.0123	17.9
Stahlverformung	22	.715	-.0036	-5.9
Stahl- und Leichtmetallbau	11	.319	-.0070	-23.3
Maschinenbau	1	.065	-.0018	-28.5
Straßenfahrzeugbau	16	.509	-.0047	-10.5
Schiffbau	31	3.059	.0276	11.4
Luftfahrzeugbau	28	1.230	-.0428	-34.5
Elektrotechn. Ind.	8	.214	-.0083	-37.8
Feinmechanische, opt. und Uhrenind.	19	.637	-.0136	-22.7
Eisen-, Blech- und Metallwarenind.	5	.165	-.0001	-.7
Musikinstr., Schmuck, Spiel, Sportgeräte	27	1.002	-.0178	-19.3
Chemische Industrie	13	.421	-.0031	-8.5
Feinkeramische Ind.	30	1.445	-.0122	-9.6
Glasindustrie	20	.646	.0044	8.5
Sägewerke und Holz bearbeitende Ind.	14	.428	-.0018	-4.9
Holzverarbeitend. I.	12	.402	.0014	4.3
Holzschliff, Zellstoff... erz.Ind.	15	.480	.0043	11.4
Papier und Pappe verarbeitend. Ind.	6	.182	-.0013	-8.2
Druckerei und Vervielfältigungs-I.	2	.134	-.0002	-1.8
Kunststoffverarbeitende Ind.	3	.137	-.0052	-37.1
Gummi und Asbest verarbeitend. Ind.	23	.847	-.0090	-12.0
Ledererzeugende I.	25	.974	-.0554	-50.9
Lederverarbeitung	21	.694	-.0008	-1.4
Textilindustrie	17	.532	.0052	12.5
Bekleidungsind.	10	.296	.0132	73.1
Ernährungsind.	4	.153	.0029	25.7
Tabakverarb. Ind.	26	.984	-.0131	-14.8

Tab. 14: Durchschnitt und Veränderung des sektoralen Variationsgrades: Umsätze

Sektor	Rang	durchschnittl. Var.grad	Tendenz p. Jahr	relative Gesamtänderung (%)
Industrie der Steine und Erden	4	.175	-.0054	-31.2
Eisenschaffende Industrie	28	1.207	-.0164	-15.1
NE-Metallind.	14	.532	.0030	7.0
Gießerei-Ind.	10	.331	-.0038	-12.9
Ziehereien und Kaltwalzwerke	23	.958	.0036	4.6
Stahlverformung	22	.839	-.0030	-4.2
Stahl- und Leichtmetallbau	8	.276	-.0049	-19.3
Maschinenbau	1	.094	-.0037	-38.2
Straßenfahrzeugbau	19	.731	-.0409	-50.3
Schiffbau	31	3.025	.0120	4.9
Luftfahrzeugbau	29	1.300	-.0551	-40.5
Elektrotechn. Ind.	9	.304	.0014	5.7
Feinmechanische, opt. und Uhrenind.	18	.694	-.0203	-29.9
Eisen-, Blech und Metallwarenind.	6	.181	-.0011	-7.0
Musikinstr., Schmuck, Spiel, Sportgeräte	26	1.136	-.0179	-17.3
Chemische Industrie	12	.419	-.0042	-11.3
Feinkeramische Ind.	27	1.196	-.0146	-13.6
Glasindustrie	20	.744	.0061	10.3
Sägewerke und Holz bearbeitend. Ind.	15	.549	-.0022	-4.7
Holzverarbeitende Ind.	16	.579	.0022	4.7
Holzschliff, Zellstoff... erz. Ind.	13	.482	.0029	7.5
Papier und Pappe verarbeitend. Ind.	7	.244	-.0046	-20.3
Druckerei und Vervielfältigungs-Ind.	3	.168	-.0016	-10.8
Kunststoffverarbeitende Ind.	5	.176	-.0091	-47.4
Gummi und Asbest verarbeitend. Ind.	24	1.011	-.0201	-21.3
Ledererzeugend. Ind.	25	1.070	-.0419	-38.1
Lederverarbeitung	21	.805	-.0126	-17.2
Textilindustrie	17	.614	.0096	20.7
Bekleidungsind.	11	.365	.0054	19.5
Ernährungsind.	2	.157	.0046	42.7
Tabakverarb. Ind.	30	1.391	-.0136	-11.1

5.1.2.3. Die Sektorstruktur der einzelnen Regionen

Eine Darstellung der Sektorstruktur der einzelnen Regionen als absolute Konzentration auf bestimmte Sektoren ist wegen des unterschiedlichen Gesamtgewichts der Sektoren nicht sinnvoll. Sie muß in Relation zu den Strukturen in den anderen Regionen gesehen werden. Dem entspricht die Messung der Sektorstruktur der Regionen durch den regionalen Variationsgrad als Abweichung von der gesamträumlichen Sektorstruktur $I_{rt}(P_{rst}/P_{st})$[25]. Diese wird in den Tabellen 15 und 16 ausgewiesen.

Eine erste Durchsicht der Tabellen[26] zeigt, daß eine beträchtliche Abweichung der Sektorstrukturen der Regionen von der gesamträumlichen Sektorstruktur vorliegt, wobei das Maß der Abweichung zwischen den Regionen sehr verschieden ist. Eine genauere Durchleuchtung dieser Ergebnisse ist prinzipiell in zwei Richtungen möglich. Die Sektorstruktur einer bestimmten Region ist einmal im Vergleich zu den anderen Regionen, zum andern in der zeitlichen Entwicklung zu sehen.

Der Vergleich der Regionen untereinander, jeweils für ein bestimmtes Jahr, kann durch die jährliche Reihung der Regionen nach der Höhe ihres Variationsgrades übersichtlich dargestellt werden. Jeder Region wird ein Rang zugewiesen, der mit steigender Höhe ein Ansteigen der Abweichung der Sektorstruktur anzeigt. Diese Ränge sind in den Tabellen 17 und 18 ausgewiesen. Es würde hier zu weit führen, die Position jeder Region in jedem Jahr zu diskutieren. Es läßt sich jedoch zeigen, daß sich über den betrachteten Zeitraum für die meisten Regionen keine großen Änderungen im Rang ergeben haben. Die Ränge schwanken meist nur wenig um einen ausgeprägten häufigsten Wert. Legt man eine Regressionsgerade durch die Rangentwicklung jeder Region, so erhält man - hochgerechnet auf den gesamten Zeitraum 1960-72 - eine Gesamtrangänderung zwischen +11 und -6 Rängen bzw. zwischen +13 und -11 Rängen, also eine maximale Rangän-

25) Berechnung nach 3.1.2.4.(1) für jedes Jahr und jede Region (i=s), wobei wegen dem Null-Problem P_{rst} als Gewichtungsverteilung verwendet wird.

26) Zur Beurteilung vgl. 3.1.3.

Tab. 15: Regionaler Variationsgrad der Sektorstruktur: Beschäftigte

Jahr / Region	1960	1961	1962	1963	1964	1965	1966	1967	1968	1969	1970	1971	1972
1	.7022	.6320	.5990	.4497	.4369	.4893	.5293	.5219	.4881	.3967	.5235	.4993	.5197
2	.7456	.7160	.6954	.6855	.6602	.6561	.6582	.6768	.6864	.6492	.7204	.5898	.5970
3	.4319	.4219	.3123	.4284	.4462	.4299	.4161	.4063	.2926	.3892	.3848	.3939	.3757
4	.3623	.3565	.2620	.3618	.3713	.3707	.3834	.3873	.3827	.3750	.3896	.3232	.7593
5	1.4126	1.3970	.5378	.5901	1.3322	.6075	1.2339	1.2110	1.2319	.5299	.8215	.8692	1.0778
6	.9270	.9226	.8993	.8790	.8210	.7944	.7882	.8106	.6903	.7612	.7850	.7190	.6368
7	.5913	.6120	.6187	.5322	.5607	.5504	.5536	.5771	.6131	.5042	.5338	.5923	.5027
8	1.9811	1.7151	1.6219	1.4799	1.4871	1.4736	1.5253	1.5754	1.3109	1.2725	1.2205	1.2797	1.1450
9	.2881	.2788	.2637	.2504	.2188	.2199	.2311	.2332	.2213	.2075	.2439	.2483	.2477
10	.3096	.3358	.3027	.2849	.3036	.2598	.2611	.2735	.2718	.2351	.2784	.2591	.2580
11	1.0221	1.2176	1.0468	1.0120	.8742	.7790	.9897	.8668	1.0188	.9336	.8538	.8433	.7921
12	.2644	.2740	.2681	.2578	.2620	.2596	.2650	.2693	.2953	.2797	.2852	.2842	.2931
13	.2186	.2267	.2244	.2360	.2401	.2338	.2412	.2480	.2546	.2402	.2372	.2276	.2325
14	.4435	.4597	.4637	.4521	.4588	.4616	.4558	.4520	.4525	.4175	.4101	.3960	.4098
15	.5627	.5564	.5369	.5019	.5018	.4852	.4688	.4692	.4522	.4365	.4235	.4052	.3614
16	.5373	.5443	.5282	.5132	.5200	.5303	.5298	.5361	.5462	.5307	.5507	.5634	.5570
17	.7034	.6970	.6242	.6306	.6261	.6250	.6266	.6214	.6317	.6067	.5907	.5721	.5675
18	.1971	.1854	.1778	.1431	.1427	.1457	.1549	.1517	.1613	.1445	.1513	.1563	.1595
19	.2476	.2465	.2339	.2197	.3214	.3222	.3258	.3391	.3529	.3408	.2568	.2562	.2450
20	.4628	.4624	.4093	.4350	.4241	.3995	.3359	.3214	.3124	.3747	.3609	.3552	.3576
21	.8282	1.0388	.8643	.8654	.8364	.7336	.7376	.7008	.6877	.7039	.7285	.6235	.6022
22	.7229	.7906	.7243	.7648	.7649	.7109	.7228	.7227	.7157	.7059	.6615	.6536	.6471
23	.2710	.2621	.2558	.2623	.2499	.2825	.2446	.2521	.2542	.2499	.2050	.2105	.2275
24	.3222	.3007	.2871	.2555	.2454	.2453	.2438	.2505	.2154	.2074	.2101	.2055	.2106
25	.2807	.2629	.2511	.2423	.2431	.2478	.1863	.1812	.2305	.2169	.2297	.2259	.2184
26	.5714	.5521	.5591	.5486	.5356	.4457	.4450	.4459	.4490	.4188	.4338	.4263	.6562
27	.2900	.2899	.2925	.3103	.2827	.2975	.2783	.2827	.2648	.2595	.2855	.2856	.2285
28	.5857	.5784	.5548	.5394	.4600	.4484	.4506	.3974	.3846	.3807	.4136	.4108	.3954
29	.9157	.8753	.8232	.8355	.7760	.7934	.8403	.8440	.8251	.8437	.8808	.9149	.8905
30	.8494	.8252	.8135	.7778	.7474	.7509	.7423	.7614	.7305	.7291	.7910	.7828	.8147
31	.4595	.4201	.4138	.4564	.4158	.4271	.4170	.4232	.4288	.4408	.4946	.4903	.4588
32	.3931	.4129	.4279	.4213	.4015	.4152	.4107	.4066	.3847	.3745	.3882	.4103	.3826
33	.3986	.4180	.3853	.3673	.3316	.3279	.3062	.3034	.3031	.3034	.3367	.2954	.2719
34	.9447	.9349	.9038	.8692	.9089	.9207	.9013	.9225	.8987	.7712	.7267	.7153	.7075

Tab. 16: Regionaler Variationsgrad der Sektorstruktur: Umsätze

Jahr / Region	1960	1961	1962	1963	1964	1965	1966	1967	1968	1969	1970	1971	1972
1	.7980	.7428	.6850	.5665	.4523	.5616	.5960	.5414	.5646	.4172	.5510	.5460	.5238
2	.8300	.7953	.7691	.7353	.7532	.7218	.7418	.6973	.7039	.6285	.7799	.5756	.5898
3	.6273	.5841	.4128	.5499	.5393	.5475	.5268	.4479	.3864	.4414	.4631	.4330	.3873
4	.4226	.4307	.3229	.4737	.4962	.4413	.4550	.4670	.5046	.4598	.5171	.4080	.4883
5	2.1815	2.1197	1.0581	1.1571	2.0340	1.2183	1.9322	1.4060	1.5247	.7435	.8341	.8062	1.2074
6	1.1096	1.1151	1.0725	1.1412	1.0307	.9856	.9482	.8439	.8183	.8480	.8210	.9436	.7838
7	.6175	.5830	.6091	.5772	.5950	.5817	.5255	.5540	.5994	.4129	.4832	.6143	.4895
8	2.3779	1.9402	1.5207	2.2011	2.0162	2.0865	1.7490	1.6869	1.5764	1.0618	1.0284	1.2851	1.0640
9	.3135	.3469	.3390	.3148	.2515	.2642	.2481	.2288	.2759	.2355	.3205	.3363	.3529
10	.4265	.3979	.3332	.3675	.3546	.3484	.3164	.3040	.3024	.3044	.3740	.3538	.3707
11	.9268	1.2770	1.1960	1.6352	.8721	.6448	.9826	.7652	.9134	.9061	.9507	.9469	1.1138
12	.2689	.3097	.3002	.2962	.2972	.2972	.3010	.3150	.3334	.3172	.3302	.3304	.3458
13	.2298	.2744	.2741	.2932	.2761	.2839	.2796	.2798	.2868	.2962	.2889	.2759	.2602
14	.5186	.5411	.5241	.5384	.5553	.5522	.5384	.5314	.5682	.5688	.5781	.5436	.6518
15	.6242	.6224	.5944	.5839	.5867	.5609	.5461	.5315	.5434	.5284	.5195	.5146	.4871
16	.5722	.5706	.5557	.5622	.5685	.5683	.5851	.5710	.6341	.5831	.6183	.6314	.6472
17	.8081	.7958	.7589	.6873	.6728	.6708	.6342	.6234	.6706	.6339	.5961	.5456	.5467
18	.2891	.2609	.2352	.1949	.1974	.2199	.1986	.2004	.2467	.1913	.1910	.1963	.1913
19	.4576	.4372	.3975	.3786	.3811	.3838	.3921	.4002	.3918	.3804	.3401	.3155	.2917
20	.5602	.5388	.4320	.5281	.5292	.4442	.4330	.3705	.3498	.4426	.4273	.4398	.4519
21	1.1542	1.0250	.8600	1.1803	1.1600	.8349	.8496	.8112	.7594	.7620	.7408	.6525	.5713
22	.9200	.8672	.7776	.8765	.9070	.7747	.8313	.7410	.7128	.6981	.6888	.6330	.6333
23	.3869	.3597	.3473	.3512	.3421	.3354	.3502	.3793	.3754	.3650	.2832	.2965	.3051
24	.3077	.2938	.2748	.2425	.2420	.2801	.2543	.2758	.2941	.2587	.2534	.2547	.2638
25	.3124	.2829	.2688	.2681	.2611	.2591	.1822	.1981	.2928	.2755	.2870	.2985	.2407
26	.6403	.5868	.5973	.6076	.5966	.5147	.4842	.4788	.5133	.4604	.4909	.4917	.4869
27	.3105	.3042	.3024	.3260	.3196	.3108	.2570	.4076	.2746	.2730	.3223	.3189	.2873
28	.5558	.5629	.5351	.4977	.4315	.4017	.3791	.2954	.4048	.4044	.4267	.3991	.4408
29	.9145	.8969	.8471	.8073	.7810	.8290	.8637	.8486	.8680	.9004	.9150	.9826	1.0664
30	.8690	.8197	.7900	.7945	.7425	.7413	.7459	.7348	.7239	.7319	.8409	.8064	.8350
31	.4815	.4485	.4194	.4827	.4315	.4375	.4460	.4594	.5000	.5260	.6212	.5881	.6270
32	.5691	.5548	.5352	.5854	.5050	.5245	.4893	.4893	.4805	.4666	.4515	.4614	.4720
33	.4641	.4596	.4479	.4672	.4301	.4062	.3592	.3705	.4074	.4064	.4593	.3883	.3577
34	1.0348	.9900	.8513	.8708	.9056	.9149	.8868	.8706	.8754	.8520	.7885	.6628	.6621

Tab. 17: Rang der Regionen nach ihrem Variationsgrad: Beschäftigte

Jahr / Region	1960	1961	1962	1963	1964	1965	1966	1967	1968	1969	1970	1971	1972
1	23	23	23	16	16	21	21	21	21	17	21	21	20
2	26	25	26	26	25	26	25	25	25	26	26	24	23
3	14	15	12	14	17	16	15	15	9	16	13	14	14
4	11	11	6	11	12	12	13	13	14	14	15	12	29
5	33	33	20	24	33	24	33	33	33	23	31	32	33
6	30	29	31	32	29	32	29	29	27	30	29	29	25
7	22	22	24	21	23	23	23	23	23	22	22	25	19
8	34	34	34	34	34	34	34	34	34	34	34	34	34
9	7	7	7	5	2	2	3	3	3	3	6	6	8
10	9	10	11	9	9	7	7	8	8	5	8	8	9
11	32	32	33	33	31	30	32	31	32	33	32	31	30
12	4	6	8	7	7	6	8	7	10	9	9	9	11
13	2	2	2	3	3	3	4	4	6	6	5	5	6
14	15	16	17	17	18	19	19	19	20	18	16	15	17
15	19	20	19	19	20	20	20	20	19	20	18	16	13
16	18	18	18	20	21	22	22	22	22	24	23	22	21
17	24	24	25	25	24	25	24	24	24	25	24	23	22
18	1	1	1	1	1	1	1	1	1	1	1	1	1
19	3	3	3	2	10	10	11	12	13	11	7	7	7
20	17	17	14	15	15	13	12	11	12	13	12	13	12
21	27	31	30	30	30	28	27	26	26	27	27	26	24
22	25	26	27	27	27	27	26	27	28	28	25	27	26
23	5	4	5	8	6	8	6	6	5	7	2	3	4
24	10	9	9	6	5	4	5	5	2	2	3	2	2
25	6	5	4	4	4	5	2	2	4	4	4	4	3
26	20	19	22	23	22	17	17	18	18	19	19	19	27
27	8	8	10	10	8	9	9	9	7	8	10	10	5
28	21	21	21	22	19	18	18	14	15	15	17	18	16
29	29	28	29	29	28	31	30	30	30	32	33	33	32
30	28	27	28	28	26	29	28	28	29	29	30	30	31
31	16	14	15	18	14	15	16	17	17	21	20	20	18
32	12	12	16	13	13	14	14	16	16	12	14	17	15
33	13	13	13	12	11	11	10	10	11	10	11	11	10
34	31	30	32	31	32	33	31	32	31	31	28	28	28

Tab. 18: Rang der Regionen nach ihrem Variationsgrad: Umsätze

Jahr Region	1960	1961	1962	1963	1964	1965	1966	1967	1968	1969	1970	1971	1972
1	23	23	23	19	14	21	23	21	20	14	20	21	20
2	25	24	25	25	26	26	25	25	25	24	27	22	23
3	21	20	12	17	21	18	19	14	11	15	15	14	12
4	9	10	7	12	15	14	15	16	17	17	18	13	18
5	33	34	31	31	34	33	34	33	33	28	30	29	34
6	31	31	32	30	31	32	31	30	29	30	29	31	29
7	19	19	22	20	22	23	18	22	22	13	16	24	19
8	34	33	34	34	33	34	33	34	34	34	34	34	31
9	7	7	9	6	4	3	3	3	3	2	6	9	9
10	10	9	8	9	9	9	8	7	7	7	10	10	11
11	29	32	33	33	28	24	32	28	32	33	33	32	33
12	2	6	5	5	6	6	7	8	8	8	8	8	8
13	1	2	3	4	5	5	6	5	4	6	5	3	3
14	14	15	16	16	18	19	20	19	21	22	21	19	27
15	20	22	20	21	20	20	21	20	19	21	19	18	17
16	18	18	19	18	19	22	22	23	23	23	23	25	26
17	24	25	24	24	24	25	24	24	24	25	22	20	21
18	3	1	1	1	1	1	2	2	1	1	1	1	1
19	11	11	11	10	10	10	12	12	12	10	9	6	6
20	16	14	14	15	17	15	13	10	9	16	12	15	14
21	32	30	30	32	32	30	28	29	28	29	26	27	22
22	28	27	26	29	30	28	27	27	26	26	25	26	25
23	8	8	10	8	8	8	9	11	10	9	3	4	7
24	4	4	4	2	2	4	4	4	6	3	2	2	4
25	6	3	2	3	3	2	1	1	5	5	4	5	2
26	22	21	21	23	23	16	16	17	18	18	17	17	16
27	5	5	6	7	7	7	5	13	2	4	7	7	5
28	15	17	17	14	12	11	11	6	13	11	11	12	13
29	27	28	28	27	27	29	29	31	30	32	32	33	32
30	26	26	27	26	25	27	26	26	27	27	31	30	30
31	13	12	13	13	13	13	14	15	16	20	24	23	24
32	17	16	18	22	16	17	17	18	15	19	13	16	15
33	12	13	15	11	11	12	10	9	14	12	14	11	10
34	30	29	29	28	29	31	30	32	31	31	28	28	28

derung von etwa einem Rang pro Jahr. In einem Änderungsbereich von insgesamt höchstens ±5 Rängen liegen 29 bzw. 26 Regionen (also 85,3% bzw. 76,5%), in einem Bereich von ±4 Rängen je 23 Regionen (67,6%) und in einem Bereich von ±3 Rängen immerhin noch mehr als die Hälfte aller Regionen, nämlich 18 bzw. 21 Regionen (52,9% bzw. 61,8%). Deshalb hat es einen Sinn, jeder Region eine Position zuzuordnen, die für den gesamten Zeitraum Gültigkeit beanspruchen kann. Diese Positionen werden aus dem durchschnittlichen Variationsgrad der Regionen ermittelt und sind in Tabelle 20 und 21 dargestellt.

Tab. 19: Regionen mit den extremsten Werten des Variationsgrades

Nr.	Regionen mit ausgeglichener Sektorstruktur	Nr.	Regionen mit einseitiger Sektorstruktur
1	Darmstadt (1)	34	Aurich (34)
2	Südbaden (2)	33	Lüneburg (33)
3	Köln (4)	32	Bremen (32)
4	Braunschweig (5)	31	Saarland (28)
5	Nordbaden (3)	30	Oberpfalz (30)
6	Nordwürttemberg (8)	29	Stade (31)
7	Düsseldorf (7)	28	Oberfranken (27)
8	Oldenburg (9)	27	Trier (29)
9	Oberbayern (6)	26	Rheinhessen-Pfalz (26)
10	Kassel (10)	25	Hamburg (25)
11	Schwaben (11)	24	Arnsberg (24)

sortiert nach den Werten für die Beschäftigten, in Klammern die Ränge für die Umsätze.

In Tabelle 19 sind der besseren Übersicht wegen das erste Drittel der ausgeglichensten und das letzte Drittel der einseitigsten Regionen jeweils vom extremen Wert aus aufgeführt. Ohne hier eine weitere Deutung zu versuchen, kann festgehalten werden, daß die Regionen mit einseitiger Sektorstruktur Randgebiete im Norden, Osten und Westen der BRD sind, während die Regionen mit ausgeglichener Sektorstruktur auf das Gesamtgebiet verteilt sind.

Neben der Positionszuordnung ist die zeitliche Entwicklung der Sektorstrukturen der Regionen interessant. Die Entwicklung der Synentropie zeigt, daß die regionalen Abweichungen von der gesamträumlichen Sektorstruktur vorwiegend abnehmen. Wie sieht das nun bei den einzelnen Regionen aus? Durch die Werte des Variationsgrades jeder Region wird eine Regressionsgerade gelegt, deren Steigungsmaß in Tabelle 20 und 21 wiedergegeben wird. Der Regressionskoeffizient ist in jeweils 27 Regionen, das sind 80% der Regionen negativ. Die Sektorstrukturen der Regionen zeigen somit im untersuchten Zeitraum eine deutliche Tendenz zur Vereinheitlichung. Zur besseren Beurteilung der Änderung des Variationsgrades wird die relative Gesamtänderung (bezogen auf den geschätzten Anfangswert) berechnet (Tabelle 20 und 21). Diese weist mit Werten zwischen -37,4% (Niederbayern) und 61,9% (Hildesheim) bzw. -53,3% (Lüneburg) und 43,0% (Mittelfranken) beachtliche Dekonzentrationserscheinungen (teilweise auch starke Konzentrationserscheinungen) aus.

Einseitiger wurden die Strukturen in den Regierungsbezirken Hildesheim, Düsseldorf, Köln, Detmold, Kassel (nur bei den Beschäftigten), Aachen (nur bei den Umsätzen), Oberpfalz und Mittelfranken. Diese Regionen haben sehr unterschiedliche Abweichungen von der gesamträumlichen Sektorstruktur. Ihre Zunahme der Einseitigkeit ist darum auch von unterschiedlicher Bedeutung. Während Köln z.B. nach wie vor trotz einer hohen Zunahme des Variationsgrades zu den ausgeglichensten Regierungsbezirken gehört (Zunahme des Ranges um 4 bzw. 2 Ränge bei einem Durchschnittsrang von 3 bzw. 4), verstärkt die Zunahme des Variationsgrades in der Oberpfalz eine schon bestehende Einseitigkeit (Zunahme des Ranges um 5 bzw. 6 Ränge bei einem Durchschnittsrang von 30).

Fragt man allgemein nach dem statistischen Zusammenhang zwischen der Einseitigkeit der Sektorstruktur und deren Entwicklung, so stellt man eine negative Korrelation zwischen dem Variationsgrad und seiner absoluten Änderung (Regressionskoeffizient) fest. Der Korrelationskoeffizient beträgt 0,5161 bzw. 0,6628[27]. Vergleicht man das Steigungsmaß mit dem Anfangswert des Variationsgrades (1960), so erhöht sich die Korrelation auf 0,6122 bzw. 0,8316. Je einseitiger die Sektorstruktur einer Region war, umso stärker glich sie sich aus. Legt man dem Vergleich die relative Änderung des Variationsgrades zugrunde, so ergibt sich ein wesentlich geringerer Wert der Korrelation zur Höhe des Variationsgrades. Verwendet man dabei den durchschnittlichen Variationsgrad als Bezugsgröße für das Steigungsmaß sowie als Vergleichsgröße, so ergibt sich r^2 mit 0,0667 bzw. 0,3116; legt man den Anfangswert des Variationsgrades zugrunde, so beträgt r^2 = 0,0983 bzw. 0,3514 bei jeweils negativem Vorzeichen des Regressionskoeffizienten. Relativ gesehen ergibt sich also keine wesentliche Änderung im Gefüge des Variationsgrades der Regionen[28]. Die gemessene Änderung ist jedoch bei den Umsätzen sehr viel stärker als bei den Beschäftigten. An der allgemeinen Angleichung der Sektorstrukturen der Beschäftigten haben somit die Regionen keinen unterschiedlichen Anteil, an der Angleichung der Sektorstrukturen der Umsätze sind die einseitig strukturierten Regionen relativ stärker beteiligt.

Bei diesen Aussagen muß man die relativ grobe Regionsgliederung im Auge behalten. Innerhalb der Regionen können sehr unterschiedliche strukturelle Wandlungen stattfinden, die mit fortschreitender Entwicklung einer Volkswirtschaft an Gewicht gewinnen. Weiterhin muß man die Ergebnisse vor dem Hintergrund der gegebenen statistischen Sektorenabgrenzung sehen. Eine feinere Sektorgliederung könnte zu anderen Ergebnissen führen.

---

27) Die Korrelation wurde aufgrund einer linearen Hypothese des Zusammenhangs zwischen den Reihen berechnet und gibt die Stärke der Assoziation zweier Variablen an. Vgl. W. A. WALLIS und H. V. ROBERTS: Methoden der Statistik: Ein neuer Weg zu ihrem Verständnis. Freiburg 1959, S. 453 (Berechnung) und S. 463.
Die hier gemessenen Werte für r^2 sind hochsignifikant von Null verschieden. Vgl. Signifikanztest bei J. JOHNSTON, a.a.O., S. 33. Auf der Basis einer Irrtumswahrscheinlichkeit von 0,1% bei Ablehnung der Nullhypothese müßte der Wert nur größer als 0,2814 sein.

28) Der Wert für die Umsätze ist zwar signifikant von Null verschieden, aber dennoch relativ niedrig.

Faßt man andererseits die vorliegenden Sektoren zu den vier Industriegruppen zusammen, so läßt sich der Variationsgrad jeder Region aufspalten in einen Variationsgrad der Industriegruppen und einen durchschnittlichen Variationsgrad innerhalb der Industriegruppen[29]. Der Anteil der Industriegruppenvariation[30] ist in Tabelle 20 und 21 angegeben. Er schwankt zwischen den Regionen mit den Extremwerten 2,5% bzw. 2,9% (Hildesheim) und 56,3% (Oberfranken) bzw. 65,3% (Nordwürttemberg). Neben Regionen mit relativ ausgeglichener Grobstruktur (ausgeglichene Verteilung auf die Industriegruppen) und relativ einseitiger Feinstruktur (starke Abweichungen innerhalb der Industriegruppen) stehen also Regionen mit relativ einseitiger Grobstruktur und relativ ausgeglichener Feinstruktur[31].

Die Abweichung der Fein- bzw. Grobstruktur steht in keinem direkten Zusammenhang zur Abweichung der Gesamtstruktur (die Korrelation zwischen Variationsgrad und Anteil der Industriegruppenvariation beträgt $r^2 = 0,0846$ bzw. 0,0493). Wie die niedrigen Anteile der Industriegruppenvariation anzeigen (im Durchschnitt 20% bzw. 26%), weichen die regionalen Sektorstrukturen jedoch im allgemeinen v.a. in der Feinstruktur ab. Die Anteile der Intergruppen- und Intragruppenstrukturabweichung ändern sich in den Regionen im betrachteten Zeitraum mehr oder weniger stark (vgl. Tabelle 20 und 21, letzte Spalte)[32]. Diese Änderung ist jedoch weder mit der Höhe des Anteils selbst ($r^2 = 0,0439$ bzw. 0,0351), noch mit der Änderung des Variationsgrades korreliert ($r^2 = 0,0290$ bzw. 0,0089). Es findet also zwischen den Regionen kein Ausgleich der Anteile statt. Die Änderung der Strukturabweichung einer Region hat sich mehr in der Grob- oder mehr in der Feinstruktur abgespielt. Die statistische Zergliederung der Strukturabweichung in Fein- und Grobstrukturanteil bietet somit keinen Ansatz zur Erklärung der regionalen Strukturabweichung.

29) Berechnung nach 3.1.2.5.(5)
30) jeweils über die Jahre gemittelt
31) "relativ" bedeutet hier im Vergleich zu der Abweichung der gesamten Sektorstruktur der Region.
32) Die Änderung wird durch einen Regressionsansatz berechnet und auf den gesamten Zeitraum hochgerechnet.

Tab. 20: Variationsgrad und Anteil der Intergruppenvariation: Durchschnitte und Änderungen:

Beschäftigte

Region	Variationsgrad				Anteil der Intergruppenvariation	
	Rang	Durchschnitt	Tendenz p. Jahr	relative Gesamtänderung (%)	Durchschnitt (in %)	Änderung insgesamt (in %Punkten)
Schleswig-Holstein	21	.522	-.0115	-23.4	10.6	-.58
Hamburg	25	.672	-.0080	-13.3	16.7	3.47
Hannover	14	.395	-.0035	-10.1	6.3	2.20
Hildesheim	13	.391	.0154	61.9	2.5	-.30
Lüneburg	33	.989	-.0181	-19.8	11.4	.16
Stade	29	.803	-.0210	-27.1	49.0	-6.30
Osnabrück	23	.565	-.0051	-10.3	41.4	.34
Aurich	34	1.468	-.0531	-35.7	13.1	-6.90
Braunschweig	4	.243	-.0032	-14.6	25.2	17.29
Oldenburg	8	.280	-.0054	-20.7	23.9	17.74
Bremen	32	.942	-.0213	-23.9	20.4	-4.98
Düsseldorf	7	.274	.0024	11.1	24.0	10.02
Köln	3	.236	.0011	5.8	16.6	4.85
Aachen	16	.441	-.0047	-12.0	14.4	-3.89
Münster	19	.474	-.0150	-31.9	26.2	-4.75
Detmold	22	.538	.0023	5.3	32.6	6.83
Arnsberg	24	.625	-.0090	-15.9	26.8	-4.45
Darmstadt	1	.159	-.0024	-16.6	13.9	2.03
Kassel	10	.285	.0031	14.0	3.9	-2.49
Koblenz	12	.386	-.0101	-27.1	18.1	-14.84
Trier	27	.766	-.0263	-34.2	21.8	8.41
Rheinhessen-Pfalz	26	.716	-.0091	-14.2	17.5	-1.85
Nordwürttemberg	6	.249	-.0043	-18.8	54.9	7.97
Nordbaden	5	.246	-.0091	-36.3	6.0	-1.03
Südbaden	2	.232	-.0045	-20.8	7.6	-7.70
Südwürttemberg-Hohenzollern	20	.499	-.0065	-14.5	29.0	3.39
Oberbayern	9	.281	-.0034	-13.5	10.2	4.04
Niederbayern	18	.462	-.0177	-37.4	16.6	1.60
Oberpfalz	30	.851	.0025	3.6	16.7	-3.73
Oberfranken	28	.778	-.0037	-5.5	56.3	5.44
Mittelfranken	17	.442	.0035	10.0	16.6	-9.04
Unterfranken	15	.402	-.0023	-6.6	5.2	5.80
Schwaben	11	.335	-.0101	-30.6	20.1	-9.01
Saarland	31	.857	-.0192	-23.7	17.1	1.28

Tab. 21: Variationsgrad und Anteil der Intergruppenvariation: Durchschnitte und Änderungen:

Umsätze

Region	Variationsgrad				Anteil der Intergruppenvariation	
	Rang	Durchschnitt	Tendenz p. Jahr	relative Gesamtänderung (%)	Durchschnitt (in %)	Änderung insgesamt (in %Punkten)
Schleswig-Holstein	22	.581	-.0187	-32.4	27.7	-.74
Hamburg	25	.718	-.0163	-24.0	30.6	8.52
Hannover	15	.492	-.0155	-31.8	11.9	22.60
Hildesheim	13	.453	.0058	16.6	2.9	.69
Lüneburg	33	1.406	-.0851	-53.3	19.7	.89
Stade	31	.959	-.0289	-30.6	58.0	9.49
Osnabrück	20	.557	-.0089	-17.5	40.7	11.10
Aurich	34	1.661	-.0979	-52.3	26.8	-15.21
Braunschweig	5	.295	-.0007	-2.8	18.9	17.23
Oldenburg	9	.350	-.0040	-12.8	30.4	19.91
Bremen	32	1.010	-.0192	-20.5	34.1	-6.49
Düsseldorf	7	.311	.0046	19.5	29.4	3.75
Köln	4	.277	.0015	6.7	18.2	7.89
Aachen	19	.555	.0061	14.1	24.4	-.68
Münster	21	.557	-.0107	-20.7	26.9	7.56
Detmold	23	.590	.0066	14.4	39.0	2.18
Arnsberg	24	.665	-.0202	-30.8	29.3	-2.56
Darmstadt	1	.216	-.0056	-26.9	18.9	-.80
Kassel	10	.381	-.0098	-26.7	8.6	-.97
Koblenz	14	.458	-.0102	-23.6	18.1	-8.98
Trier	29	.874	-.0435	-46.0	32.2	6.93
Rheinhessen-Pfalz	26	.774	-.0231	-30.4	16.1	-16.95
Nordwürttemberg	8	.344	-.0050	-16.0	65.3	9.95
Nordbaden	3	.269	-.0022	-9.4	6.2	-4.74
Südbaden	2	.264	-.0014	-6.2	7.6	-2.87
Südwürttemberg-Hohenzollern	18	.535	-.0135	-26.3	34.7	-.84
Oberbayern	6	.309	-.0008	-3.1	17.5	12.21
Niederbayern	12	.441	-.0131	-30.3	29.5	12.43
Oberpfalz	30	.886	.0115	16.9	29.1	2.18
Oberfranken	27	.783	-.0016	-2.4	64.1	4.04
Mittelfranken	16	.498	.0147	43.0	21.4	-4.66
Unterfranken	17	.507	-.0100	-21.2	9.5	7.04
Schwaben	11	.417	-.0067	-17.6	18.7	4.29
Saarland	28	.859	-.0235	-28.2	17.6	5.77

5.2. Regionale Sektorstruktur und regionale Entwicklung

5.2.1. Regionale Sektorstruktur und regionales Wachstum

5.2.1.1. Das regionale Wachstum

Die Industrie der BRD zeigt im Zeitraum 1960-72 ein Beschäftigtenwachstum von 0,55% und ein Umsatzwachstum von 6.76% pro Jahr im Durchschnitt[1]. Bei einer nahezu stagnierenden Industriebeschäftigung auf einem hohen Beschäftigungsniveau entwickelte sich also die Industrie mit einem hohen Umsatzwachstum.

Die Verteilung des Wachstums auf die Regionen wird in Tabelle 22 wiedergegeben[2]. Zur besseren Übersicht werden jeweils das erste und letzte Wachstumsdrittel der Regionen in Tabelle 23 und 24 geordnet. Das höchste Beschäftigtenwachstum ist in Aurich zu finden (6,2%). Dort war auch das Umsatzwachstum mit 11,6% sehr hoch. Am oberen Ende der Wachstumsskala stehen außerdem Trier (3,9% bzw. 10,2%) und Stade (3,7% bzw. 10,2%). In Osnabrück ist das höchste Umsatzwachstum (11,7%) mit einem Beschäftigtenwachstum von 1,5% (unteres Ende des ersten Drittels) verbunden. Extrem ist der Entwicklungsunterschied in Lüneburg. Hier ist ein sehr hohes Beschäftigtenwachstum (4,0%, 2. Rang) mit einem sehr niedrigen Umsatzwachstum verbunden (4,2%, 33. Rang).

Am unteren Ende der Wachstumsskala steht Bremen mit -4,5% bzw. 3,6%. Es folgen Hamburg (-1,7% bzw. 4,8%), Düsseldorf (-0,6% bzw. 5,5%) und Braunschweig (-0,4% bzw. 5,6%).

Gruppiert man die Regionen nach ihren Wachstumsraten, so zeigt sich (Tabelle 25), daß 65% der Regionen ein Beschäftigtenwachstum von 0-2% aufweisen. Je 18% der Regionen haben ein geringeres Wachstum als 0% bzw. ein höheres Wachstum als 2%. Rund ein Drittel liegt also außerhalb des mittleren Wachstums-

---

1) Berechnung durch einen Regressionsansatz nach der Formel 3.2.2.1.(4).
2) Berechnung nach Formel 3.2.2.1.(3).

Tab. 22: Regionales Wachstum

Region	Beschäftigte			Umsätze		
	Mittelwert in Tsd.	Wachstum in %	Rang	Mittelwert in Mill.	Wachstum in %	Rang
Schleswig-Holstein	181	1.30	13	9913	7.09	18
Hamburg	205	-1.73	33	13603	4.77	32
Hannover	199	1.06	18	10382	9.13	5
Hildesheim	118	1.18	17	4898	6.02	26
Lüneburg	85	3.98	2	6410	4.19	33
Stade	28	3.73	4	1515	10.20	3
Osnabrück	71	1.51	11	3989	11.66	1
Aurich	21	6.19	1	1414	11.60	2
Braunschweig	105	-.43	31	4776	5.57	30
Oldenburg	67	1.59	9	2806	8.85	7
Bremen	134	-4.47	34	7165	3.64	34
Düsseldorf	932	-.62	32	50711	5.53	31
Köln	298	.15	27	16399	6.25	25
Aachen	114	.18	26	4991	5.70	29
Münster	215	.81	22	10540	6.48	22
Detmold	262	.06	28	12114	6.95	19
Arnsberg	564	-.25	30	29047	5.81	28
Darmstadt	558	.84	21	26395	6.89	20
Kassel	138	1.22	16	5366	7.84	11
Koblenz	124	1.26	15	6066	7.40	14
Trier	23	3.87	3	1353	10.15	4
Rheinhessen-Pfalz	241	.28	24	13132	8.89	6
Nordwürttemberg	674	.89	20	30180	7.12	16
Nordbaden	317	.57	23	14020	6.39	23
Südbaden	246	1.41	12	11170	7.52	12
Südwürttemberg-Hohenzollern	271	2.01	6	10379	7.29	15
Oberbayern	356	1.90	7	18780	8.54	8
Niederbayern	81	2.31	5	2758	7.10	17
Oberpfalz	94	1.27	14	2936	6.30	24
Oberfranken	187	-.18	29	6622	5.89	27
Mittelfranken	242	.25	25	10110	7.47	13
Unterfranken	149	1.86	8	5954	8.09	9
Schwaben	197	.96	19	8654	6.68	21
Saarland	140	1.58	10	5980	8.01	10

Tab. 23: Regionen mit den extremsten Wachstumswerten: Beschäftigte[3)]

Nr.	Regionen mit dem höchsten Beschäftigtenwachstum	Nr.	Regionen mit dem niedrigsten Beschäftigtenwachstum
1	Aurich (6.19)	34	Bremen (-4.47)
2	Lüneburg (3.98)	33	Hamburg (-1.73)
3	Trier (3.87)	32	Düsseldorf (-.62)
4	Stade (3.73)	31	Braunschweig (-.43)
5	Niederbayern (2.31)	30	Arnsberg (-.25)
6	Südwürttemberg-Hohenzollern (2.01)	29	Oberfranken (-.18)
7	Oberbayern (1.90)	28	Detmold (.06)
8	Unterfranken (1.86)	27	Köln (.15)
9	Oldenburg (1.59)	26	Aachen (.18)
10	Saarland (1.58)	25	Mittelfranken (.25)
11	Osnabrück (1.51)	24	Rheinhessen-Pfalz (.28)

Tab. 24: Regionen mit den extremsten Wachstumswerten: Umsätze[3)]

Nr.	Regionen mit dem höchsten Umsatzwachstum	Nr.	Regionen mit dem niedrigsten Umsatzwachstum
1	Osnabrück (11.66)	34	Bremen (3.64)
2	Aurich (11.60)	33	Lüneburg (4.19)
3	Stade (10.20)	32	Hamburg (4.77)
4	Trier (10.15)	31	Düsseldorf (5.53)
5	Hannover (9.13)	30	Braunschweig (5.57)
6	Rheinhessen-Pfalz (8.89)	29	Aachen (5.70)
7	Oldenburg (8.85)	28	Arnsberg (5.81)
8	Oberbayern (8.54)	27	Oberfranken (5.89)
9	Unterfranken (8.09)	26	Hildesheim (6.02)
10	Saarland (8.01)	25	Köln (6.25)
11	Kassel (7.84)	24	Oberpfalz (6.30)

3) in Klammern jeweils das jährliche durchschnittliche Wachstum in %.

bereichs von 0-2%. Da auch dieser mittlere Bereich eine relativ hohe Spanne einschließt (0% bis 2% jährliches Beschäftigtenwachstum), kann man die Wachstumsunterschiede zwischen den Regionen als wesentlich ansehen.

Tab. 25: Gruppierung der Regionen nach ihren Wachstumsraten

Beschäftigten-wachstum	Zahl der Regionen	Umsatzwachstum	Zahl der Regionen
unter -2%	1	3 bis 4%	1
-2 bis -1%	1	4 bis 5%	2
-1 bis 0%	4	5 bis 6%	5
0 bis 1%	10	6 bis 7%	8
1 bis 2%	12	7 bis 8%	8
2 bis 3%	2	8 bis 9%	5
3 bis 4%	3	9 bis 10%	1
über 4%	1	10 bis 11%	2
		11 bis 12%	2

Dies zeigt sich auch beim Umsatzwachstum. In den mittleren Gruppen 6-8% sind 47% der Regionen zu finden. 76% der Regionen haben ein jährliches Umsatzwachstum von 5-9%. Rund ein Viertel (24%) liegt unter 5% oder über 9%. Die Wachstumswerte der Regionen sind also relativ weit gestreut.

Weitere Aufschlüsse über die regionalen Wachstumsunterschiede liefert eine geographische Ordnung und Zusammenfassung der Regionen[4]. Das Wachstum in den Regionsblöcken ist in Tabelle 26 dargestellt.

4) Vgl. Kap. 4.5.

Tab. 26: Wachstum in den regionalen Blöcken

Block	Beschäftigte		Umsätze	
	Wachstum (%)	Spanne[x)]	Wachstum (%)	Spanne[x)]
Nord	.31	-.4.5/6.2	6.61	3.6/11.7
Nordwest	-.19	-.6/.8	5.92	5.5/7.0
Mitte	.96	.3/3.9	7.67	6.9/10.2
Südwest	1.11	.6/2.0	7.06	6.4/7.5
Südost	1.13	-.2/2.3	7.51	5.9/8.5

x) niedrigster Wert/höchster Wert in der Gruppe in %

Das Ballungsgebiet Nordwest (mit einer Bevölkerungsdichte von 487 Einwohnern/qkm) schneidet am schlechtesten ab (-0,19% bzw. 5,92%). Alle Regionen dieser Gruppe weisen eine relativ niedrige Wachstumsrate auf (maximal 0,8% Beschäftigtenwachstum in Münster bzw. 7,0% Umsatzwachstum in Detmold). Der Block beinhaltet Regionen mit Wachstumspositionen von 22-32 bzw. 19-31 (vgl. Tab. 22), d.h. es liegen alle Werte unter dem Median. Der niedrige Wachstumsdurchschnitt wird bei den Beschäftigten durch hohe Gewichtung der niedrigen Wachstumsraten in Düsseldorf (-0,6% mit 39,1% der Beschäftigten) und Arnsberg (-0,3% mit 23,6% der Beschäftigten) wesentlich beeinflußt. Bei den Umsätzen setzt sich Düsseldorf mit 5,5% Wachstum bei 41,0% der Umsätze durch.

An zweitschlechtester Stelle steht der Norden (0,31% bzw. 6,61%). Diese Gruppe beinhaltet die Regionen mit den höchsten und niedrigsten Wachstumsraten (bei den Beschäftigten die Regionen mit den Positionen 1,2,4 und 31,33,34, bei den Umsätzen die Regionen mit den Positionen 1,2,3 und 32,33,34). Neben den Spitzenwachstumsregionen Aurich (6,2% bzw. 11,6%), Stade (3,7% bzw. 10,2%) und Lüneburg (4,0%) bzw. Osnabrück (11,7%) stehen vor allem Hamburg (-1,7% bzw. 4,8%) und Bremen (-4,5% bzw. 3,6% Wachstum). Diese beiden Regionen sind mit einem Gewicht von 16,9% und 11,0% der Beschäftigten bzw. 20,3% und 10,7% der Umsätze maßgeblich an dem relativ schlechten Gruppenwachstum beteiligt[5].

Den beiden nördlichen Regionsgruppen mit den schlechtesten Wachstumsraten (zusammen -0,03% bzw. 6,16%) stehen die mittleren und südlichen Regionsgruppen mit deutlich besseren Wachstumsraten gegenüber (zusammen 1,07% bzw. 7,40%). Hier decken sich die Wachstumspositionen von Beschäftigten und Umsätzen nicht. Da die Wachstumsraten dieser Gruppen aber relativ eng zusammenliegen[6], ist diese Verschiebung nicht so bedeutungsvoll.

Die Regionsgruppe Mitte weist ein mittleres Beschäftigtenwachstum (0,96%) und das höchste Umsatzwachstum (7,67%) auf. Auch diese Gruppe ist (wie die Gruppe Nord) sehr heterogen. Sie beinhaltet Regionen mit den Wachstumspositionen 3-24 bzw. 4-20. Obwohl nur ein Wert des Beschäftigtenwachstums unter dem höchsten Wachstum der schlechtesten Nordwest-Gruppe liegt (Rheinhessen-Pfalz mit 0,28%), dieser aber mit 19,7% der Beschäftigten beteiligt ist, schneidet diese Gruppe mit nur mittlerem Beschäftigtenwachstum ab, da auch Darmstadt mit 0,84% Wachstum einen relativ niedrigen Wert bei hohem Gewicht (45,6% der Beschäftigten) aufweist. Das hohe Wachstum in Trier (3,87%) schlägt nur mit 1,9% im Durchschnitt zu Buche. Das Umsatzwachstum der Mitte-Gruppe erreicht seine Maximalposition trotz des mit 45,3% gewichteten relativ niedrigen Wachstums in Darmstadt (6,9%). Das hohe Wachstum in Trier (10,2%) fällt mit nur 2,3% kaum ins Gewicht. Das Gruppenwachstum ist dennoch hoch, da auch der niedrigste Gruppenwert nicht sehr niedrig ist (Position 20) und Rheinhessen-Pfalz mit 8,9% Wachstum bei 22,5% der Umsätze beteiligt ist.

5) Rechnet man Hamburg und Bremen heraus, so ergäbe sich rein rechnerisch ein Wachstum von 1,52% bzw. 7,62%, womit die Gruppe an die erste bzw. zweite Stelle vorrücken würde. Wegen der engen Stadt-Umland-Beziehungen gerade bei diesen Hansestädten ist eine solche Trennung jedoch nicht sinnvoll.

6) v.a. bei den Beschäftigten. Während die drei schlechteren Gruppen Differenzen von 0,50 und 0,65 haben, liegen die drei besseren mit Differenzen von 0,15 und 0,02 eng beieinander.

Die Gruppe Südwest (Baden-Württemberg) hat ebenfalls eine gute Position. Das zweitbeste Beschäftigungswachstum (1,11%) liegt nur knapp unter dem der besten Gruppe (Südost). Im Umsatzwachstum (7,06%) nimmt sie die dritte Stelle ein. Auch diese Gruppe, die nur vier Regionen umfaßt, hat mit Positionen von 6-23 bzw. 12-23 große Wachstumsdifferenzen. Die südlichen Regionen Südbaden und Südwürttemberg-Hohenzollern sind an Beschäftigten und Umsätzen stärker gewachsen als die nördlichen Regionen Nordbaden und Nordwürttemberg. Deren niedrigere Wachstumsraten gehen mit einem hohen Industrieanteil von 65,7% bzw. 67,2% in den Gruppendurchschnitt ein.

Die Gruppe Südost (Bayern) hat insgesamt am besten abgeschnitten. Im Beschäftigtenwachstum nimmt sie mit 1,13% die erste Stelle ein. Das Umsatzwachstum liegt mit 7,51% nur knapp unter der besten Gruppe (Mitte). Auch in dieser Gruppe ist das Bild heterogen. Die Positionen 5-29 bzw. 8-27 sind vertreten. Während in Oberfranken eine Schrumpfung der Beschäftigtenzahlen festzustellen ist (-0,18%), haben Niederbayern (2,31%), Oberbayern (1,90%) und Unterfranken (1,86%) ein hohes Beschäftigtenwachstum aufzuweisen. Davon haben Oberbayern und Unterfranken mit 27,2% und 11,4% der Beschäftigten maßgeblich zum guten Gruppenergebnis beigetragen. Beim Umsatzwachstum fallen Oberbayern (8,54% Wachstum), Unterfranken (8,09%) und Mittelfranken (7,47%) mit 33,6%, 10,7% und 18,1% der Umsätze ins Gewicht.

Zusammenfassend lassen sich beachtliche Wachstumsunterschiede zwischen den Regionen feststellen. Trotz des deutlichen Wachstumsunterschieds zwischen den nördlichen und südlichen Gruppen läßt sich nur bedingt von einem Nord-Süd-Wachstumsgefälle sprechen. Man sollte dabei nicht vergessen, daß die Gruppen sehr heterogen sind, die Wachstumsunterschiede innerhalb der Gruppen also stärker sind als die zwischen den Gruppen.

5.2.1.2. Sektorstruktur und Wachstum der Regionen

5.2.1.2.1. Spezialisierung und regionales Wachstum

Die Frage nach einem Zusammenhang zwischen Sektorstruktur und Wachstum einer Region wird hier unter zwei Aspekten geprüft. Zum einen soll untersucht werden, ob eine spezialisierte Region günstigere Wachstumschancen hat als eine ausgeglichen strukturierte Region. Zum anderen wird geprüft, inwieweit das Wachstum einer Region von ihrer Zusammensetzung aus Wachstumssektoren abhängt.

Zur ersten Frage wird die Einseitigkeit der Sektorstruktur einer Region mit ihrem Wachstum verglichen. Die Einseitigkeit bzw. Ausgewogenheit der Sektorstruktur ist in Relation zur gesamträumlichen Sektorstruktur zu messen, um die Zufälligkeit der Sektorenabgrenzung auszuschließen. Die Abweichung der regionalen von den gesamträumlichen Sektoranteilen wurde im regionalen Variationsgrad gemessen (vgl. Kapitel 5.1.2.3.) und in den Tabellen 20 und 21 dargestellt. Das regionale Wachstum ist aus Tabelle 22 ersichtlich.

Berechnet man den Korrelationskoeffizienten zwischen Variationsgrad und Wachstumsrate aufgrund einer linearen Hypothese des Zusammenhangs[7], so ergeben sich mit r^2 = 0,1021 bzw. 0,0200 sehr kleine Werte[8]. Verzichtet man auf eine bestimmte mathematische Funktionalannahme und berechnet den Rangkorrelationskoeffizienten[9], so ergibt sich R = -0,2199 bzw. -0,0402. Für den Umsatz ist der Zusammenhang praktisch Null, aber auch der Wert für die Beschäftigten ist nicht signifikant von Null

---

7) also mit einem Regressionsansatz:
$g_r = a + b\, I_r + u_r$

8) Auch ein logarithmierter Ansatz führt zu keinem besseren Ergebnis, da die Werte haufenförmig verteilt sind.

9) Vgl. J. PFANZAGL: Allgemeine Methodenlehre der Statistik, Band 2, Berlin 1967, S. 278ff.
Die Berechnung der Rangkorrelation, die auf ordinale Größen ausgerichtet ist, bedeutet im Fall metrisch meßbarer Größen, daß an die Beziehung zwischen zwei Variablen keine bestimmten quantitativen Ansprüche gestellt werden. Der Zusammenhang wird nur bzgl. einer durchgängig positiven oder negativen Relation der Differenzen untersucht.

verschieden[10]. Variationsgrad und Wachstumsrate sind somit unabhängig voneinander auf die Regionen verteilt.

Gruppiert man die geordneten Wachstums- und Variationsgradwerte jeweils in drei Gruppen (11, 12, 11 Regionen, vgl. Tabelle 27), so ist bei den Beschäftigten eine ausgewogene Sektorstruktur (1. Drittel) in zwei Regionen mit hohen Wachstumsraten (1. Drittel) verbunden, und zwar in Oldenburg und Oberbayern. In drei Regionen trifft sich eine ausgewogene Sektorstruktur mit niedrigen Wachstumsraten (3. Drittel), in Braunschweig, Düsseldorf und Köln. Einseitige Sektorstruktur (3. Drittel) herrscht in fünf Regionen mit hohen Wachstumsraten, in Lüneburg, Stade, Aurich, Trier und Saarland. Ebensooft verbindet sich einseitige Sektorstruktur mit niedrigen Wachstumsraten, und zwar in Hamburg, Bremen, Arnsberg, Rheinhessen-Pfalz und Oberfranken.

Bei den Umsätzen (Tabelle 28) verbindet sich eine ausgewogene Sektorstruktur in drei Regionen mit hohen Wachstumsraten, in Oldenburg, Kassel und Oberbayern, und ebenfalls in drei Regionen mit niedrigen Wachstumsraten, in Braunschweig, Düsseldorf und Köln. Eine einseitige Sektorstruktur ist in fünf Regionen mit hohen Wachstumsraten verbunden, in Stade, Aurich, Trier, Rheinhessen-Pfalz und Saarland, in sechs Regionen mit niedrigen Wachstumsraten, nämlich in Hamburg, Lüneburg, Bremen, Arnsberg, Oberpfalz und Oberfranken.

War somit im betrachteten Zeitraum das regionale Wachstum unabhängig von der regionalen Spezialisierung, so ist doch in gewissem Umfang eine Korrelation zwischen Wachstum und der Änderung des Variationsgrades festzustellen. Der Korrelationskoeffizient aufgrund eines linearen Ansatzes liegt bei r^2 = 0,2280 bzw. 0,0748, das Vorzeichen des Regressionskoeffizien-

---

10) J. PFANZAGL: Allgemeine Methodenlehre der Statistik, Band 2, S. 299. Um mit einer Irrtumswahrscheinlichkeit von 5% (1%) die Nullhypothese abzulehnen, müßte der Koeffizient größer als 0,2855 (0,4056) sein. Der Korrelationskoeffizient r^2 müßte größer als 0,1143 (0,1874) sein.

Tab. 27: Regionale Kombination von Wachstumsrate und Variationsgrad: Beschäftigte

Variationsgrad	Wachstumsrate		
	1. Drittel (höchstes Wa)	2. Drittel	3. Drittel (niedrigstes Wa)
1. Drittel (höchste Ausgewogenheit)	Oldenburg Oberbayern	Darmstadt Kassel Nordwürttembg Nordbaden Südbaden Schwaben	Braunschweig Düsseldorf Köln
2. Drittel	Osnabrück Südwürttembg-Hohenzollern Niederbayern Unterfranken	Hannover Hildesheim Münster Koblenz Schleswig-Holstein	Aachen Detmold Mittelfranken
3. Drittel (Höchste Einseitigkeit)	Lüneburg Stade Aurich Trier Saarland	Oberpfalz	Hamburg Bremen Arnsberg Rheinhessen-Pfalz Oberfranken

Tab. 28: Regionale Kombination von Wachstumsrate und Variationsgrad: Umsätze

Variationsgrad	Wachstumsrate		
	1. Drittel	2. Drittel	3. Drittel
1. Drittel	Oldenburg Kassel Oberbayern	Darmstadt Nordwürttembg Nordbaden Südbaden Schwaben	Braunschweig Düsseldorf Köln
2. Drittel	Hannover Osnabrück Unterfranken	Schleswig-Holstein Münster Detmold Koblenz Südwürttembg-Hohenzollern Niederbayern Mittelfranken	Hildesheim Aachen
3. Drittel	Stade Aurich Trier Rheinhessen-Pfalz Saarland		Hamburg Lüneburg Bremen Arnsberg Oberpfalz Oberfranken

ten ist negativ. Logarithmiert man die Variable Wachstumsrate[11], so ergeben sich Korrelationskoeffizienten von 0,3626 bzw. 0,1828. Der höhere korrelative Zusammenhang bei diesem mathematischen Ansatz bedeutet, daß die Abnahme des Variationsgrades umso stärker ist, je höher das Wachstum ist, wobei sich die Abnahme mit steigendem Wachstum verstärkt. Andersherum gesagt sind wachsende Variationsgradabnahmen mit einem abnehmenden Wachstumszuwachs verbunden. Der regionale Sektorstrukturausgleich erfolgt also bei steigenden Wachstumsraten in zunehmendem Maße[12]. Verzichtet man auf eine mathematische Funktionalannahme und berechnet den Rangkorrelationskoeffizienten, so ergeben sich R = 0,3659 bzw. 0,2880[13], die mit einer Irrtumswahrscheinlichkeit von 5% von Null verschieden sind.

Man kann also sagen, daß hohes regionales Wachstum vorwiegend mit einem hohen Ausgleich der regionalen Sektorstruktur verbunden ist e.v.v. Die in Kapitel 5.1.2.3. festgestellte allgemeine Angleichung der regionalen Sektorstrukturen erfolgt also hauptsächlich in den Wachstumsregionen. Das Wachstum der Regionen verbindet sich somit nicht mit zunehmender Spezialisierung, sondern mit der Ansiedlung einer Mischung von Sektoren oder Ausdehnung vorher unterrepräsentierter Sektoren in den Regionen.

Die Bedeutung des Begriffs Spezialisierung ist noch zu relativieren. Spezialisierung wurde hier im Sinne einer Einseitigkeit der regionalen Sektorstruktur gebraucht. Wie im theoretischen Teil beschrieben wurde (Kapitel 2.4.2.1.), entsteht

---

11) nach dem Ansatz: $\Delta I_r = a + b \ln (c - g_r) + u_r$

worin: c = 0,05 bei den Beschäftigten
c = 0,12 bei den Umsätzen

Die Schätzung ergibt einen positiven Regressionskoeffizienten. Die Logarithmierung von ΔI_r führt zu schlechteren Ergebnissen.

12) Die Werte von r^2 sind mit einer Irrtumswahrscheinlichkeit von 1% (5%) von Null verschieden. Die Frage nach der Wirkungsrichtung dieses Zusammenhangs, also der Bestimmung von abhängiger und unabhängiger Variabler wird hier bewußt nicht gestellt, da tatsächlich eine gegenseitige Beeinflussung vorliegt und andere (exogene und endogene) Variablen beide Variablen beeinflussen.

13) Der Rangkorrelationskoeffizient ist positiv, da die Wachstumsraten-Reihe von oben nach unten sortiert wurde (maximales Wachstum = 1.Rang).

diese jedoch aus verschiedenen Gründen, die dort mit der Unterscheidung in Niveau- und Strukturkomponente gekennzeichnet wurden. Unter Spezialisierung versteht man üblicherweise nur die einseitige Strukturierung aufgrund von speziellen Standortvorteilen, die in der Strukturkomponente erfaßt wird. In der Messung der Einseitigkeit der regionalen Sektorstruktur kommt jedoch außerdem die durch die Niveaukomponente bedingte Einseitigkeit bestimmter Regionen zum Ausdruck. Diese ist entsprechend dem hierarchischen Aufbau der Märkte in Regionen mit allgemein geringer Industriedichte zu finden.

Prüft man den Zusammenhang zwischen Industriedichte und Variationsgrad, so gelangt man zu einem Korrelationskoeffizienten von $r^2 = 0{,}0532$ bzw. 0,0385[14]. Verzichtet man auf eine mathematische Funktionalannahme, so ergibt sich ein wesentlich höherer Rangkorrelationskoeffizient von R = -0,2819 bzw. -0,2296. Trägt man die Werte graphisch auf (vgl. Abb. 7 und 8), so zeigt sich, daß einige stark abweichende Werte den ansonsten erkennbaren Zusammenhang stören. Nimmt man die Werte aus, so läßt sich mit einem Korrelationskoeffizienten von 0,3676 bzw. 0,3211[15] ein Zusammenhang zwischen Industriedichte und Sektorstruktur erkennen. Der Rangkorrelationskoeffizient beträgt R = -0,5956 bzw. -0,4685. Alle Werte sind mit einer Irrtumswahrscheinlichkeit von 1% signifikant von Null verschieden. Bedenkt man, daß Hierarchie und Spezialisierung i.e.S. sich in allen Regionen überlagern, so ist dieser Zusammenhang beachtenswert.

Nimmt man den dargestellten funktionalen Zusammenhang (Abb. 7 und 8) als ungefähre Darstellung der Spezialisierung aus Niveaugründen, so weisen die Regionen Hamburg, Aurich, Bremen, Arnsberg und Saarland, bei den Beschäftigten zusätzlich Düsseldorf, bei den Umsätzen Lüneburg, eine starke Speziali-

---

14) nach dem Ansatz: $I_r = a + b \ln D_r + u_r$
worin: D_r = regionale Industriedichte
= Beschäftigte bzw. Umsatz pro Fläche

15) Bei den Beschäftigten wurden die Regionen Hamburg, Bremen, Arnsberg und Saarland ausgenommen, bei den Umsätzen zusätzlich Lüneburg und Aurich.

Abb. 7: Zusammenhang zwischen Industriedichte und Variationsgrad: Beschäftigte

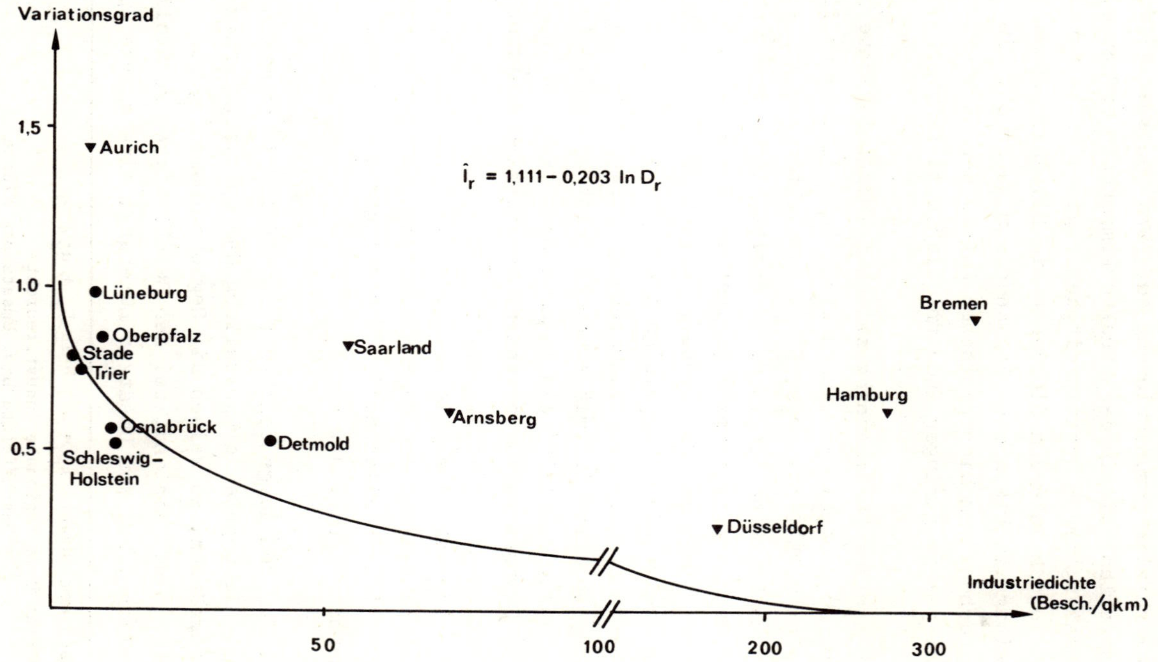

Abb. 8: Zusammenhang zwischen Industriedichte und Variationsgrad: Umsätze

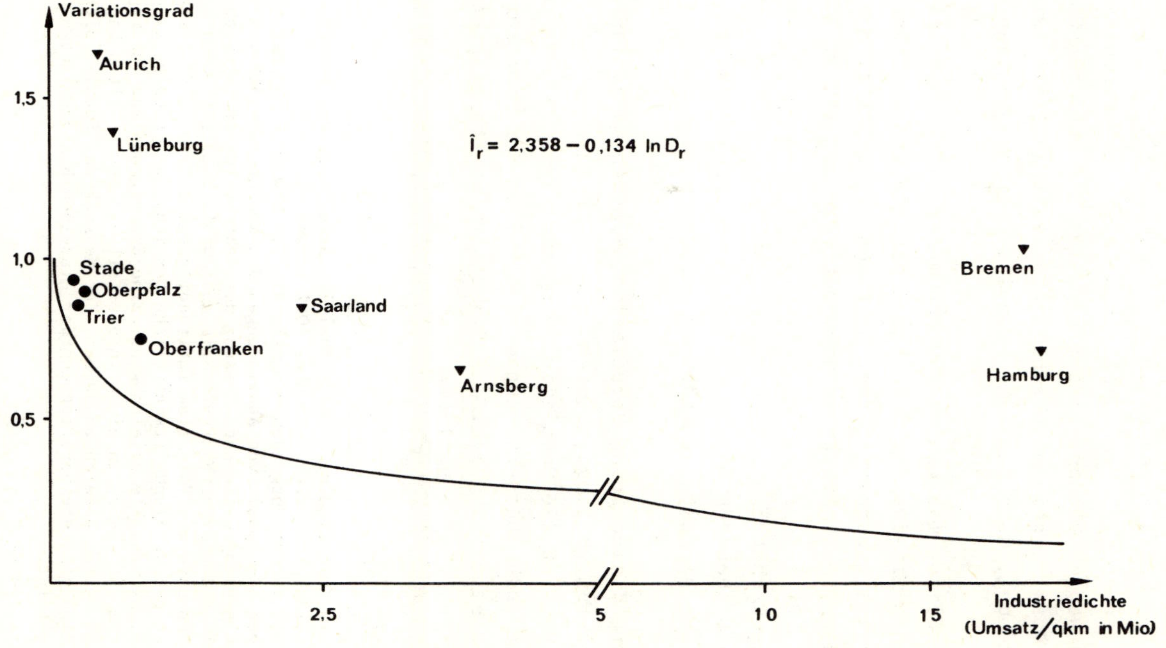

sierung auf, die weit über der durch die Industriedichte erklärten Spezialisierung liegt[16]. Diese Regionen sind als die eigentlich spezialisierten Regionen anzusprechen, während die entsprechend ihrer niedrigen Industriedichte einseitig strukturierten Regionen[17] als industriell unterentwickelt bezeichnet werden können. Dies wären v.a. die Regionen Stade, Trier, Oberpfalz, bei den Beschäftigten außerdem Schleswig-Holstein, Lüneburg, Osnabrück und Detmold, bei den Umsätzen Oberfranken.

Vergleicht man nun das Wachstum der i.e.S. spezialisierten Regionen mit dem der aufgrund industrieller Unterentwicklung einseitig strukturierten Regionen, so zeigt sich deutlich, daß die ersteren mit Wachstumspositionen von 33, 1, 34, 32, 30 und 10 bzw. 32, 33, 2, 34, 28 und 10 hauptsächlich relativ niedrige Wachstumswerte aufweisen, während letztere mit Wachstumspositionen von 13, 2, 4, 11, 28, 3 und 14 bzw. 3, 4, 24 und 27 im Durchschnitt ein höheres Wachstum haben.

Während also keine Korrelation zwischen Variationsgrad und Wachstum vorliegt, besteht eher ein Zusammenhang, wenn man trennt, ob die Spezialisierung aus Niveaugründen oder Standortgründen besteht. Aus dem negativen Zusammenhang zwischen Spezialisierung i.e.S. und Wachstum ergibt sich ein Gegenargument zur Exportbasistheorie[18], das durch die spezielle Situation einer allgemeinen Produktionsfaktorenknappheit entsteht[19].

---

16) Als Kriterium wurde eine positive Abweichung des Variationswerts von seinem Schätzwert von über 100% verwendet.

17) mit Variationsgraden von mehr als 0,5 bzw. 0,6 und negativen Abweichungen oder positiven Abweichungen von weniger als 50% vom Schätzwert.

18) Die hier vorliegende Messung der Sektorstruktur ist nicht primär zum Test der Exportbasis-Theorie ausgewählt und läßt darum nur bedingt Schlüsse zu. Vor allem fehlt der gesamte Bereich des tertiären Sektors, ebenso der landwirtschaftliche Bereich, der prinzipiell auch eine Wachstumsrolle spielen kann. Eine Exportgrundlage für regionales Wachstum ist jedoch in einem industriell hochentwickelten Land v.a. im industriellen Bereich zu suchen. Zur Messung der Spezialisierung i.e.S. ist eine genauere Untersuchung der einzelnen Regionen notwendig als hier erfolgt.

19) Vgl. Kapitel 2.4.3.3.

Das Wachstum in dem betrachteten Zeitraum war darum verbunden mit einer Ausdehnung der Industrie in Regionen mit vorhandenem Boden- und Arbeitskräfteangebot. Zunehmende Umweltbelastungen in Ballungsräumen dürften dabei eine Rolle gespielt haben. Als Regionen mit verfügbaren, freisetzbaren oder potentiellen Produktionsfaktoren sind solche mit niedriger Industriedichte anzusprechen. Setzt man diese zum Wachstum in Beziehung[20], so ergibt sich bei einem negativen Vorzeichen des Regressionskoeffizienten ein Korrelationskoeffizient von $r^2 = 0{,}7032$ bzw. 0,3176[21].

Das Angebot an Produktionsfaktoren - vor allem an Arbeit - war im betrachteten Zeitraum also prägend für das regionale Wachstum, während Einseitigkeit oder Ausgewogenheit der Sektorstruktur praktisch keine Rolle spielte.

5.2.1.2.2. Qualitative Wachstums-Sektorstruktur und regionales Wachstum

Im vorigen Kapitel wurde die Bedeutung der Sektorstruktur in ihrem rein quantitativen Aspekt als Einseitigkeit oder Ausgewogenheit im Vergleich zur gesamträumlichen Sektorstruktur untersucht. Ein Zusammenhang ließ sich nicht feststellen. Nun ist zu prüfen, ob die Sektorstruktur in einem speziellen qualitativen Sinn für das regionale Wachstum von Bedeutung ist. Dazu werden die sektoralen Anteile einer Region in einer variierten Shift-Analyse mit dem sektoralen Wachstum im Gesamtraum bewertet. Nach dieser Methode ergibt sich die fiktive regionale Wachstumsrate g_r^f [22], die in Tabelle 29 dargestellt ist.

Ließe sich das regionale Wachstum solcherart total durch die Sektorstruktur erklären, so müßte folgende Beziehung gelten: $g_r = g_r^f$ mit einem Korrelationskoeffizienten von 1. Setzt man

---

20) nach dem Ansatz: $g_r = a + b \ln D_r + u_r$

21) Der hohe Wert für die Beschäftigten zeigt, daß die Arbeit eine wesentliche Rolle im räumlichen Dekonzentrationsprozeß spielt.

22) nach der Formel 3.2.2.2.(3)

Tab. 29: Fiktive regionale Wachstumsrate bei gesamträumlichem Wachstum der regionalen Sektoren und tatsächliche Wachstumsrate

Region	Beschäftigte		Umsätze	
	fiktives Wachstum (in %)	tatsächl. Wachstum (in %)	fiktives Wachstum (in %)	tatsächl. Wachstum (in %)
Schleswig-Holstein	.06	1.30	6.40	7.09
Hamburg	.48	-1.73	6.66	4.77
Hannover	1.13	1.06	7.11	9.13
Hildesheim	.37	1.18	6.83	6.02
Lüneburg	1.67	3.98	7.64	4.19
Stade	.48	3.73	6.48	10.20
Osnabrück	-.09	1.51	5.94	11.66
Aurich	.24	6.19	6.50	11.60
Braunschweig	.76	-.43	6.78	5.57
Oldenburg	.42	1.59	6.63	8.85
Bremen	.37	-4.47	6.39	3.64
Düsseldorf	.19	-.62	6.26	5.53
Köln	1.09	.15	7.34	6.25
Aachen	.27	.18	6.52	5.70
Münster	-.18	.81	6.24	6.48
Detmold	.12	.06	6.66	6.95
Arnsberg	.22	-.25	6.21	5.81
Darmstadt	.86	.84	7.27	6.89
Kassel	.68	1.22	6.76	7.84
Koblenz	.17	1.26	6.61	7.40
Trier	-.12	3.87	6.36	10.15
Rheinhessen-Pfalz	.68	.28	7.16	8.89
Nordwürttemberg	.88	.89	7.37	7.12
Nordbaden	.60	.57	7.27	6.39
Südbaden	.19	1.41	6.71	7.52
Südwürttemberg-Hohenzollern	-.05	2.01	6.40	7.29
Oberbayern	1.07	1.90	7.26	8.54
Niederbayern	.38	2.31	6.54	7.10
Oberpfalz	-.01	1.27	6.20	6.30
Oberfranken	-.35	-.18	6.12	5.89
Mittelfranken	.84	.25	7.28	7.47
Unterfranken	.60	1.86	6.63	8.09
Schwaben	.19	.96	6.47	6.68
Saarland	-.04	1.58	5.82	8.01

die beiden Variablen in eine lineare Beziehung, so ergibt sich jedoch ein Regressionskoeffizient von 0,187 bzw. -0,619[23] bei einem Korrelationskoeffizienten von $r^2 = 0{,}0022$ bzw. 0,0223[24]. Selbst wenn man von einer bestimmten mathematischen Funktionalannahme absieht, so ergeben sich als Rangkorrelationskoeffizienten nur Werte von R = -0,0651 bzw. -0,0241.

Das bedeutet, daß die gesamträumlichen Wachstumsraten überhaupt keinen Beitrag zur Erklärung des regionalen Wachstums im betrachteten Zeitraum leisten. Die sektoralen Wachstumsraten waren also so verschieden, daß sie als wesentlich standortbestimmt angesehen werden müssen[25].

Einzelaussagen über die Regionen liefert die Aufgliederung der regionalen Wachstumsabweichung in Standort- und Strukturkomponente (Tabelle 30)[26]. Die regionale Wachstumsabweichung reicht bei den Beschäftigten vom 10-fachen des gesamten Durchschnittswachstums bis zum negativen 9-fachen (d.h. die regionale Schrumpfung beträgt das 9-fache des positiven Durchschnittswachstums)[27]. Bei den Umsätzen liegt die regionale Wachstumsabweichung zwischen +73% und -46%. Auch in diesen Zahlen zeigen sich wieder die hohen regionalen Wachstumsunterschiede. Die Strukturkomponente zeigt Werte von 2,04 bis -1,64 bzw. von 0,13 bis -0,14. Die Standortkomponente hat mit Werten von 10,82 bis -8,80 bzw. 0,85 bis -0,51[28] eine weit größere Spanne und ist somit beherrschend für die regionalen Wachstumsabweichungen.

---

23) aus dem Ansatz: $g_r = a + b\, g_r^f + u_r$

24) Auch die Logarithmierung einer Variablen erhöht den Zusammenhang nicht, da eine haufenförmige Werteverteilung vorliegt.

25) Hierzu gehört alles, was von einem Durchschnittswachstum der regionalen Sektoren abweicht, z.B. auch die regional unterschiedliche Zusammensetzung der statistisch abgegrenzten Sektoren aus den verschiedenen in ihnen erfaßten Produktionen, ebenso die unterschiedliche Mischung in den Sektoren durch das Prinzip der Hauptbeteiligten.

26) nach der Formel 3.2.2.2.(4).

27) Durch das kleine Durchschnittswachstum der Beschäftigten von 0,55% werden die relativen Werte sehr hoch.

28) Zur Interpretation beachte die Zusammenstellung in 3.2.2.2.

Tab. 30: Regionale Wachstumsabweichung, Struktur- und Standortkomponente

RAW = STRUW + STAW

Region	Beschäftigte			Umsätze		
	RAW	STRUW	STAW	RAW	STRUW	STAW
Schleswig-Holstein	1.364	-.891	2.255	.049	-.053	.102
Hamburg	-4.145	-.127	-4.018	-.294	-.015	-.280
Hannover	.927	1.055	-.127	.351	.052	.299
Hildesheim	1.145	-.327	1.473	-.109	.010	-.120
Lüneburg	6.236	2.036	4.200	-.380	.130	-.510
Stade	5.782	-.127	5.909	.509	-.041	.550
Osnabrück	1.745	-1.164	2.909	.725	-.121	.846
Aurich	10.256	-.564	10.818	.716	-.038	.754
Braunschweig	-1.782	.382	-2.164	-.176	.003	-.179
Oldenburg	1.891	-.236	2.127	.309	-.019	.328
Bremen	-9.127	-.327	-8.800	-.462	-.055	-.407
Düsseldorf	-2.127	-.655	-1.473	-.182	-.074	-.108
Köln	-.727	.982	-1.709	-.075	.086	-.161
Aachen	-.673	-.509	-.164	-.157	-.036	-.121
Münster	.473	-1.327	1.800	-.041	-.077	.036
Detmold	-.891	-.782	-.109	.028	-.015	.043
Arnsberg	-1.455	-.600	-.855	-.141	-.081	-.059
Darmstadt	.527	.564	-.036	.019	.075	-.056
Kassel	1.218	.236	.982	.160	.000	.160
Koblenz	1.291	-.691	1.982	.095	-.022	.117
Trier	6.036	-1.218	7.255	.501	-.059	.561
Rheinhessen-Pfalz	-.491	.236	-.727	.315	.059	.256
Nordwürttemberg	.618	.600	.018	.053	.090	-.037
Nordbaden	.036	.091	-.055	-.055	.075	-.130
Südbaden	1.564	-.655	2.218	.112	-.007	.120
Südwürttemberg-Hohenzollern	2.655	-1.091	3.745	.078	-.053	.132
Oberbayern	2.455	.945	1.509	.263	.074	.189
Niederbayern	3.200	-.309	3.509	.050	-.033	.083
Oberpfalz	1.309	-1.018	2.327	-.068	-.083	.015
Oberfranken	-1.327	-1.636	.309	-.129	-.095	-.034
Mittelfranken	-.545	.527	-1.073	.105	.077	.028
Unterfranken	2.382	.091	2.291	.197	-.019	.216
Schwaben	.745	-.655	1.400	-.012	-.043	.031
Saarland	1.873	-1.073	2.945	.185	-.139	.324

Zur Deskription der Struktur- und Standortbesonderheiten in den Regionen werden die Regionen nach den Alternativen jeweils positiver oder negativer Abweichungen eingeordnet. Ohne auf die einzelnen Regionen einzugehen, deren Positionen im Kombinationsfeld aus den Tabellen 31 und 32 ersichtlich sind, kann man einige grundsätzliche Besonderheiten aus den Tabellen ableiten. Mehr als die Hälfte der Regionen (23 bzw. 20 Regionen) hatten ein überdurchschnittliches Wachstum. Dieses kam im überwiegenden Teil dieser Regionen (in 20 oder 87% bzw. 18 oder 90%) durch die Mitwirkung einer positiven Standortkomponente zustande. Die Strukturkomponente war in 15 bzw. 13 dieser Regionen negativ. In diesen Regionen (je 65%) wurde somit durch regionale Sonderentwicklungen der Sektoren das aufgrund der Sektorstruktur potentiell unterdurchschnittliche Wachstum in ein überdurchschnittliches umgewandelt. In je 5 Regionen kumulierten sich positive Standort- und positive Strukturkomponente, wobei die Strukturkomponente mit Ausnahme einer Region eine quantitativ unwesentliche Rolle spielte. In nur 3 bzw. 2 Regionen wurde das Wachstum aufgrund der höheren Strukturkomponente durch eine negative Standortkomponente gedämpft.

Das unterdurchschnittliche Wachstum in 11 bzw. 14 Regionen entstand in 10 (91%) bzw. 11 (79%) Regionen unter Mitwirkung einer negativen Standortkomponente. Diese verwandelte in 4 (36%) bzw. 5 (36%) Regionen ein aufgrund der Sektorstruktur überdurchschnittliches Wachstum in ein unterdurchschnittliches Wachstum[29]. In je 6 Regionen kumulierten sich eine negative Standort- und eine negative Strukturkomponente, wobei die Strukturkomponente die kleinere Rolle spielte. In 1 bzw. 3 Regionen schwächte eine positive Standortkomponente die negative Wachstumsabweichung aufgrund der Strukturkomponente ab.

Es zeigt sich, daß rein qualitativ, also vom Vorzeichen her die Strukturkomponente einen unbedeutenderen Beitrag zur regionalen Wachstumsabweichung leistet. Sie steht nur in 15 bzw.

29) das Beschäftigtenwachstum in Braunschweig sogar in ein negatives Wachstum.

Tab. 31: Gruppierung der Regionen nach ihrer Wachstumsabweichung und nach Struktur- und Standortkomponente:

Beschäftigte

RAW > 0			RAW < 0	
STAW > 0	STAW < 0		STAW > 0	STAW < 0
Lüneburg Oberbayern Unterfranken Kassel Nordwürttembg	Hannover Darmstadt Nordbaden	STRUW > 0		Rheinhessen-Pfalz Mittelfranken Köln Braunschweig
Aurich Trier Stade Niederbayern Südwürttembg-Hohenzollern Oldenburg Saarland Osnabrück Südbaden Schleswig-Holstein Oberpfalz Koblenz Hildesheim Schwaben Münster		STRUW < 0	Oberfranken	Aachen Detmold Arnsberg Düsseldorf Hamburg Bremen

16 Regionen (44% bzw. 47%) auf der "richtigen" Seite, 8 mal bzw. 7 mal bei einer positiven Wachstumsabweichung (je 35%), 7 mal bzw. 9 mal bei einer negativen Wachstumsabweichung (je 64%). Die Standortkomponente dagegen hat in 30 bzw. 29 Regionen (88% bzw. 85%) das richtige Vorzeichen, 20 bzw. 18 mal bei einer positiven Wachstumsabweichung (87% bzw. 90%), 10 bzw. 11 mal bei einer negativen Wachstumsabweichung (91% bzw. 79%).

Werden Struktur- und Standortkomponente als Anteile der regionalen Wachstumsabweichung angegeben, um ihren quantitativen Erklärungsbeitrag zu erkennen (Tabelle 33 und 34)[30], so zeigt sich, daß die Sektorstruktur nur in 14 Regionen (41%) einen Beitrag zwischen 0 und 200% leistet, d.h. in 20 Regionen (59%) verschätzt die Wachstumsmessung durch die Sektorstruktur allein

30) Ein Hinweis zur Tabelle: Bei negativem RAW wird eine negative Komponente zu einem positiven Anteil.

Tab. 32: Gruppierung der Regionen nach ihrer Wachstumsabweichung und nach Struktur- und Standortkomponente:

Umsätze

RAW > 0			RAW < 0	
STAW > 0	STAW < 0		STAW > 0	STAW < 0
Hannover Rheinhessen-Pfalz Oberbayern Kassel Mittelfranken	Nordwürttemberg Darmstadt	STRUW > 0		Nordbaden Köln Hildesheim Braunschweig Lüneburg
Osnabrück Aurich Stade Trier Oldenburg Unterfranken Saarland Südbaden Koblenz Südwürttembg-Hohenzollern Niederbayern Schleswig-Holstein Detmold		STRUW < 0	Schwaben Münster Oberpfalz	Oberfranken Arnsberg Aachen Düsseldorf Hamburg Bremen

die regionale Wachstumsabweichung um mehr als 100% nach oben oder unten. Nur in 6 (18%) bzw. 4 (12%) Regionen verschätzt eine solche Wachstumsmessung die regionale Wachstumsabweichung um weniger als 50% nach oben oder unten. Der Standortfaktor ist dementsprechend bedeutend.

Bei einer Erklärung oder prognostischen Schätzung des regionalen Wachstums durch Projektion des sektoralen Wachstums im Gesamtraum kommt man also nicht annähernd zu sinnvollen Ergebnissen. Dies gilt vor allem für eine durch Strukturwandel gekennzeichnete starke Wachstumsphase, wie sie in den Zahlen für die BRD im Zeitraum 1960-72 zum Ausdruck kommt.

Tab. 33: Anteile der Struktur- und Standortkomponente an der regionalen Wachstumsabweichung:

Beschäftigte

Region[31]	RAW	Anteil STRUW (in %)	Anteil STAW (in %)
Aurich	10.256	-5.5	105.5
Lüneburg	6.236	32.6	67.4
Trier	6.036	-20.2	120.2
Stade	5.782	-2.2	102.2
Niederbayern	3.200	-9.7	109.7
Südwürttemberg-Hohenzollern	2.655	-41.1	141.1
Oberbayern	2.455	38.5	61.5
Unterfranken	2.382	3.8	96.2
Oldenburg	1.891	-12.5	112.5
Saarland	1.873	-57.3	157.3
Osnabrück	1.745	-66.7	166.7
Südbaden	1.564	-41.9	141.9
Schleswig-Holstein	1.364	-65.3	165.3
Oberpfalz	1.309	-77.8	177.8
Koblenz	1.291	-53.5	153.5
Kassel	1.218	19.4	80.6
Hildesheim	1.145	-28.6	128.6
Hannover	.927	113.8	-13.8
Schwaben	.745	-87.9	187.9
Nordwürttemberg	.618	97.1	2.9
Darmstadt	.527	107.0	-7.0
Münster	.473	-280.5	380.5
Nordbaden	.036	252.8	-152.8
Rheinhessen-Pfalz	-.491	-48.1	148.1
Mittelfranken	-.545	-96.8	196.8
Aachen	-.673	75.6	24.4
Köln	-.727	-135.1	235.1
Detmold	-.891	87.8	12.2
Oberfranken	-1.327	123.3	-23.3
Arnsberg	-1.455	41.2	58.8
Braunschweig	-1.782	-21.4	121.4
Düsseldorf	-2.127	30.8	69.2
Hamburg	-4.145	3.1	96.9
Bremen	-9.127	3.6	96.4

31) Die Regionen wurden nach der Höhe der regionalen Wachstumsabweichung geordnet.

Tab. 34: Anteile der Struktur- und Standortkomponente an der regionalen Wachstumsabweichung:

Umsätze

Region[32]	RAW	Anteil STRUW (in %)	Anteil STAW (in %)
Osnabrück	.725	-16.7	116.7
Aurich	.716	-5.3	105.3
Stade	.509	-8.1	108.1
Trier	.501	-11.9	111.9
Hannover	.351	14.8	85.2
Rheinhessen-Pfalz	.315	18.7	81.3
Oldenburg	.309	-6.1	106.1
Oberbayern	.263	28.1	71.9
Unterfranken	.197	-9.6	109.6
Saarland	.185	-75.1	175.1
Kassel	.160	.0	100.0
Südbaden	.112	-7.0	107.0
Mittelfranken	.105	73.3	26.7
Koblenz	.095	-23.2	123.2
Südwürttemberg-Hohenzollern	.078	-67.1	167.1
Nordwürttemberg	.053	169.8	-69.8
Niederbayern	.050	-66.0	166.0
Schleswig-Holstein	.049	-108.2	208.2
Detmold	.028	-53.6	153.6
Darmstadt	.019	394.7	-294.7
Schwaben	-.012	358.3	-258.2
Münster	-.041	187.8	-87.8
Nordbaden	-.055	-136.4	236.4
Oberpfalz	-.068	122.1	-22.1
Köln	-.075	-114.7	214.7
Hildesheim	-.109	-10.0	110.0
Oberfranken	.129	73.6	26.4
Arnsberg	-.141	57.9	42.1
Aachen	-.157	22.9	77.1
Braunschweig	-.176	-1.7	101.7
Düsseldorf	-.182	40.7	59.3
Hamburg	-.294	5.1	94.9
Lüneburg	-.380	-34.2	134.2
Bremen	-.462	11.9	88.1

32) Die Regionen wurden nach der Höhe der regionalen Wachstumsabweichung geordnet.

5.2.2. Regionale Sektorstruktur und regionale Stabilität

5.2.2.1. Die regionale Stabilität

Wachstumsschwankungen der Industrie können gemessen und verglichen werden in der Stärke der Amplituden und in Phasenverschiebungen. Diese beiden Komponenten werden erfaßt durch den Schwankungswert C bzw. C' und den Kompensationswert KOMP[33].

Das Wachstum der Industrie im Gesamtraum war begleitet von durchschnittlichen Abweichungen von der Trendgeraden von 2,38% bzw. 6,45% nach dem 1. Ansatz und 1,93% bzw. 5,14% nach dem 2. Ansatz[34]. Eine durchschnittliche einfache Abweichung (2. Ansatz) von ca. 2% bzw. 5% ist nicht sehr hoch. Der höhere Wert bei den Umsätzen dürfte z.T. aus der schlechteren Anpassung durch den linearen Trendansatz entstehen, bedingt durch überproportional wachsende Absatzmengen in einer Wachstumsphase und/oder Preissteigerungen[35]. Die höheren durchschnittlichen Abweichungen (um etwa ein Viertel) beim 1. Ansatz bedeuten, daß die Abweichungen in den verschiedenen Jahren verschieden hoch gewesen sind[36]. Dies dürfte zu einem Großteil durch den relativen Konjunktureinbruch der Jahre 1966/67 bedingt sein. Insgesamt ist der Zeitraum jedoch als im historischen Vergleich relativ stabile Wachstumsphase anzusehen, deren Probleme mehr im strukturellen Bereich lagen.

---

33) Detailliertere Aussagen liefert die Methode von R. VINING, der die Änderung der wirtschaftlichen Entwicklung von Jahr zu Jahr untersucht. Dabei werden z.B. auch Beschleunigungs- und Verlangsamungserscheinungen erfaßt (R. VINING: Regional variation in cyclical fluctuation viewed as a frequency distribution. Econometrica, Vol. 13, 1945, S. 186f).Für die vorliegende Untersuchung sind jedoch globalere Methoden ausreichend. Der Versuch einer Darstellung der Schwankungen durch eine bestimmte mathematische Funktion (etwa eine sinus-Kurve; vgl. G. TINTNER: Econometrics. New York 1965, S. 217) wird hier nicht unternommen, da zum einen eine strikte Periodizität von durch den Strukturwandel bestimmten regionalen Schwankungen nicht erwartet werden kann, zum andern die Darstellung der Schwankungen in einer Maßzahl, wie sie hier erfolgt, einfache Vergleiche ermöglicht.

34) nach den Formeln 3.2.3.1.(2a) und (2b).

35) Auch konstante Preissteigerungsraten allein führen zu überproportional wachsenden Umsätzen.

36) Bei gleich hohen Abweichungen in allen Jahren sind die Ergebnisse der beiden Ansätze gleich. Sonst fällt das Ergebnis des 1. Ansatzes immer höher aus.

Tab. 35: Schwankungen um den Trend in den Regionen

Region	Beschäftigte		Umsätze	
	Schwankungswert (in %)	Rang	Schwankungswert (in %)	Rang
Schleswig-Holstein	4.63	28	9.58	28
Hamburg	2.55	11	4.37	4
Hannover	2.62	15	7.66	20
Hildesheim	7.27	31	7.10	19
Lüneburg	15.34	33	23.27	33
Stade	4.62	27	8.31	23
Osnabrück	6.88	30	24.97	34
Aurich	8.08	32	22.90	32
Braunschweig	4.12	26	8.70	25
Oldenburg	3.74	22	8.36	24
Bremen	33.00	34	21.88	31
Düsseldorf	2.17	6.5	4.77	8
Köln	2.60	14	4.50	6
Aachen	2.92	16	3.88	1
Münster	2.17	6.5	5.17	11
Detmold	1.73	1	4.00	3
Arnsberg	2.57	13	5.62	16
Darmstadt	1.90	3	3.95	2
Kassel	2.42	10	5.45	15
Koblenz	3.27	18	7.67	21
Trier	3.87	24	11.32	29
Rheinhessen-Pfalz	3.20	17	8.79	27
Nordwürttemberg	2.03	5	5.95	17
Nordbaden	2.23	8	4.97	9
Südbaden	1.92	4	5.27	13
Südwürttemberg-Hohenzollern	4.11	25	5.11	10
Oberbayern	3.28	19	5.18	12
Niederbayern	3.59	21	8.76	26
Oberpfalz	3.76	23	8.19	22
Oberfranken	2.56	12	4.44	5
Mittelfranken	1.76	2	5.31	14
Unterfranken	2.36	9	6.48	18
Schwaben	3.43	20	4.65	7
Saarland	6.44	29	18.82	30

Im folgenden werden lediglich die Ergebnisse des 2. Ansatzes wiedergegeben. Sie unterscheiden sich nur unwesentlich von denen des 1. Ansatzes und werden hier vorgezogen, da dieser Ansatz auch den Kompensationsberechnungen zugrunde liegt.

Die Verteilung der Schwankungen um den Trend auf die Regionen wird in Tabelle 35 wiedergegeben. Die höchste Stabilität der Beschäftigtenentwicklung findet sich in Detmold (1,73% jährliche durchschnittliche Abweichung vom Trend)[37], Mittelfranken (1,76%), Darmstadt (1,90%) und Südbaden (1,92%). In Detmold und Darmstadt ist auch eine sehr hohe Stabilität der Umsätze auf ihrer Trendlinie zu beobachten (4,00% und 3,95%). An erster Stelle vor diesen beiden Regionen aber liegt Aachen mit der stabilsten Umsatzentwicklung (3,88%). Das erste und letzte Drittel der regionalen Stabilität ist in Tabelle 36 und 37 dargestellt.

Tab. 36: Regionen mit den extremsten Schwankungswerten um den Trend (in %): Beschäftigte

Nr.	Regionen mit den niedrigsten Schwankungen	Nr.	Regionen mit den höchsten Schwankungen
1	Detmold (1.73)	34	Bremen (33.00)
2	Mittelfranken (1.76)	33	Lüneburg (15.34)
3	Darmstadt (1.90)	32	Aurich (8.08)
4	Südbaden (1.92)	31	Hildesheim (7.27)
5	Nordwürttemberg (2.03)	30	Osnabrück (6.88)
6	Düsseldorf (2.17)	29	Saarland (6.44)
7	Münster (2.17)	28	Schleswig-Holstein (4.63)
8	Nordbaden (2.23)	27	Stade (4.62)
9	Unterfranken (2.36)	26	Braunschweig (4.12)
10	Kassel (2.42)	25	Südwürttemberg-Hohenzollern (4.11)
11	Hamburg (2.55)	24	Trier (3.87)

37) Berechnung von C_r' nach Formel 3.2.3.1.(1b).

Tab. 37: Regionen mit den extremsten Schwankungswerten um den Trend (in %): Umsätze

Nr.	Regionen mit den niedrigsten Schwankungen	Nr.	Regionen mit den höchsten Schwankungen
1	Aachen (3.88)	34	Osnabrück (24.97)
2	Darmstadt (3.95)	33	Lüneburg (23.27)
3	Detmold (4.00)	32	Aurich (22.90)
4	Hamburg (4.37)	31	Bremen (21.88)
5	Oberfranken (4.44)	30	Saarland (18.82)
6	Köln (4.50)	29	Trier (11.32)
7	Schwaben (4.65)	28	Schleswig-Holstein (9.58)
8	Düsseldorf (4.77)	27	Rheinhessen-Pfalz (8.79)
9	Nordbaden (4.97)	26	Niederbayern (8.76)
10	Südwürttemberg-Hohenzollern (5.11)	25	Braunschweig (8.70)
11	Münster (5.17)	24	Oldenburg (8.36)

Die höchsten Beschäftigtenschwankungen weisen Bremen (33.00%), Lüneburg (15,34%), Aurich (8,08%) und Hildesheim (7,27%) auf. Aurich, Lüneburg und Bremen liegen auch am unteren Ende der Umsatzstabilität (mit 22,90%, 23,27% und 21,88%). Höher sind die Umsatzschwankungen nur noch in Osnabrück (24,97%).

Gruppiert man die Regionen nach der Höhe ihrer Schwankungen, so kommt das in Tabelle 38 dargestellte Bild zustande. Etwa die Hälfte der Regionen (52,9%) hat Beschäftigtenschwankungen von mehr als 3%, 29,4% der Regionen Schwankungen von mehr als 4%, zwei Regionen haben sogar Abweichungen vom Trend von mehr als 10% pro Jahr. Es bestehen also zwischen den Regionen wesentliche Stabilitätsunterschiede. Noch stärker zeigt sich das bei den Umsätzen. In den Nachbargruppen mit den höchsten Besetzungszahlen 4-6% Abweichungen pro Jahr finden sich 44,1% der Regionen. Mehr als 7% jährliche Abweichungen der Umsatzentwicklung vom Trend haben 47,1% der Regionen. Mehr als 10% Abweichungen sind noch in 17,6% der Regionen zu finden.

Tab. 38: Gruppierung der Regionen nach ihren Schwankungswerten

Schwankungen	Zahl der Regionen	
	Beschäftigte	Umsätze
1 - 2%	4	0
2 - 3%	12	0
3 - 4%	8	2
4 - 5%	4	7
5 - 6%	0	8
6 - 7%	2	1
7 - 8%	1	3
8 - 9%	1	6
9 - 10%	0	1
10 - 20%	1	2
20 - 30%	0	4
30 - 40%	1	0

Faßt man die Regionen zu den fünf regionalen Blöcken zusammen, so ergibt sich für die Beschäftigten und Umsätze ein verschiedenes Stabilitätsbild (Tabelle 39). Übereinstimmung besteht nur in der unstabilsten Gruppe. Sowohl Beschäftigte als auch Umsätze haben die höchsten Schwankungen in der Gruppe Nord (5,47% bzw. 6,92%). Die als Ganzes unstabile Gruppe beinhaltet auch die unstabilsten Regionen. Die höchsten Beschäftigtenschwankungen in Bremen (33,00%), Lüneburg (15,34%), Aurich (8,08%), Hildesheim (7,27%) und Osnabrück (6,88%) sind in dieser Gruppe zu finden. Die höchsten Umsatzschwankungen haben Osnabrück (24,97%), Lüneburg (23,27%), Aurich (22,90%) und Bremen (21,88%). Hamburg ist die einzige relativ stabile Region dieser Gruppe (2,55% bzw. 4,37%).

Die Schwankungen der Gruppe als Ganzes zeigen gegenüber den einzelnen Regionen eine hohe Kompensation an (Tab. 40)[38]. Die relative Kompensation beträgt bei den Beschäftigtenschwankungen 33,22%, bei den Umsatzschwankungen 41,02%. Durch die Aggregation der Regionen der Gruppe Nord verschwindet also ein

38) Berechnung nach der Formel 3.2.3.1.(6), wobei i für die Regionen einer Gruppe steht.

Drittel bzw. rund 40% der Abweichungen. Das bedeutet, daß die Schwankungen in den verschiedenen Regionen der Gruppe zum großen Teil gegenläufig sind. Trotz dieser stark gegenläufigen, also sich kompensierenden Bewegungen bilden die stark schwankenden Regionen auch in der Summe die unstabilste Gruppe.

Tab. 39: Schwankungswerte der regionalen Blöcke

Block	Beschäftigte		Umsätze	
	Schwankungen (in %)	Spanne x)	Schwankungen (in %)	Spanne x)
Nord	5.47	2.6/33.0	6.92	4.4/25.0
Nordwest	2.23	1.7/2.9	4.72	3.9/5.6
Mitte	2.06	1.9/6.4	6.62	4.0/18.8
Südwest	1.85	1.9/4.1	5.42	5.0/6.0
Südost	2.57	1.8/3.8	4.36	4.4/8.8

x) niedrigster Wert/höchster Wert der Gruppe in %

Tab. 40: Schwankungskompensationen innerhalb der regionalen Blöcke (in %)

Block	Beschäftigte	Umsätze
Nord	33.22	41.02
Nordwest	3.43	2.80
Mitte	29.15	8.88
Südwest	23.80	1.29
Südost	10.27	20.79

Wegen der erheblichen Divergenzen in den Gruppenergebnissen werden Beschäftigungs- und Umsatzschwankungen in den regionalen Gruppen getrennt abgehandelt. Als zweitschlechteste Gruppe bzgl. der Beschäftigtenstabilität folgt mit hohem Abstand die Gruppe Südost (2,57%). Diese Gruppe beinhaltet verschieden stabile Regionen (Positionen 2-23). Die Liste reicht von der unstabilen Region Oberpfalz (3,76%) bis zur sehr stabilen

Region Mittelfranken (1,76%). Der Kompensationswert von 10,27% zeigt gegenläufige Bewegungen an.

Die mittlere Gruppe Nordwest (2,23%) beinhaltet nur relativ stabile Regionen (Positionen 1-16) mit allgemein guten, nahe beieinander liegenden Werten[39]. Die Gruppe kommt trotzdem nicht auf eine bessere Position, weil die Schwankungen in den verschiedenen Regionen weitgehend gleichgerichtet sind. Das zeigt der niedrige Kompensationswert von 3,43% an.

Die zweitstabilste Gruppe stellt die Gruppe Mitte dar (2,06%). Diese Gruppe setzt sich etwa zu gleichen Teilen aus stabilen und unstabilen Regionen zusammen. Die Werte sind weit gestreut (Positionen 3-29). Am stabilsten war die Beschäftigtenentwicklung in Darmstadt (1,90%), am unstabilsten im Saarland (6,44%). Die dennoch hohe Gruppenstabilität kommt durch eine relativ hohe Kompensation der gegenläufigen Schwankungen zustande (29,15%).

Auch die stabilste Gruppe Südwest (1,85%) setzt sich aus sehr verschieden stabilen Regionen zusammen (Positionen 4-25). Von hoher Unstabilität ist Südwürttemberg-Hohenzollern (4,11%). Am besten kommt Südbaden weg (1,92%). Das gute Gruppenergebnis wird durch eine relativ hohe Kompensation von 23,8% erreicht.

Die Zusammensetzung der Gruppen ist in den meisten Gruppen heterogen, sowohl was die Mischung aus stabilen und unstabilen Regionen betrifft, als auch was die Richtung der Schwankungen betrifft (nur die Gruppe Nordwest hat parallele Schwankungen der Regionen). Die Unterschiede in der Stabilität der Gruppen sind zwischen den vier besseren Gruppen niedrig (Spanne der vier: 0,72 %-Punkte), aber hoch zwischen der schlechtesten und zweitschlechtesten Gruppe (2,90 %-Punkte). Es läßt sich also für die Zeit 1960-72 ein Beschäftigungsstabilitäts-Gefälle zwischen dem Norden und dem Rest der BRD feststellen.

---

39) Die Verteilung der Stabilitätswerte ist eine rechtsschiefe Verteilung, d.h. die unteren Werte liegen dichter beieinander als die höheren Werte.

Gegenläufige Bewegungen in der Beschäftigtenentwicklung der verschiedenen regionalen Blöcke zeigen sich in einer Kompensation der Gruppenschwankungen gegenüber den Schwankungen im Gesamtraum von 27,11%. Dieser relativ große Wert bedeutet, daß sich auch die recht großen Regionsgruppen noch mit verschieden gerichteten Schwankungen um ihren Trend entwickeln. Die Gesamtkompensation, die sich aus der Zusammenfassung der 34 Einzelregionen zum Gesamtraum ergibt[40], beträgt 43,08%. Die Regionen sind also nicht nur von sehr unterschiedlicher Stabilität, sondern die Beschäftigungsentwicklung um den Trend vollzieht sich auch in sehr unterschiedlicher Weise. Ob sich dies aus der sektoralen Zusammensetzung der Regionen ableiten läßt, bleibt in den nächsten Kapiteln festzustellen.

Zunächst soll jedoch noch die Zusammenfassung der Umsatzwerte zu den regionalen Blöcken untersucht werden. Die zweitschlechteste Gruppe bzgl. der Umsatzstabilität nach der unstabilsten Gruppe Nord ist die Gruppe Mitte (6,62% jährliche Schwankungen). Die Regionen dieser Gruppe sind von sehr unterschiedlicher Stabilität (Positionen 2-30). Sie enthält neben der sehr stabilen Region Darmstadt (3,95%) einige sehr unstabile Regionen, vor allem Saarland (18,82%) und Trier (11,32%). Die Kompensation ist mit einem Wert von 8,88% nicht sehr hoch, aber spürbar.

Die mittlere Gruppe Südwest (5,42%) ist eine relativ einheitliche Gruppe mit mittleren bis guten Werten (Positionen 9-17). Die Kompensation ist mit 1,29% sehr gering. Durch die nahezu parallelen Schwankungen schneidet diese Gruppe relativ schlecht ab.

Die zweitstabilste Gruppe Nordwest (4,72%) enthält unterschiedlich stabile Regionen im guten und mittleren Bereich (Positionen 1-16). Am stabilsten ist die Umsatzentwicklung in Aachen (3,88%), am unstabilsten in Arnsberg (5,62%). Auch hier ist die Kompensation mit 2,8% gering.

Die stabilste Gruppe Südost (4,36%) umfaßt Regionen sehr

---

40) nach der Formel 3.2.3.1.(7).

unterschiedlicher Stabilität (Positionen 5-26). Darunter befindet sich neben der gruppenstabilsten Region Oberfranken (4,44%) auch die sehr unstabile Region Niederbayern (8.76%). Die gute Gruppenposition ist nur durch die hohe Kompensation der regionalen Schwankungen in der Gruppe von 20,79% möglich.

Die meisten Gruppen bestehen aus einer heterogenen Mischung von stabilen und unstabilen Regionen. Die Kompensationswirkungen sind sehr unterschiedlich. Verschieden gerichtete Schwankungen der Gruppenregionen sind in Nord und Südost vorherrschend, während in Nordwest und Südwest die regionalen Schwankungen weitgehend parallel sind. Ein Stabilitätsgefälle zwischen den Blöcken (etwa zwischen Norden und Süden) läßt sich nicht feststellen. Ebensowenig bestehen wesentliche gegenläufige Bewegungen in der Umsatzentwicklung der Gruppen als Ganzes. Die Kompensation der Gruppenschwankungen gegenüber den Schwankungen im Gesamtraum ist mit 4,83% niedrig. Die Gesamtumsätze der Regionsgruppen schwanken also weitgehend parallel. Die Gesamtkompensation, die bei Zusammenfassung der 34 Einzelregionen zum Gesamtraum entsteht, beträgt 21,92%. Die relativ hohen Unterschiede in der Stabilität der Umsatzentwicklung der Regionen sind also auch von unterschiedlich gerichteten Schwankungen begleitet. Auch hier wird in den nächsten Kapiteln der Versuch gemacht, die Beteiligung der sektoralen Zusammensetzung der Regionen an der unterschiedlichen Stabilität zu klären.

Einige Bemerkungen scheinen noch nötig zu den unterschiedlichen Gruppenergebnissen bei Beschäftigten und Umsätzen. Berechnet man die Schwankungen in den Regionsblöcken als Durchschnittsschwankungen der Einzelregionen, wobei die Kompensationswirkungen unberücksichtigt bleiben[41], so ergibt sich für Beschäftigte und Umsätze die gleiche Reihenfolge (Tab. 41).

---

41) Die Berechnung erfolgt nach Formel:

$$DC'_g = \frac{\sum_{r \in g} \bar{y}_r \, C'_r}{\bar{y}_g} \quad \text{worin: } \bar{y}_g = \sum_{r \in g} \bar{y}_r$$

Tab. 41: Durchschnittliche Schwankungen in den Regionsblöcken (in %)

Block	Beschäftigte	Umsätze
Nord	8.20	11.74
Nordwest	2.31	4.86
Mitte	2.91	7.26
Südwest	2.43	5.49
Südost	2.87	5.51

Die Verschiebungen der Gruppenergebnisse sind also Ausdruck verschiedener Kompensationswirkungen bei Beschäftigten und Umsatz durch die statistische Aggregation über die Regionen der Gruppen. So wird die Regionsgruppe Mitte, die bei der Durchschnittsbildung der regionalen Schwankungswerte nur an vierter Stelle steht, aufgrund hoher Kompensation zur zweitstabilsten Beschäftigungsgruppe, während die Gruppe Nordwest von Platz 1 bei der Durchschnittsbildung auf Platz 3 bei Aggregation abrutscht. Ein wesentlicher Teil der verschiedenen Gruppenergebnisse bei Beschäftigten und Umsätzen kommt also durch unterschiedliche Kompensationswirkungen zustande.

Auffallend ist auch der Unterschied der Gesamtkompensation, die durch Aggregation aller 34 Regionen entsteht. Einer Kompensation der Beschäftigungsschwankungen von 43% steht eine nur halb so große Kompensation der Umsatzschwankungen von 22% gegenüber. Die regionale Beschäftigung entwickelte sich also viel stärker in gegenläufigen Bewegungen als die regionalen Umsätze. Der Zeitraum, dem die vorliegenden Ergebnisse entstammen, war gekennzeichnet durch einen Arbeitsnachfrageüberhang, der sich auch in einem räumlichen Konkurrenzprozeß um die Arbeit äußert. Freigesetzte Arbeitskräfte werden in einer solchen Phase aufgrund ihrer allgemeinen Knappheit schnell an anderer Stelle wieder aufgenommen[42]. Dadurch entstehen gegen-

42) Dieser Prozeß kann z.T. auch indirekt ohne Umzüge und Arbeitsplatzwechsel der räumlich schon etablierten Arbeitnehmer stattfinden. Wesentliche interregionale Umsetzungen in der Industrie sind auch durch den Ersatz von aus Altersgründen ausscheidenden Arbeitnehmern durch Berufsanfänger und Gastarbeiter sowie durch die Netto-Aufnahme aus anderen Wirtschaftsbereichen (Landwirtschaft und tertiärer Sektor) möglich.

läufige Bewegungen in den verschiedenen Regionen. Für die im Umsatz enthaltenen Größen Produktionsmenge und Preise gibt es dagegen vergleichsweise mehr zeitliche Parallelität für Anstöße und Hemmnisse aus dem Wachstumsprozeß. Dennoch bleibt auch beim Umsatz eine Kompensation von gut einem Fünftel der regionalen Schwankungen, die als regionale Erscheinung der Erklärung bedarf.

5.2.2.2. Sektorstruktur und Stabilität der Regionen

5.2.2.2.1. Spezialisierung und regionale Stabilität

Der Zusammenhang zwischen regionaler Sektorstruktur und Stabilität wird hier in drei Aspekten untersucht. Zunächst wird die regionale Sektorstruktur rein quantitativ in ihrer Abweichung von der gesamträumlichen Sektorstruktur mit den regionalen Schwankungen verglichen. Im übernächsten Kapitel erfolgt dann eine Bewertung der regionalen Sektorstruktur durch die gesamträumliche Sektorstabilität. Außerdem wird im nächsten Kapitel der Frage nachgegangen, inwieweit die regionale Stabilität sektoral einheitlich ist bzw. durch Kompensation der sektoralen Schwankungen entsteht.

Vergleicht man den regionalen Variationsgrad (Tabelle 20 und 21) mit den regionalen Schwankungen um den Trend (Tabelle 35), so führt eine lineare Hypothese über den Zusammenhang bei positiven Regressionskoeffizienten zu Korrelationskoeffizienten von $r^2 = 0{,}2370$ bzw. 0,4745. Logarithmiert man die Schwankungswerte, so erhöht sich der Korrelationskoeffizient bei den Beschäftigten auf 0,3740. Sieht man von einer bestimmten mathematischen Funktionalannahme ab, so kommt man zu Rangkorrelationskoeffizienten von R = 0,5295 bzw. 0,4646. Alle Werte sind mit einer Irrtumswahrscheinlichkeit von 1% signifikant von Null verschieden. Es bestand somit ein Zusammenhang zwischen Variationsgrad und Stabilität der Regionen.

Berücksichtigt man, daß die Sektorstruktur auch theoretisch nur als ein Stabilitätsfaktor unter anderen angesehen werden kann, dessen Bedeutung nur in einem Mehrfachregressionsansatz geklärt werden könnte, so sind die festgestellten Korrelationskoeffizienten hoch genug, um als deutlicher Hinweis auf einen Zusammenhang gewertet zu werden. Eine ausgeglichene Sektorstruktur (niedriger Variationsgrad) wirkte somit im betrachteten Zeitraum als Schwankungsausgleich (niedriger Schwankungswert) oder stabilisierender Faktor im Wachstum. Eine einseitige Sektorstruktur war vorwiegend in Regionen mit hohen Schwankungen anzutreffen.

Aus Tabelle 42 und 43 ist ersichtlich, welche Stellung die einzelnen Regionen in der Kombination von Stabilität und Sektorstruktur einnehmen. Diese Darstellung kann nur ein grobes Bild vermitteln, da sie nur die ordinale Einordnung der Regionen berücksichtigt. Sie zeigt jedoch, daß nur vereinzelte Regionen stark vom genannten Zusammenhang abweichen. In Braunschweig verbindet sich eine ausgeglichene Sektorstruktur mit hohen Schwankungen, ebenso in Oldenburg, aber nur bei den Umsätzen. Die Kombination einer einseitigen Sektorstruktur mit geringen Schwankungen tritt in Hamburg und nur bei den Umsätzen in Oberfranken auf. In 16 Regionen (jeweils bei Beschäftigten und Umsätzen) verbinden sich ausgeglichene (mittlere, einseitige) Sektorstruktur mit geringen (mittleren, hohen) Schwankungen[43)].

Ein Zusammenhang zeigt sich auch beim Vergleich der regionalen Schwankungen mit der Änderung des Variationsgrads. Eine lineare Hypothese führt bei negativen Regressionskoeffizienten zu Korrelationskoeffizienten von $r^2 = 0{,}1230$ bzw. 0,4515. Die Logarithmierung von C_r' führt bei den Beschäftigten zu einer Erhöhung des Koeffizienten auf 0,2092. Der Rangkorrelationskoeffizient beträgt R = -0,5076, bei den Umsätzen -0,5725[44)]. Ein hoher Strukturausgleich war also meist von hohen regionalen Schwankungen begleitet e.v.v.

---

43) Eine Unterscheidung von Spezialisierung i.e.S. und Struktureinseitigkeit unterentwickelter Regionen ist hier weder aus theoretischer Sicht sinnvoll (vgl. Kapitel 2.5.3.3.2.), noch von statistischer Bedeutung. Die in Kapitel 5.2.1.2.1. unterschiedenen Regionen passen sich ohne große Unterschiede in den hier festgestellten Zusammenhang ein.

44) Alle Koeffizienten sind mit einer Irrtumswahrscheinlichkeit von 1% signifikant von Null verschieden.

Tab. 42: Regionale Kombination von Schwankungswert und Variationsgrad: Beschäftigte

Variationsgrad	Schwankungswert		
	1. Drittel x)	2. Drittel	3. Drittel xx)
1. Drittel (höchste Ausgewogenheit)	Düsseldorf Darmstadt Kassel Nordwürttembg. Nordbaden Südbaden	Oldenburg Köln Oberbayern Schwaben	Braunschweig
2. Drittel	Münster Detmold Mittelfranken Unterfranken	Hannover Aachen Koblenz Niederbayern	Schleswig-Holstein Hildesheim Osnabrück Südwürttembg-Hohenzollern
3. Drittel (höchste Einseitigkeit)	Hamburg	Arnsberg Rheinhessen-Pfalz Oberpfalz Oberfranken	Lüneburg Stade Aurich Bremen Trier Saarland

x) höchste Stabilität
xx) höchste Schwankungen

Tab. 43: Regionale Kombination von Schwankungswert und Variationsgrad: Umsätze

Variationsgrad	Schwankungswert		
	1. Drittel x)	2. Drittel	3. Drittel xx)
1. Drittel	Düsseldorf Köln Darmstadt Nordbaden Schwaben	Kassel Nordwürttembg. Südbaden Oberbayern	Braunschweig Oldenburg
2. Drittel	Aachen Münster Detmold Südwürttembg-Hohenzollern	Hannover Hildesheim Koblenz Mittelfranken Unterfranken	Schleswig-Holstein Osnabrück Niederbayern
3. Drittel	Hamburg Oberfranken	Stade Arnsberg Oberpfalz	Lüneburg Aurich Bremen Trier Rheinhessen-Pfalz Saarland

x) höchste Stabilität xx) höchste Schwankungen

5.2.2.2.2. Kompensation der sektoralen Schwankungen in den Regionen

Es wurde festgestellt, daß die regionale Stabilität bei ausgeglichener Sektorstruktur höher ist als bei einseitiger Sektorstruktur. Dies könnte seine Ursache darin haben, daß in einer ausgeglichenen Sektorstruktur sich die sektoralen Schwankungen eher kompensieren. Es könnte jedoch auch ein zufälliger Effekt sein, der sich durch die sektorspezifischen Schwankungen ergibt. Beide Möglichkeiten werden in diesem und im nächsten Kapitel geprüft.

Zunächst ist zur Kompensation der sektoralen Schwankungen in den Regionen (vgl. Tabelle 44)[45] festzustellen, daß die Kompensationswerte der Regionen sich stark unterscheiden. Sie reichen von 25,7% bis 80,4% bzw. von 20,6% bis 70,7%. Diese Werte sind allgemein hoch. Parallele Schwankungen gibt es in keiner Region. Die Sektoren der Regionen schwanken in mehr oder weniger gegengerichteten Bewegungen um ihren Trend.

Die Stärke der sich aufhebenden Phasenverschiebungen ist unabhängig von der quantitativen Sektorstruktur. Der lineare Korrelationskoeffizient zwischen Variationsgrad und Kompensationswert beträgt r^2 = 0,0056 bzw. 0,0084. Auch der Rangkorrelationskoeffizient mit 0,0096 bzw. -0,0075 zeigt deutlich an, daß der Grad der Einseitigkeit der Sektorstruktur und die Kompensation der sektoralen Schwankungen unabhängig voneinander sind.

Die Kompensation hat jedoch auch keine Auswirkung auf die regionale Stabilität. Regionaler Schwankungswert und Kompensationswert sind mit einem linearen Korrelationskoeffizienten von r^2 = 0,1869 bzw. 0,1136 und einem Rangkorrelationskoeffizienten von -0,0931 bzw. -0,2416[46] unabhängig voneinander.

---

45) Berechnung nach der Formel 3.2.3.1.(9).

46) Die Koeffizienten sind nicht signifikant von Null verschieden außer r^2 für die Beschäftigten (auf der Basis einer 5%- Irrtumswahrscheinlichkeit).

Tab. 44: Kompensation der sektoralen Schwankungen in den Regionen (in %)

Region	Beschäftigte	Umsätze
Schleswig-Holstein	58.3	39.8
Hamburg	56.1	53.2
Hannover	51.6	44.9
Hildesheim	48.9	53.0
Lüneburg	25.7	20.6
Stade	65.6	52.6
Osnabrück	47.0	23.5
Aurich	57.3	41.4
Braunschweig	53.4	45.9
Oldenburg	69.3	36.2
Bremen	30.6	50.0
Düsseldorf	34.3	24.6
Köln	40.8	34.6
Aachen	39.7	52.4
Münster	47.0	30.0
Detmold	52.2	33.1
Arnsberg	33.6	25.9
Darmstadt	46.0	40.5
Kassel	76.3	51.9
Koblenz	58.9	40.9
Trier	80.1	56.3
Rheinhessen-Pfalz	50.6	34.1
Nordwürttemberg	52.3	25.6
Nordbaden	60.1	48.3
Südbaden	58.1	41.8
Südwürttemberg-Hohenzollern	51.6	39.9
Oberbayern	54.7	70.7
Niederbayern	62.5	45.0
Oberpfalz	62.7	49.9
Oberfranken	62.2	64.8
Mittelfranken	80.4	66.8
Unterfranken	63.4	50.9
Schwaben	52.8	59.3
Saarland	55.9	29.0

Hohe Stabilität der regionalen Entwicklung wird also teils durch allgemein stabile Sektoren in den Regionen (3 bzw. 4 Fälle), teils durch Kompensation gegengerichteter sektoraler Schwankungen (je 4 Fälle) erreicht (Tabelle 45 und 46). Unstabilität der regionalen Entwicklung ergibt sich teils durch gleichgerichtete hohe sektorale Schwankungen (4 bzw. 5 Fälle), teils trotz der Kompensation der sektoralen Schwankungen (2 bzw. 1 Fälle).

Tab. 45: Regionale Kombination von Schwankungswert und Kompensationswert: Beschäftigte

Kompensationswert	Schwankungswert		
	1. Drittel x)	2. Drittel	3. Drittel xx)
1. Drittel (niedrigste Kompensation)	Düsseldorf Münster Darmstadt	Köln Aachen Arnsberg Rheinhessen-Pfalz	Hildesheim Lüneburg Osnabrück Bremen
2. Drittel	Hamburg Detmold Nordwürttemberg Südbaden	Hannover Oberbayern Schwaben	Aurich Braunschweig Südwürttembg-Hohenzollern Saarland Schleswig-Holstein
3. Drittel (höchste Kompensation)	Kassel Mittelfranken Unterfranken Nordbaden	Oldenburg Niederbayern Oberpfalz Oberfranken Koblenz	Stade Trier

x) höchste Stabilität
xx) höchste Schwankungen

Tab. 46: Regionale Kombination von Schwankungswert und Kompensationswert: Umsätze

Kompensationswert	Schwankungswert: 1. Drittel x)	2. Drittel	3. Drittel xx)
1. Drittel (niedrigste Kompensation)	Düsseldorf Köln Münster Detmold	Arnsberg Nordwürttemberg	Lüneburg Osnabrück Oldenburg Rheinhessen-Pfalz Saarland
2. Drittel	Darmstadt Nordbaden Südwürttembg-Hohenzollern	Hannover Koblenz Südbaden Oberpfalz	Schleswig-Holstein Aurich Braunschweig Bremen Niederbayern
3. Drittel (höchste Kompensation)	Hamburg Aachen Oberfranken Schwaben	Hildesheim Stade Kassel Oberbayern Mittelfranken Unterfranken	Trier

x) höchste Stabilität
xx) höchste Schwankungen

5.2.2.2.3. Qualitative Stabilitäts-Sektorstruktur und regionale Stabilität

Es bleibt die Frage zu klären, ob sich die regionalen Schwankungen durch die gesamträumlichen Sektorschwankungen in ihrer anteiligen Auswirkung entsprechend der regionalen Sektorstruktur erklären lassen. Dazu wird ein fiktiver regionaler Schwankungswert berechnet, in den die sektoralen Anteile der Regionen mit den sektoralen Schwankungen im Gesamtraum eingehen. Das fiktive regionale Schwankungsmaß $C_r'^{f}$ [47] ist in Tabelle 47 dargestellt.

Ließen sich die regionalen Schwankungen in diesem Sinn total durch die Sektorstruktur erklären, so gälte $C_r'^{f} = C_r'$ mit

47) nach der Formel 3.2.3.2.(3b).

Tab. 47: Fiktiver regionaler Schwankungswert bei gesamträumlichen Schwankungen der regionalen Sektoren und tatsächlicher Schwankungswert

Region	Beschäftigte		Umsätze	
	fiktiver Schwankungswert (in %)	tatsächl. Schwankungswert (in %)	fiktiver Schwankungswert (in %)	tatsächl. Schwankungswert (in %)
Schleswig-Holstein	1.55	4.63	4.44	9.58
Hamburg	1.64	2.55	4.19	4.37
Hannover	2.04	2.62	4.97	7.66
Hildesheim	1.93	7.27	5.41	7.10
Lüneburg	2.37	15.34	5.66	23.27
Stade	1.63	4.62	3.78	8.31
Osnabrück	1.75	6.88	3.83	24.97
Aurich	1.51	8.08	4.58	22.90
Braunschweig	2.02	4.12	4.75	8.70
Oldenburg	1.83	3.74	4.28	8.36
Bremen	1.76	33.00	4.44	21.88
Düsseldorf	1.90	2.17	4.94	4.77
Köln	2.07	2.60	5.18	4.50
Aachen	1.80	2.92	4.29	3.88
Münster	1.71	2.17	4.24	5.17
Detmold	1.60	1.73	5.05	4.00
Arnsberg	2.02	2.57	5.91	5.62
Darmstadt	2.02	1.90	5.22	3.95
Kassel	2.04	2.42	4.89	5.45
Koblenz	1.77	3.27	5.56	7.67
Trier	1.72	3.87	4.45	11.32
Rheinhessen-Pfalz	1.79	3.20	4.19	8.79
Nordwürttemberg	2.15	2.03	6.03	5.95
Nordbaden	2.02	2.23	5.92	4.97
Südbaden	1.83	1.92	4.69	5.27
Südwürttemberg-Hohenzollern	1.80	4.11	4.81	5.11
Oberbayern	2.10	3.28	5.06	5.18
Niederbayern	1.86	3.59	4.43	8.76
Oberpfalz	1.87	3.76	4.86	8.19
Oberfranken	1.64	2.56	4.41	4.44
Mittelfranken	2.09	1.76	5.68	5.31
Unterfranken	2.04	2.36	4.38	6.48
Schwaben	1.77	3.43	4.04	4.65
Saarland	1.98	6.44	5.51	18.82

einem Korrelationskoeffizienten von 1. Berechnet man eine lineare Regression, so ergeben sich jedoch als Regressionskoeffizienten -0,32 bzw. -1,12 mit einem Korrelationskoeffizienten von r^2 = 0,0001 bzw. 0,0128. Sieht man von einer Verteilungsannahme ab und betrachtet nur die Reihenfolge der Werte, so ergeben sich Rangkorrelationskoeffizienten von R = -0,2338 bzw. -0,0996, die beide nicht signifikant von Null verschieden sind[48].

Die sektoralen Schwankungen waren also im betrachteten Zeitraum von Region zu Region so verschieden[49], daß die gesamträumlichen sektoralen Schwankungen keinen Erklärungsbeitrag zur regionalen Stabilität liefern können.

Die Schwankungswerte der einzelnen Regionen werden in Stabilitätsabweichungen ausgedrückt und in Standort- und Strukturkomponente aufgegliedert (Tabelle 48)[50]. Die regionale Stabilitätsabweichung reicht bei den Beschäftigten von 0,164 bis -14,942, bei den Umsätzen von 0,227 bis -3,974, d.h. im Extrem waren die regionalen Schwankungen um 16,4% bzw. 22,7% geringer und um das 14,9-fache bzw. 4,0-fache höher als im Gesamtraum. Diese Zahlen zeigen die hohen Stabilitätsunterschiede zwischen den Regionen. Die Strukturkomponente hat Werte zwischen 0,271 und -0,145 bzw. zwischen 0,247 und -0,201. Die Standortkomponente nimmt Werte zwischen 0,160 und -15,092 bzw. zwischen 0,253 und -4,211 an und ist mit ihrer hohen Spanne stabilitätsbestimmend.

Zur Beschreibung der Struktur- und Standortbesonderheiten der Regionen bzgl. ihrer Schwankungen werden die Regionen nach

---

48) mit einer Irrtumswahrscheinlichkeit von 5% bei Ablehnung der Null-Hypothese.

49) Dies zeigt sich auch bei der hier nicht dargestellten Messung der Kompensation der regionalen Schwankungen für die einzelnen Sektoren. Sie liegt zwischen 18,25% und 90,06% bzw. zwischen 7,08% und 96,06% und ist allgemein sehr hoch. Die Berechnung ergibt sich aus Formel 3.2.3.1.(9), indem man r und s vertauscht.

50) nach der Formel 3.2.3.2.(5).

Tab. 48: Regionale Stabilitätsabweichung, Struktur- und Standortkomponente

RAS = STRUS + STAS

Region	Beschäftigte			Umsätze		
	RAS	STRUS	STAS	RAS	STRUS	STAS
Schleswig-Holstein	-1.237	.251	-1.488	-.908	.116	-1.024
Hamburg	-.232	.208	-.440	.129	.165	-.036
Hannover	-.266	.014	-.280	-.526	.010	-.536
Hildesheim	-2.512	.068	-2.580	-.414	-.077	-.337
Lüneburg	-6.411	-.145	-6.266	-3.636	-.128	-3.508
Stade	-1.232	.212	-1.444	-.655	.247	-.902
Osnabrück	-2.324	.154	-2.478	-3.974	.237	-4.211
Aurich	-2.903	.271	-3.174	-3.562	.087	-3.649
Braunschweig	-.990	.024	-1.014	-.733	.054	-.787
Oldenburg	-.807	.116	-.923	-.665	.148	-.813
Bremen	-14.942	.150	-15.092	-3.359	.115	-3.474
Düsseldorf	-.048	.082	-.130	.050	.016	.034
Köln	-.256	.000	-.256	.104	-.032	.136
Aachen	-.411	.130	-.541	.227	.145	.082
Münster	-.048	.174	-.222	-.030	.155	-.185
Detmold	.164	.227	-.063	.203	-.006	.209
Arnsberg	-.242	.024	-.266	-.119	-.177	.058
Darmstadt	.082	.024	.058	.213	-.040	.253
Kassel	-.169	.015	-.184	-.086	.026	-.112
Koblenz	-.580	.145	-.725	-.528	-.108	-.420
Trier	-.870	.169	-1.039	-1.255	.114	-1.369
Rheinhessen-Pfalz	-.546	.135	-.681	-.751	.165	-.916
Nordwürttemberg	.019	-.039	.058	-.185	-.201	.016
Nordbaden	-.077	.024	-.101	.010	-.179	.189
Südbaden	.072	.116	-.044	-.050	.066	-.116
Südwürttemberg-Hohenzollern	-.986	.130	-1.116	-.018	.042	-.060
Oberbayern	-.585	-.015	-.570	-.032	-.008	-.024
Niederbayern	-.734	.102	-.836	-.745	.118	-.863
Oberpfalz	-.816	.097	-.913	-.631	.032	-.663
Oberfranken	-.237	.207	-.444	.116	.122	-.006
Mittelfranken	.150	-.010	.160	-.058	-.132	.074
Unterfranken	-.140	.015	-.155	-.291	.127	-.418
Schwaben	-.657	.145	-.802	.074	.195	-.121
Saarland	-2.111	.044	-2.155	-2.749	-.098	-2.651

positiven oder negativen Abweichungen in ein Kombinationsfeld eingeordnet. Ohne auf einzelne Regionen einzugehen, deren Positionen aus Tabelle 49 und 50 ersichtlich sind, läßt sich prinzipiell feststellen, daß die meisten Regionen höhere Schwankungen aufweisen als der Gesamtraum. Nur 5 Regionen haben eine stabilere Beschäftigtenentwicklung, 9 Regionen eine stabilere Umsatzentwicklung als der Gesamtraum. Diese hohe Stabilität kam teils nur durch die günstige Sektorstruktur (2 bzw. 3 Regionen), teils nur durch den günstigen Standort (2 bzw. 4 Regionen), teils durch Kumulation beider Faktoren (1 bzw. 2 Regionen) zustande.

Die übrigen Regionen haben ihre Unstabilität in den meisten Fällen der Standortkomponente zuzuschreiben. Nur die Umsatzentwicklung zeigt in 3 Regionen eine positive Standortkomponente. In 2 bzw. 5 Regionen kumulieren sich negative Standort- und negative Strukturkomponente. In 27 bzw. 17 Regionen (das sind 93% bzw. 68% der Regionen mit negativer Stabilitätsabweichung) entsteht die unstabile Entwicklung trotz einer stabilitätsgünstigen Struktur, d.h. mit einer hohen negativen Standortkomponente.

Rein qualitativ, d.h. vom Vorzeichen der Komponente her, ist die Strukturkomponente bedeutungslos. Sie steht nur in 5 (15%) bzw. 13 (38%) Regionen auf der "richtigen" Seite, die Standortkomponente dagegen in 32 (94%) bzw. 28 (82%) Regionen.

Der quantitative Erklärungsbeitrag läßt sich darstellen, indem die Komponenten auf die regionale Stabilitätsabweichung bezogen werden (Tabelle 51 und 52). Die Sektorstruktur leistet an der regionalen Stabilitätsabweichung nur in 6 (18%) bzw. 11 (32%) Regionen einen Beitrag zwischen 0 und 200%, d.h. in allen anderen Regionen verschätzt die Stabilitätsmessung durch die Sektorstruktur allein die regionale Stabilitätsabweichung um mehr als 100% nach oben oder unten. Nur in 1 bzw. 5 Regionen liegt der Schätzwert weniger als 50% über oder unter dem tatsächlichen Wert.

Tab. 49: Gruppierung der Regionen nach ihrer Stabilitätsabweichung und nach Struktur- und Standortkomponente:

Beschäftigte

RAS>0			RAS<0	
STAS>0	STAS<0		STAS>0	STAS<0
Darmstadt	Detmold Südbaden	STRUS≥0		Schleswig-Holstein Hamburg Hannover Hildesheim Stade Osnabrück Aurich Braunschweig Oldenburg Bremen Düsseldorf Köln Aachen Münster Arnsberg Kassel Koblenz Trier Rheinhessen-Pfalz Nordbaden Südwürttembg-Hoh. Niederbayern Oberpfalz Oberfranken Unterfranken Schwaben Saarland
Nordwürttembg Mittelfranken		STRUS<0		Lüneburg Oberbayern

Alle diese Ergebnisse unterstreichen, daß die Stabilität der regionalen Entwicklung im betrachteten Zeitraum durch eine Projektion der sektoralen Schwankungen im Gesamtraum nicht erklärbar ist.

Tab. 50: Gruppierung der Regionen nach ihrer Stabilitätsabweichung und nach Struktur- und Standortkomponente:

Umsätze

RAS>0			RAS<0	
STAS>0	STAS<0		STAS>0	STAS<0
Düsseldorf Aachen	Hamburg Oberfranken Schwaben	STRUS>0		Schleswig-Holstein Hannover Stade Osnabrück Aurich Braunschweig Oldenburg Bremen Münster Kassel Trier Rheinhessen-Pfalz Südbaden Südwürttembg-Hohenzollern Niederbayern Oberpfalz Unterfranken
Köln Detmold Darmstadt Nordbaden		STRUS<0	Arnsberg Nordwürttemberg Mittelfranken	Hildesheim Lüneburg Koblenz Oberbayern Saarland

Tab. 51: Anteile der Struktur- und Standortkomponente an der regionalen Stabilitätsabweichung:

Beschäftigte

Region[51]	RAS	Anteil STRUS (in %)	Anteil STAS (in %)
Detmold	.164	138.2	-38.2
Mittelfranken	.150	-6.5	106.5
Darmstadt	.082	29.4	70.6
Südbaden	.072	159.9	-59.9
Nordwürttemberg	.019	-200.5	300.5
Düsseldorf	-.048	-170.0	270.0
Münster	-.048	-360.0	460.0
Nordbaden	-.077	-31.2	131.2
Unterfranken	-.140	-10.3	110.3
Kassel	-.169	-8.6	108.6
Hamburg	-.232	-89.6	189.6
Oberfranken	-.237	-87.7	187.7
Arnsberg	-.242	-10.0	110.0
Köln	-.256	0.0	100.0
Hannover	-.266	-5.5	105.5
Aachen	-.411	-31.8	131.8
Rheinhessen-Pfalz	-.546	-24.8	124.8
Koblenz	-.580	-25.0	125.0
Oberbayern	-.585	2.5	97.5
Schwaben	-.657	-22.1	122.1
Niederbayern	-.734	-13.8	113.8
Oldenburg	-.807	-14.4	114.4
Oberpfalz	-.816	-11.8	111.8
Trier	-.870	-19.4	119.4
Südwürttemberg-Hohenzollern	-.986	-13.2	113.2
Braunschweig	-.990	-2.4	102.4
Stade	-1.232	-17.3	117.3
Schleswig-Holstein	-1.237	-20.3	120.3
Saarland	-2.111	-2.1	102.1
Osnabrück	-2.324	-6.7	106.7
Hildesheim	-2.512	-2.7	102.7
Aurich	-2.903	-9.3	109.3
Lüneburg	-6.411	2.3	97.7
Bremen	-14.942	-1.0	101.0

51) Die Regionen wurden nach der Höhe der regionalen Stabilitätsabweichung geordnet.

Tab. 52: Anteile der Struktur- und Standortkomponente an der regionalen Stabilitätsabweichung:

Umsätze

Region[52]	RAS	Anteil STRUS (in %)	Anteil STAS (in %)
Aachen	.227	64.0	36.0
Darmstadt	.213	-18.7	118.7
Detmold	.203	-3.0	103.0
Hamburg	.129	127.6	-27.6
Oberfranken	.116	105.2	-5.2
Köln	.104	-30.8	130.8
Schwaben	.074	264.9	-164.9
Düsseldorf	.050	31.9	68.1
Nordbaden	.010	-1793.0	1893.0
Südwürttemberg-Hohenzollern	-.018	-234.0	334.0
Münster	-.030	-519.7	619.7
Oberbayern	-.032	25.1	74.9
Südbaden	-.050	-131.9	231.9
Mittelfranken	-.058	227.5	-127.5
Kassel	-.086	-30.2	130.2
Arnsberg	-.119	148.4	-48.4
Nordwürttemberg	-.185	108.6	-8.6
Unterfranken	-.291	-43.8	143.8
Hildesheim	-.414	18.8	81.2
Hannover	-.526	-1.9	101.9
Koblenz	-.528	20.4	79.6
Oberpfalz	-.631	-5.1	105.1
Stade	-.655	-37.7	137.7
Oldenburg	-.665	-22.2	122.2
Braunschweig	-.733	-7.3	107.3
Niederbayern	-.745	-15.8	115.8
Rheinhessen-Pfalz	-.751	-22.0	122.0
Schleswig-Holstein	-.908	-12.7	112.7
Trier	-1.255	-9.0	109.0
Saarland	-2.749	3.6	96.4
Bremen	-3.359	-3.4	103.4
Aurich	-3.562	-2.5	102.5
Lüneburg	-3.636	3.5	96.5
Osnabrück	-3.974	-6.0	106.0

52) Die Regionen wurden nach der Höhe der regionalen Stabilitätsabweichung geordnet.

6. Theoretische und politische Folgerungen aus den Ergebnissen

6.1. Zusammenfassung der Ergebnisse

Die dargestellten Ergebnisse liefern ein Bild der regional-sektoralen Struktur der BRD im Zeitraum 1960-1972. Sie beschreiben die regionale Entwicklung in ihren Komponenten Wachstum und Stabilität und die Anteile der regionalen Sektorstruktur am Wachstum und an der Stabilität der Regionen. Die wesentlichen Züge dieses Bildes sollen hier kurz zusammengefaßt werden.

- Entwicklung der regional-sektoralen Industriestruktur:
  Die zunehmende Konzentration der Beschäftigten und Umsätze auf die Sektoren war verbunden mit einer Dekonzentration der regionalen Verteilung. Die Abhängigkeit zwischen regionaler und sektoraler Verteilung hat abgenommen. Dabei fand ebenso eine Annäherung der regionalen Strukturen der Sektoren wie der Sektorstrukturen der Regionen statt.

- Regionales Wachstum und regionale Sektorstruktur:
  Das regionale Wachstum war wesentlich unterschiedlich. Es war weder korreliert mit dem Grad der Einseitigkeit der regionalen Sektorstruktur, noch mit dem Anteil von Wachstumssektoren in den Regionen. Jedoch waren hohes regionales Wachstum und eine Zunahme der sektoralen Diversifikation miteinander verbunden. Wachstumsschwerpunkte waren unterindustrialisierte Regionen.

- Regionale Stabilität und regionale Sektorstruktur:
  Die regionalen Schwankungen der Entwicklung waren sowohl in der Stärke als auch in der Richtung sehr unterschiedlich. Die regionale Stabilität war nicht korreliert mit dem Anteil stabiler Sektoren in der Region. Jedoch hatten Regionen mit einer ausgewogenen Sektorstruktur eine stabilere Entwicklung. Zunehmende sektorale Diversifikation war jedoch mit hohen Schwankungen verbunden.

6.2. Theoretische Folgerungen

6.2.1. Dekonzentrationshypothese

In den theoretischen Ausführungen dieser Untersuchung wurde für die regionale Verteilung der Sektoren und die Sektorverteilung der Regionen sowie für die gesamte regionale Verteilung eine Dekonzentrationshypothese formuliert, die sich auf die besonderen Konstellationen des betrachteten Zeitraums und geographischen Raums bezog (vgl. Kapitel 2.3.4. und 2.4.2.2.). Die Untersuchungsergebnisse bestätigen diese Hypothese.

In einer allgemeinen Wachstumsphase erfolgte eine stärkere regionale Streuung der Sektoren und, wie der Zusammenhang zwischen Wachstum und Industriedichte der Regionen zeigt, auch der Agglomerationen[1]. Die allgemeine Dekonzentration der Sektorstruktur in den Regionen war besonders ausgeprägt in stark wachsenden Regionen. Die Dekonzentrationserscheinungen waren also sowohl mit dem allgemeinen Wachstum als auch speziell mit dem regionalen Wachstum verbunden.

Aus der Vernachlässigung anderer Dekonzentrationsfaktoren in der empirischen Untersuchung und den bestätigten Zusammenhängen darf jedoch nicht geschlossen werden, daß Wachstum in jedem Fall mit Dekonzentration verbunden ist. An der historischen Dekonzentration waren auch andere Ursachen beteiligt, v.a. nachlassende Standortbindung der Betriebe, Vollbeschäftigung und regionale Präferenzen der Arbeitskräfte sowie Verkehrserschließung und entfernungsmindernde Kommunikationsmittel (vgl. Kapitel 2.3.4. und 2.4.2.2.). Es sind auch Wachstumsphasen denkbar, in denen bei starkem interregionalem Kostengefälle und einem hohen Fortschritt in der Massenproduktion Konzentrationserscheinungen auftreten.

Zur konkreten Feststellung wichtiger Ursachen und zur Abschätzung ihrer Strukturwirkungen scheint die hier darge-

---

1) Über die Entwicklung der Ballungen innerhalb der Regionen können aufgrund der Ergebnisse keine Aussagen gemacht werden.

stellte Unterscheidung von Niveau-, Struktur- und Agglomerationskomponente nützlich (Kapitel 2.3.4.).

6.2.2. Branchen- und Diversifikationskonzept

In der theoretischen Auseinandersetzung mit dem Zusammenhang zwischen Sektorstruktur und regionaler Entwicklung wurde festgestellt, daß sich prinzipiell die regionale Entwicklung nicht aus rein sektoralen Besonderheiten erklären läßt (Kapitel 2.4.3.2. und 2.4.3.3.). Ein Partialmodell, das die regional-sektoralen Interdependenzen über die Einwirkung anderer Ursachen vernachlässigt, ist unzureichend.

Wie die empirischen Ergebnisse zeigen, ist ein solches Modell für den untersuchten Zeitraum nicht nur unzureichend, sondern unbrauchbar. Dies gilt v.a. für das Branchenkonzept. Die regionalen Anteile an Wachstumssektoren bzw. an Stabilitätssektoren waren unwesentlich für das regionale Wachstum bzw. die regionale Stabilität. Nur ein Zusammenhang zwischen Diversifikation und Stabilität war in einem gewissen Umfang feststellbar.

Auch diese Ergebnisse sind historischer Art und lassen nicht den Schluß zu, die regionale Sektorstruktur sei in jedem Fall unbedeutend für die regionale Entwicklung. Auch diese Aussage ist an bestimmte Bedingungen geknüpft. So ist bei einer weniger starken Gesamtentwicklung, bei starreren Strukturen und Verhaltensweisen auch ein stärkerer Zusammenhang zwischen Sektorstruktur und regionaler Entwicklung denkbar. Andererseits ist auch die statistische Korrelation zwischen Diversifikation und Stabilität kein Beweis eines direkten Zusammenhangs, sondern eine historische Aussage, die bedeutet, daß im untersuchten Zeitraum und geographischen Raum regionale Diversifikation mit flexiblen Strukturen verbunden war.

Aus den theoretischen Ausführungen und den empirischen Ergebnissen ist der Schluß zu ziehen, daß Partialmodelle der dargestellten Art weder für eine theoretische Erklärung noch als

Prognosegrundlage ausreichend sind. Generell sollte man sich davor hüten, der Faszination von Methoden zu erliegen. Die Theorie liefert oft brauchbarere Ausgangspunkte als mechanisch angewendete Methoden.

6.3. Politische Folgerungen

Aufgrund der theoretischen und empirischen Aussagen ist die Sektorstruktur nicht nur als prognostische Grundlage unzureichend[2)], sondern auch als Ansatzpunkt politischer Maßnahmen ungeeignet. Die Ansiedlung von Wachstumsbranchen aufgrund gezielter politischer Unterstützung muß keinen positiven Effekt auf das regionale Wachstum haben und führt im übrigen zu Fehlallokationen und gesamtwirtschaftlichen Wachstumsverlusten. Auch eine Unterstützung der Diversifikation an sich muß zur Stabilitätsförderung nicht erfolgreich sein, da kein direkter Zusammenhang besteht. Sowohl regionalen Prognosen als auch der Maßnahmenwahl muß ein umfassenderes Strukturbild zugrundegelegt werden.

Aus der Ausdehnungstendenz der Sektoren über den Raum im Wachstum und bei nachlassender Standortbindung folgen zwar potentielle Wachstumschancen für alle Regionen durch Ausdehnung ihrer Sektorstruktur, jedoch besteht aufgrund von Agglomerationsfaktoren und interregionalen Unterschieden der sektoralen Gewinnmöglichkeiten eine interregionale Konkurrenz, aus der nur ein Teil der Regionen mit überdurchschnittlichem Wachstum hervorgehen kann. Wesentliche Voraussetzungen dafür sind gewichtige spezifisch sektoral wirksame regionale Besonderheiten und eine umfassende und anpassungsfähige Infrastruktur incl. einem hohen regionalen Freizeitwert. Eine an-

---

2) Zum Problem der Status-quo-Prognose in der Raumordnungspolitik vgl.: D. HOPPEN: Raumordnungspolitik und Richtwerte, in: Das Problem der Richtwerte in Programmen und Plänen der Raumordnung und Landesplanung. Akademie für Raumforschung und Landesplanung, Forschungs- und Sitzungsberichte Bd. 118. Hannover 1977, S. 55.

passungsfähige Infrastruktur ist neben spezifischen regional-sektoralen Faktoren auch Voraussetzung für regionale Stabilität.

Wegen der sehr schwierigen regional-sektoralen Prognose kann folglich nur durch Infrastrukturmaßnahmen eine sinnvolle Wachstums- und Stabilitätspolitik betrieben werden. Damit kann auch ein möglicher Zielkonflikt zwischen Wachstum und Stabilität gemildert oder aufgehoben werden. Die Bedeutung der Städteplanung und Bildungspolitik soll hier nur angedeutet werden. Durch Engpaßbeseitigung in allen Bereichen des wirtschaftlich-sozialen Lebens, Unterstützung der Flexibilität und Erhöhung des Freizeitwertes und der interregionalen Transparenz[3] wird eine günstige Gesamtlage geschaffen. Welche Branchen daraus ihren Nutzen ziehen, sollte man dem Markt überlassen, der die regional-sektorale Lenkung aufgrund des politisch unzugänglichen Detailwissens am besten bewerkstelligt.

---

3) Durch die Lenkung staatlicher Mittel in bestimmte Regionen kann damit ein gewisser interregionaler Ausgleichseffekt erreicht werden, der die gesamtwirtschaftliche Produktivität senken kann, aber einem Verteilungsziel entspricht. Ob die dazu notwendige Höhe der raumordnungspolitisch einzusetzenden Mittel im konkreten Fall vertretbar ist, ist eine andere Frage. Vgl. D. HOPPEN: Raumordnungspolitik und Richtwerte, a.a.O., S. 57.

L I T E R A T U R V E R Z E I C H N I S

ABT, R.: Agglomerationseffekte in der schweizerischen Industrie. Diss. Zürich, o.J.

ALDINGER, F.: Modelle zur Bestimmung der optimalen Marktgebiete und Standorte von Verarbeitungsbetrieben, in: Agrarwirtschaft, Sonderheft 63, Hannover 1975.

ANDREWS, R.B.: Mechanics of the urban economic base: Historical development of the base concept, in: Land Economics, Bd. 29 (1953), S. 161-167.

ATKINS, M.H. und BUCK, T.W.: Industrial structure and regional employment growth, in: The Review of Regional Studies, Vol. 5, No. 1 (1975), S. 12ff.

BAUMGART, E.R.: Der Einfluß von Strukturveränderungen auf die Entwicklung der nordrhein-westfälischen Industrie seit 1950. Deutsches Institut für Wirtschaftsforschung, Sonderheft Nr. 70, 1965.

BEHRENS, K.Chr.: Allgemeine Standortbestimmungslehre, Opladen 1971.

BERGSCHMIDT, H.H.: Zur Messung und Erklärung von regionalen Wachstumsunterschieden in der BRD, in: Jahrbücher für Nationalökonomie und Statistik, Bd. 174, 1962, S. 513.

BEUTEL, J.: Konzentrations- und Verstädterungstendenzen in der BRD. Raumwirtschaftliche Analyse und raumordnungspolitische Strategien der Entlastung für Verdichtungsräume. Meisenheim 1976.

BIHN, W.R.: Die informationstheoretische Messung von Struktursystemen des Internationalen Handels. Freiburg 1967.

BÖVENTER, E.v.: Raumwirtschaftstheorie, in: Handwörterbuch der Sozialwissenschaften. Stuttgart, Tübingen, Göttingen 1964, S. 704-728.

BOMBACH, G.: Zum Strukturbegriff in der Ökonomie, in: Schriften des Vereins für Sozialpolitik, NF Bd. 30/I (1964), S. 10ff.

BORTS, G.H.: An approach to measuring regional growth differentials, in: Papers and Proceedings, Vol. 4, 1958, S. 207-220.

BOUDEVILLE, J.-R.: Les espaces économiques. Presse Universitaire de France, Paris 1961.

BOUSTEDT, O. und RANZ, H.: Regionale Struktur- und Wirtschaftsforschung. Bremen-Horn 1957.

BRANDT, K.: Preistheorie. München 1960.

BREDE, H.: Bestimmungsfaktoren industrieller Standorte. IFO-Institut für Wirtschaftsforschung. Berlin, München 1971.

BRÖSSE, U.: Eine Hypothese über räumliche Konzentrations- und Dekonzentrationsprozesse, in: Informationen des Instituts für Raumordnung, 21. Jg. (1971), S. 619ff.

Derselbe: Ziele in der Regionalpolitik und in der Raumordnungspolitik. Zielforschung und Probleme der Realisierung von Zielen. Berlin 1972.

BUTTLER, F., GERLACH, K. und LIEPMANN, P.: Grundlagen der Regionalökonomie. Hamburg 1977.

CASSEL, G.: Theoretische Sozialökonomie. Leipzig 1932.

CHAMBERLIN, E.: The theory of monopolistic competition. Harvard Economic Studies. Vol. 38. Cambridge 1933.

CHINITZ, B.: Contrasts in agglomeration, in: Locational analysis for manufacturing. Massachusetts 1969, S. 314ff.

CHISHOLM, M.: Tendencies in agricultural spezialization and regional concentration of industry, in: Locational analysis for manufacturing. Massachusetts 1969, S. 361ff.

CHRISTALLER, W.: Die zentralen Orte in Süddeutschland. Eine ökonomisch-geographische Untersuchung über die Gesetzmäßigkeit der Verbreitung und Entwicklung der Siedlungen mit städtischen Funktionen. Darmstadt 1968.

CHRISTOFFEL, M.: Die industrielle Ballung in der Schweiz. Diss. St. Gallen 1967.

COWAN, R.S.: Application of a modified employment shift model to forecast regional change. Lehigh. Diss. (1970).

DEBERTIN, D.L. and BRADFORD, G.L.: Conceptualizing and quantifying factors influencing growth and development of rural economies. The Annuals of Regional Science, March 1976, S. 29-40.

DITTRICH, E.: Grundlinien der Entwicklung der Raumforschung in Deutschland, in: Festgabe für Friedrich Bülow (Hrsg.: O. Stammer und K.C. Thalheim). Berlin 1960.

DUNN, E.S.: Une technique statistique et analytique d'analyse régionale: Déscription et projection, in: Economie Appliquée, Bd. 12, 1959, S. 521ff.

ELSNER, K.: Wachstums- und Konjunkturtheorie, in: Kompendium der Volkswirtschaftslehre, Bd. 1. Göttingen 1967, S. 244-295.

EMMERSON, R., RAMANATHAN, R. and RAMM, W.: On the analysis of regional growth patterns. Journal of Regional Science, Vol. 15, No. 1, 1975, S. 17-28.

ENGERMANN, S.: Regional aspects of stabilization policy, in: Regional analysis (ed. by L. Needleman), 1968, S. 277-334.

EUCKEN, W.: Technik, Konzentration und Ordnung der Wirtschaft, in: Wettbewerbstheorie (Hrsg. K. Herdzina). Neue Wissenschaftliche Bibliothek, Wirtschaftswissenschaft Bd. 77. Gütersloh 1975, S. 131ff.

FETTER, F.A.: The economic law of market areas, in: Quarterly Journal of Economics. Bd. 38, 1924, S. 520-529.

FISCHER, A.: Die Struktur von Wirtschaftsräumen, in: Ein Beitrag zur Anwendung statistischer Methoden in der Regionalforschung. Wiesbaden 1969.

FISCHER, G.: Praxisorientierte Theorie der Regionalforschung. St. Galler Wirtschaftswissenschaftliche Forschung, Bd. 29. Tübingen 1973.

FUCHS, V.R.: Statistical explanations of the relative shift of manufacturing among regions of the United States, in: Regional analysis and development (ed. by J. Blunden, Ch. Brook, G. Edge and A. Hay) London 1973, S. 159-174.

GEISENBERGER, S. und MÄLICH, W.: Informationstheoretische Messung regionaler Konzentrationserscheinungen. Raumforschung und Raumordnung 1971, Heft 1, S. 19ff.

GERFIN, H.: Gesamtwirtschaftliches Wachstum und regionale Entwicklung, in: Kyklos, Bd. 17 (1964), S. 565-593.

GIERSCH, H.: Das ökonomische Grundproblem der Regionalpolitik, in: Gestaltungsprobleme der Weltwirtschaft. Festschrift für A. Predöhl. Jahrbuch für Sozialwissenschaften, Göttingen 14, 1963/3.

GREENHUT, M.L.: Microeconomics and the space economy. Chicago 1963.

Derselbe: Plant location in theory and in practise. The University of North Carolina Press 1956.

GUTENBERG, E.: Grundlagen der Betriebswirtschaftslehre. Bd. 1. Berlin, Göttingen, Heidelberg 1965.

HARTMAN, L.M. und SECKLER, D.: Toward the application of dynamic growth theory of regions, in: Regional economics. Theory and practise, New York, London 1970.

HILDEBRAND, G. and MACE A. Jr.: The employment multiplier in an expanding industrial market: Los Angeles County 1940-47. Reviews of Economics and Statistics XXXII, No. 3 (August 1950), S. 241-249.

HIRSCHMAN, A.O.: Die Strategie der wirtschaftlichen Entwicklung. Stuttgart 1967.

HOOVER, E.M.: An introduction to the regional economics. New York 1971.

Derselbe: The location of economic activity. New York 1963.

HOPPEN, H.D.: Die Shift-Analyse. Untersuchungen über die empirische Relevanz ihrer Aussagen, in: Raumforschung und Raumordnung, 33. Jg., 1975, Heft 1, S. 6ff.

Derselbe: Empirische Untersuchung der regionalen und sektoralen Verteilung der verarbeitenden Industrie, in: Jahrbücher für Nationalökonomie und Statistik, Bd. 191, Heft 5-6 (1977), S. 521-543.

Derselbe: Raumordnungspolitik und Richtwerte, aus: Das Problem der Richtwerte in Programmen und Plänen der Raumordnung und Landesplanung. Forschungs- und Sitzungsberichte der Akademie für Raumforschung und Landesplanung, Bd. 118, Hannover 1977, S. 53-58.

HOTELLING, H.: Stability in competition, in: Economic Journal XXXIX (1929), S. 41-57.

ISARD, W.: Location and space economy. Cambridge, Mass. 1962.

Derselbe: Methods of regional analysis: An introduction to regional science (in association with D. Bramhall u.a.), Cambridge, Mass. M.I.T. Press 1967.

JAMES, F. and HUGHES, J.: A test of shift and share analysis as a predictive device, in: Journal of Regional Science, Bd. 13 (1973), S. 223-232.

JOHNSTON, J.: Econometric methods. New York 1963.

JÜRGENSEN, H.: Lohnwert, Wohnwert, Freizeitwert. Optimierungsparameter einer produktivitätsorientierten Regionalpolitik. Schriftenreihe der Gesellschaft für Wohnungs- und Siedlungswesen GEWOS e.V. Hamburg 1966.

Derselbe: Regionalpolitik im Ballungsraum. Das Beispiel der Hamburger Wirtschaftsregion, in: Wirtschaftsdienst, 44. Jg. (1964).

KEINATH, K.: Regionale Konjunkturschwankungen. Tübingen 1978.

KENDALL, M. und STUART, A.: The advanced theory of statistics, Vol. 1. London 1977.

KLEMMER, P. und KRAEMER, D.: Regionale Arbeitsmärkte. Ein Abgrenzungsvorschlag für die BRD. Beiträge zur Struktur- und Konjunkturforschung, Bd. 1, Bochum 1975.

LANDWEHR, R.: Die methodischen Grundlagen der Regionalanalyse. Beiträge zum Siedlungs- und Wohnungswesen und zur Raumplanung, Bd. 21, Münster 1975.

LAUSCHMANN, E.: Grundlagen einer Theorie der Regionalpolitik. Hannover 1970.

LEVEN, Ch.L.: Measuring the economic base, in: Papers and Proceedings Vol. 2, 1956, S. 250-258.

Derselbe: The economic base and regional growth. Research and education for regional and area development. Iowa 1966.

LINDENLAUB, J.: Energieimpulse und regionale Wachstumsdifferenzierung. Schriftenreihe des Energiewirtschaftlichen Instituts Köln, München 1968.

LÖSCH, A.: Die räumliche Ordnung der Wirtschaft. 3. Auflage, Stuttgart 1962.

LOHMANN, M.: Einführung in die Betriebswirtschaftslehre. Tübingen 1964.

LÜDEKE, D.: Schätzprobleme in der Ökonometrie. Identifikation und punktuelle Parameter- und Prognoseschätzung bei interdependenten Systemen. Würzburg 1964.

LÜDEKE, D.: Strukturveränderungen des Investitionsverhaltens im Konjunkturverlauf. Jahrbücher für Nationalökonomie und Statistik, Bd. 188, 1973, S. 289-319.

LUTTRELL, W.F.: The cost of industrial movement. National Institute of Economic and Social Research, Occasional Papers XIV. Cambridge University Press 1952.

MEYER-LINDEMANN, H.U.: Typologie der Theorien des Industriestandortes. Bremen-Horn 1951.

MIKSCH, L.: Zur Theorie des räumlichen Gleichgewichts, in: Zeitschrift des Instituts für Weltwirtschaft, Bd. 66, 1951, Heft 1.

MÜLLER, G.: Tendenzen regionaler Industrieentwicklung, in: Raumforschung und Raumordnung 1967 (25. Jg.), S. 111-118.

MÜLLER, J.H.: Ballung, in: Handwörterbuch der Wirtschaftswissenschaften, Bd. 1, Tübingen 1977, S. 454-463.

Derselbe: Die ökonomische Theorie zwischen logischem Formalismus und empirischer Aussage, dargestellt am Beispiel der Lehre von der Unternehmerdisposition, aus: Systeme und Methoden in den Wirtschafts- und Sozialwissenschaften. Tübingen 1964.

Derselbe: Methoden zur regionalen Analyse und Prognose. Hannover 1973.

MÜLLER, J.H.: Produktionstheorie, in: Kompendium der Volkswirtschaftslehre, Bd. 1, Göttingen 1967, S. 75-119.

Derselbe: Regionale Strukturpolitik in der Bundesrepublik. Göttingen 1973.

Derselbe: Wirtschaftliche Grundprobleme der Raumordnungspolitik. Berlin 1969.

NEFF, P.: Interregional cyclical differentials: Causes, measurement and significance, in: Readings in Business Cycles and National Income (Hrsg. A. Hansen und R. Clemence). London 1959, S. 423-437.

NEFF, P. und WEIFENBACH, A.: Business cycles in selected industrial areas. Berkely, California, 1949.

NIEHANS, J.: Strukturwandlungen als Wachstumsprobleme, aus: Schriften des Vereins für Sozialpolitik NF Bd. 30/I (1964), S. 18ff.

NORTH, D.C.: Location theory and regional economic growth, aus: Regional analysis and development, ed. by J. Blunden, CH. Brook, G. Edge, A. Hay. London 1973, S. 76ff.

OHLIN, B.: Interregional and international trade. Harvard Economic Studies, Vol. XXXIX, Cambridge, Mass. 1967.

OPPENLÄNDER, K.H.: Der Strukturwandel in der BRD, in: Probleme des Strukturwandels und der Strukturpolitik. Tübingen 1977, S. 59-100.

PERLOFF, H.S., DUNN, E.S. Jr., LAMPARD, E.E. und MUTH, R.F.: Regions, ressources and economic growth. Baltimore 1960.

PERROUX, F.: L'économie du XXe siècle. Paris 1964.

Derselbe: Les espaces économiques, in: Economie Appliquée - Archives de l'ISEA. Paris 1950.

PFANZAGL, J.: Allgemeine Methodenlehre der Statistik. Berlin 1967, Bd. 1 und 2.

Derselbe: Die axiomatischen Grundlagen einer allgemeinen Theorie des Messens. Würzburg 1962.

PREDÖHL, A.: Außenwirtschaft. Göttingen 1971.

Derselbe: Das Standortsproblem in der Wirtschaftstheorie, in: Weltwirtschaftliches Archiv, Bd. 21 (1925), S. 294-321.

Derselbe: Von der Standortslehre zur Raumwirtschaftslehre, in: Jahrbücher für Sozialwissenschaft, Bd. 2, 1951, S. 94-114.

PREISER, E.: Die württembergische Wirtschaft als Vorbild. Stuttgart 1937.

Derselbe: Grundzüge der Konjunkturtheorie. Tübingen 1933.

RICHARDSON, H.W.: Regional economics. London 1969.

RITSCHL, H.: Reine und historische Dynamik des Standorts der Erzeugungszweige, in: Schmollers Jahrbuch, 51. Jg., 1927, 2. Halbbd.

SCHLIER, O.: Das regionale Moment in der Statistik. Bremen 1961.

SCHNEIDER, H.K.: Methoden und Methodenfragen der Volkswirtschaftstheorie, in: Kompendium der Volkswirtschaftslehre, Bd. 1, S. 1-14, Göttingen 1967.

SCHRÖDER, D.: Der Mensch: Objekt oder Subjekt der Standortwahl? In: Polis und Regio, von der Stadt- zur Regionalplanung, Frankfurter Gespräche der List-Gesellschaft, Tübingen 1967.

Derselbe: Sektorale und regionale Strukturpolitik - Probleme und Lösungsmöglichkeiten, aus: Probleme des Strukturwandels und der Strukturpolitik (Hrsg.: G. Bombach, B. Gahlen, A.E. Ott). Tübingen 1977, S. 501-535.

Derselbe: Strukturwandel, Standortwahl und regionales Wachstum. Bestimmungsgründe der regionalen Wachstumsunterschiede der Beschäftigten und der Bevölkerung in der BRD 1950-1980. Prognos-Studien 1968.

SCHULTZE, E.: Einführung in die mathematischen Grundlagen der Informationstheorie. Berlin, Heidelberg, New York 1969.

SCHUMPETER, J.A.: Business cycles, Vol. 1. New York, London 1939.

Derselbe: Der Prozeß der schöpferischen Zerstörung, in: Wettbewerbstheorie (Hrsg.: K. Herdzina). Neue Wissenschaftliche Bibliothek, Wirtschaftswissenschaften, Bd. 77. Gütersloh 1975.

SIEBERT, H.: Regional economic growth: theory and policy. Scranton, Pennsylvania 1969.

Derselbe: Regionales Wachstum und interregionale Mobilität. Tübingen 1970.

SMITHIES, A.F.: Optimum location in spatial competition, in: Journal of Political Economy XLIX (1941), S. 423-439.

STATISTISCHES BUNDESAMT WIESBADEN: Statistisches Jahrbuch für die BRD.

STÖCKMANN, W.: Regionale Konjunkturprobleme. Das Beispiel der norddeutschen Küstenländer. Weltwirtschaftliche Studien 14, Göttingen 1970.

STORBECK, D.: Zur Methodik und Problematik von Maßstäben der regionalen Konzentration, aus: Raumforschung und Raumordnung 1969 (27. Jg.), S. 214ff.

THEIL, H.: Economics and information theory. Studies in mathematical and managerial economics. Vol. 7. Amsterdam 1967.

THIRLWALL, A.P.: Regional unemployment as a cyclical phenomenon, aus: Regional analysis and development, ed. by J. Blunden etc, London 1973, S. 42-49.

THÜNEN, J.H.v.: Der isolierte Staat in Beziehung auf Landwirtschaft und Nationalökonomie. Jena 1930.

TIEBOUT, M.: Exports and regional economic growth, in: Journal of Political Economy 64, 1956, S. 160-164.

TIEBOUT, M.: Rejoinder, in: The Journal of Political Economy 64, 1956, S. 169.

TINTNER, G.: Econometrics. New York 1965.

UEBE, W.: Industriestruktur und Standort. Regionale Wachstumsunterschiede der Industriebeschäftigung in der BRD 1950-62. Stuttgart 1967.

VALVANIS, S.: Lösch on location, in: The American Economic Review 1955 (Bd. XLV), S. 637-44.

VINING, R.: Location of industry and regional patterns of business-cycle behavior, in: Econometrica, Bd. 14, 1946, S. 37-68.

Derselbe: Regional variation in cyclical fluctuation viewed as a frequency distribution, in: Econometrica, Vol. 13, 1945, S. 183-211.

Derselbe: The region as a concept in business-cycle analysis, in: Econometrica, Vol. 14, 1946, S. 201-218.

VOIGT, F.: Die gestaltende Kraft der Verkehrsmittel in wirtschaftlichen Wachstumsprozessen. Bielefeld 1959.

WALLIS, W.A. und ROBERTS, H.V.: Methoden der Statistik: Ein neuer Weg zu ihrem Verständnis. Freiburg 1959.

WEBER, A.: Über den Standort der Industrien. 1. Teil: Reine Theorie des Standorts. Tübingen 1922.

WICKEREN, A.v.: Interindustry relations: Some attraction models. Rotterdam University Press 1973.

ZIMMERMAN, R.: A variant of the shift and share projection formulation, in: Journal of Regional Science, Vol. 15, No. 1, 1975, S. 29-38.

ZUMSTEIN, M.: Zum ökonomischen Problem der Agglomerationsgröße. Frankfurt 1974.